I0439097

www.ingramcontent.com/pod-product-compliance
Lightning Source LLC
Chambersburg PA
CBHW060457290526
45791CB00001B/156

*9 7 8 1 4 9 5 2 3 1 1 4 8 *

دو دیدگاه

تفاوت دیدگاه بیژن جزنی
با
مسعود احمدزاده و امیرپرویز پویان

مفاهیم بنیادین مشی فدائیان خلق
گذار از مفهوم رمانتیکی و مسیحایی انقلاب
و ایده دموکراسی در آثار بیژن

حمید نعیمی

دو دیدگاه

تفاوت دیدگاه بیژن جزنی
با
مسعود احمدزاده و امیرپرویزپویان

مفاهیم بنیادین مشی فدائیان خلق
گذار از مفهوم رمانتیکی و مسیحایی انقلاب
و ایده دموکراسی در آثار بیژن

تیتر: دو دیدگاه

نویسنده: حمید نعیمی

چاپ اول

شابک: ۹۷۸-۱۴۹۵۲۳۱۱۴۸

سال ۲۰۱۴

Titre : Deux Points de Vu
Premier édition
Auteur: Hamid Naeimi
ISBN: 978-1495231148
Année: 2014

فهرست مطالب:

آشنایی با نویسنده

حمید نعیمی در سال ۱۳۲۴ در اراک متولد شد. در سال ۱۳۴۴ وارد دانشکده فنی دانشگاه تهران شده و در سال تحصیلی ۱۳۵۲-۱۳۵۱ تحصیلات خود را در رشته مهندسی راه و ساختمان به پایان رساند.
در طول دوران تحصیل در دانشکده فنی با کمک به گسترش همکاری و همیاری میان طیف بسیار وسیع و متنوعی از دانشجویان، نقش ویژه‌ای در سازماندهی و قوام بخشیدن به فعالیت‌های صنفی دانشجوئی در سطح دانشکده و دانشگاه ایفا کرد. در اثر این فعالیت‌ها مورد پیگرد ساواک قرار گرفت و در سال ۱۳۵۰ مدت ۹ ماه را در زندان قزل‌قلعه گذراند.
در سال ۱۳۵۲ مجدداً توسط ساواک دستگیر و به دلیل ارتباط با سازمان چریک‌های فدائی خلق به سه سال زندان محکوم شد. در همین دوران زندان بود که با بیژن جزنی از نزدیک آشنایی پیدا کرد. در سال ۱۳۵۶ از زندان آزاد شد و در جریان انقلاب بار دیگر به سازمان پیوست.
در روند تغییر و چرخش مواضع ایدئولوژیکی- سیاسی سازمان اکثریت به سمت حزب توده در سال ۱۳۵۹، با اتکاء به دیدگاه‌ها و تجربه مبارزاتی خود و همچنین با الهام از هشدار تاریخی بیژن در پرهیز از مناسبات پدرسالارانه و دنباله‌روی کورکورانه، به مخالفت با این مواضع پرداخت و در این راستا در شکل‌گیری و انشعاب جناح چپ اکثریت نقشی فعال بازی کرد.
در مهاجرت، از سال ۱۹۸۸(۱۳۶۷) در انستیتوی جغرافیا و شهرسازی دانشگاه سوربون به تحصیل پرداخت که نتیجه آن دانشنامه (DEA) با عنوان "جنبه‌های اجتماعی شهرسازی هوسمان در پاریس" بود. همچنین از سال ۱۹۹۰(۱۳۶۹) در مدرسه عالی مطالعات اجتماعی پاریس به تحصیل در رشته تاریخ و تمدن

مشغول شد که حاصل آن دانشنامه‌ای بود با عنوان "هستی‌شناسی جرج لوکاچ و ایده دموکراسی در آثار او".

در رابطه با فعالیت‌های سیاسی- صنفی و سازمان چریک‌های فدائی خلق چند مقاله‌ی دیگر نیز پیش از این از همین نویسنده منتشر شده است.

کتاب حاضر حاصل سه جستار است که در سال ۲۰۱۳ به لطف دوست عزیزم مسعود فتحی در تارنامه "عصرنو" انتشار یافته‌اند و در آن به تفاوت دیدگاه‌های بیژن جزنی با مسعود احمدزاده و امیرپرویز پویان پرداخته می‌شود.

این جستارها با پیشنهاد و همت سیامند زندی بصورت کتاب حاضر در آمده و منتشر شده است که وظیفه خود می‌دانم از او قدردانی کنم.

ویراستاری این کتاب را دوست دیرینه‌ام مهرداد مینوکده به عهده داشته است که از او و از همسرم زهره که در نوشتن این جستارها مشوق من بوده و در تمامی مراحل از آغاز نگارش تا انتشار، مرا با صبر و حوصله یاری داده است بی‌نهایت سپاسگزارم.

از آنجا که این جستارها با فاصله زمانی نوشته و منتشر شده است، در مواردی عبارات تکراری در آنها به چشم می‌خورد که امید است خواننده بر نویسنده آن ببخشاید.

باشد که این کتاب در شناخت ایده‌های هدایت‌گر سازمان چریک‌های فدائی خلق در دهه‌های ۴۰ و ۵۰ و میراث به جای‌مانده از این جنبش خواننده را یاری دهد.

حمید نعیمی

پیمان صلح با دگم ! نه هرگز، هرگز.

هگل

«این اختلاف چیزی بیش از اختلاف‌های تاکتیکی است، اینجا در شناخت شرایط اقتصادی، اجتماعی و سیاسی و در ارائه راه‌حل برای مسائل مبرم و عمده‌ای که در برابر ما قرار دارد، اختلاف وجود دارد. این اختلاف نمی‌تواند منجر به دو مشی نشود.» بیژن جزنی

پیشگفتار

سازمان چریک‌های فدائی خلق که از اواسط دهه چهل خورشیدی تا انقلاب بهمن ۱۳۵۷، بمثابه بزرگ‌ترین سازمان چپ ایران شناخته می‌شود، ریشه در یکی از حساس‌ترین دوره‌های تحولات اجتماعی- سیاسی در ایران و بحران و تحولاتی عمیق در ادبیات مارکسیستی (در دهه ۶۰ میلادی) در سطح جهانی دارد.

در این دوران ما شاهد «انقلاب سفید» (رفرم ارضی) و پایان دادن به مناسبات ارباب و رعیتی بمثابه سیستم مسلط تولیدی در ایران و سربرآوردن مناسبات و نهادهای جدید سرمایه‌داری (وابسته) هستیم. برخلاف تحولات کلاسیک سرمایه‌داری در اروپا، این تحولات به دموکراتیزه کردن قدرت سیاسی نمی‌انجامد. متافیزیک قدرت سیاسی حتی پس از رفرم ارضی همچنان مانند گذشته از منابع قرون وسطائی متکی بر باورهای شیعه تغذیه می‌نماید و تن به تحولات دموکراتیک نمی‌دهد.

ایدئولوگ‌های «انقلاب سفید» بر این باور بودند که برای پیشبرد مناسبات سرمایه‌داری (وابسته) در ایران نیاز به یک رژیم سیاسی با قدرت مطلقه دارند. به همین علت است که ما پس از رفرم ارضی شاهد برآمدن رژیم سلطنتی مطلقه (دیکتاتوری فردی شاه) هستیم. مطلقیت قدرت شاه در ایدئولوژی «انقلاب سفید» مشروعیت خود را از باورهای قرون وسطائی شیعه گرفته بود که مبتنی بر الهام از منابع آسمانی و غیبی است. بدین ترتیب قدرت شاه مطلق، و از قداستی آسمانی برخوردار است. این طرز تلقی از قدرت هرگونه انتقاد و به تبع آن تشکیل اپوزیسیون را غیرممکن می‌ساخت.

رژیم برآمده از «انقلاب سفید» بر اساس چنین استنباطی از قدرت، در حقیقت به یک ایدئولوژی نیاز داشت که امکان بکارگیری سیاست‌های سرکوبگرانه و خونین را نسبت به اپوزیسیون قانونی و فعالیت‌های مدنی مسالمت‌آمیز فراهم آورد و ایجاد جو ترور و خفقان را بمثابه وسیله کنترل کننده فضای عمومی جامعه توجیه نماید.

ایدئولوگ‌های «انقلاب سفید» رفرم ارضی را زمینه‌ساز رشد سریع و شتابان جامعه ایرانی به سمت"تمدن بزرگ" و دست‌یابی به مدل پیشرفته‌ای چون سرمایه‌داری ژاپن می‌دانستند و پایه‌های تبلیغاتی رژیم را بر اساس آن سامان داده بودند.

بدین ترتیب ماهیت رفرم ارضی رژیم و ایدئولوژی «انقلاب سفید» که متوجه مشروعیت بخشیدن به دیکتاتوری فردی شاه (رژیم مطلقه سلطنتی) بود به پروبلماتیک اولیه محافل روشنفکری ایران در دهه چهل تبدیل شد و گرایش به

قهر برای اولین بار با مضمونی نوین جهت عبور از مانع دیکتاتوری و بیان اهداف سیاسی در نیروهای اپوزیسیون پا گرفت.

باید به یاد داشت که دهه ۴۰ خورشیدی، دهه تحولات بزرگ ایدئولوژیکی در عرصه بین‌المللی و رشد احساسات انقلابی و قهرآمیز در اکثر کشورهاست. در این سال‌هاست (دهه ۶۰ میلادی) که تضاد میان کشورهای سوسیالیستی برای اولین بار خود را از خلال بحران در ایدئولوژی سنتی چپ که مبتنی بر نقش پدرسالارانه شوروی بود، نشان می‌دهد و انشعاب حزب کمونیست چین و متحدانش را در جنبش جهانی چپ باعث می‌شود. مواضع رادیکال چین در مناظرات و مشاجرات ایدئولوژیکی‌اش با شوروی که بر اساس حفظ ایده انقلاب و ضرورت بکارگیری عنصر قهر در ادبیات مارکسیستی صورت می‌گیرد، گرایشات قهرآمیز را در محافل چپ ایران به شدت تقویت و تشویق می‌کند.

در سال‌های دهه‌ی چهل خورشیدی، درک ماهیت اختلافات ایدئولوژیکی میان چین و شوروی و اتخاذ موضعی روشن در مقابل آن بمثابه مسأله‌ای بی‌سابقه در جنبش جهانی چپ، خود را بر پایه‌گذاران سازمان چریک‌های فدائی خلق تحمیل کرد و آنان را به پاسخگوئی برای عبور از آن واداشت. اما آنچه در شکل دادن به گرایش محافل روشنفکری چپ در زمینه ضرورت بکارگیری قهر در برخورد با استبداد مطلقه رژیم نقش اساسی بازی کرد، را نه در ایدئولوژی و رادیکالیسم انقلابی حزب کمونیست چین، بلکه در پیروزی انقلاب کوبا باید جستجو کرد. بدین ترتیب مباحثات و مناظرات ایدئولوژیکی در چنین چارچوب تاریخی و تحت تأثیر این دو تحول بزرگ داخلی (رفرم ارضی) و جهانی (بحران در ایدئولوژی‌های سنتی چپ) شکل گرفت. مشی فدائیان خلق در حقیقت بازتاب این مباحثات ایدئولوژیکی در مفاهیم تاکتیکی و استراتژیکی آن بود.

مباحثات ایدئولوژیکی محافل چپ ایران در سال‌های دهه‌ی ۴۰ خورشیدی تا آنجائی که به تحولات داخلی برمی‌گشت اساساً پیرامون سرشت و طبیعت آن تحول اجتماعی بود که از رفرم ارضی ناشی می‌شد. محافل شکل دهنده‌ی جنبش فدائیان رفرم ارضی را که رژیم از آن بنام «انقلاب سفید» یاد می‌کرد، می‌پذیرفتند اما ادعاهای رژیم که «انقلاب سفید» (رفرم ارضی از بالا) را

همسنگ انقلاب بورژوازی کلاسیک و در تداوم ایده‌آل‌های انقلاب مشروطیت معرفی می‌کردند، کاملاً بی‌اساس می‌دانستند.

استدلال محافل روشنفکری چپ دراین سال‌ها عمدتاً برپایه شناخت ویژگی‌های تاریخی بورژوازی کلاسیک اروپائی (اواخر قرن هیجدهم میلادی) استوار بود و نیز بر تشخیص تفاوت آشکار اهداف و ایده‌آل‌های دموکراتیک این بورژوازی با بورژوازی ایران در دهه چهل. پایه‌گذاران فدائیان خلق بورژوازی ایران را در این سال‌ها فاقد ظرفیت‌های لازم برای ایجاد تحولاتی دموکراتیک و تحقق ایده‌آل‌های بورژوازی ملی (معادل بورژوازی کلاسیک اروپائی) در انقلاب مشروطیت ارزیابی می‌کردند. آنان بورژوازی ایران در آستانه رفرم را آن جناحی از بورژوازی می‌دانستند که ریشه‌های تاریخی‌اش اساسا همروند با شکست انقلاب مشروطیت و در وابستگی به قدرت‌های استعماری غرب شکل گرفته و در پی کودتای ۲۸ مرداد و سقوط دولت ملی مصدق، با تضعیف کامل بورژوازی ملی ایران زمینه‌های تاریخی تبدیل شدنش به یک طبقه اجتماعی، فراهم آمده بود.

از این دیدگاه، ایدئولوژی «انقلاب سفید» در حقیقت بازتاب تمایلات و منافع اقتصادی- اجتماعی این طبقه جدید اجتماعی است که موجودیت و رشد تاریخی خود را در رابطه با وابستگی به امپریالیسم به دست آورده است. بیژن جزنی و مسعود- پویان این بورژوازی را با پسوند وابسته معرفی کرده و آن را از بورژوازی ملی ایران و تمایلات ایدئولوژیکی‌اش کاملا متمایز می‌سازند.

آنان انقلاب سفید را در امتداد انقلاب مشروطیت و در راستای تحقق ایده‌آل‌های تاریخی و دموکراتیک آن یعنی استقلال، آزادی و عدالت اجتماعی نمی‌دیدند.

بنیان‌گذاران فدائیان خلق، ارزش‌های فرهنگی و اخلاقی جامعه برآمده از «انقلاب سفید» را که در رابطه با بسط و گسترش مناسبات بورژوازی وابسته شکل می‌گرفت، به نوعی بازتاب بیگانگی این طبقه نسبت به ارزش‌های اصیل اومانیستی بورژوازی کلاسیک ارزیابی می‌کردند. ازنظر آنان «انقلاب سفید» در حقیقت نه انقلاب بلکه رفرم‌هائی از بالا و توسط رژیم بود که از طریق استقرار رژیم مطلقه سلطنتی، بیش از هرچیز نفی «مفهوم شهروندی» را دنبال می‌کرد،

مفهومی که با انقلاب بوروژوازی ملی ایران، علیرغم تمام محدودیت‌های تاریخی‌اش، توانسته بود به ذهنیت ایرانیان راه یافته و جنبش‌های اجتماعی در ایران را تحت تأثیر خود قرار دهد.

«مفهوم شهروندی» بمثابه یک جهان‌بینی مدرن ریشه در انقلابات بورژوازی کلاسیک دارد. در این مفهوم انسان (فرد) با اتکاء به عقل و خرد خویش باید بتواند آزادانه در شکل دادن به سرنوشت فردی و اجتماعی خود دخالت کرده و به فعالیت‌های مدنی و سیاسی بپردازد.

اگر چنین مفهومی از انسان (انسان محوری) را، که به گونه‌ای فشرده جهان‌بینی‌های مدرن طبقات و اقشار مترقی و دموکرات جامعه را منعکس می‌سازد، به مثابه میراث اولیه انقلاب مشروطیت در نظر بگیریم، در این صورت با نگاهی به جنبش‌های سیاسی در ایران باید اذعان داشت که استقرار و نهادینه شدن این مفهوم با دو عامل بازدارنده اساسی مواجه بوده است: رژیم‌های استبدادی و قدرت‌های امپریالیستی. از نظر بیژن، جنبش ملی شدن نفت به رهبری مصدق با ابعادی ضد امپریالیستی و ضد دیکتاتوری، بیان‌کننده این مواضع تاریخی و این جهان‌بینی است.

بورژوازی ملی ایران در این سال‌ها عمیقاً متاثر از ادبیات سیاسی بوژوازی کلاسیک اروپائی است. جنبش ملی شدن صنعت نفت هنوز با اعتماد به نفسی کامل آرمان‌های انقلاب مشروطیت (استقلال و دموکراسی) را پی می‌گیرد، برای پیشبرد اهداف‌اش به جنبش‌های اجتماعی متکی است و از جهان‌بینی‌ای خوش‌بینانه، مبارزه‌جویانه و پر از امید به آینده برخوردار است. در صورتی که از نظر بیژن بورژوازی وابسته که با «انقلاب سفید» (رفرم ارضی) بمثابه یک طبقه اجتماعی به قدرت رسید، حساسیتی به ارزش‌های اومانیستی، استقلال و دموکراسی از خود نشان نمی‌داد و جهان بینی‌اش برپایه نوعی نیهیلیسم[1] متکی بر ایجاد جامعه مصرف و گسترش و رشد ارزش‌های اجتماعی متأثر از آن بود. این نیهیلیسم خود را در وجه سیاسی‌اش به شکل بی‌اعتنائی و بی‌تفاوتی فرد به تلاش در جهت تعیین سرنوشت اجتماعی خویش نشان می‌دهد و نوعی انفعال، بدبینی و بیگانگی را در فرد نسبت به ظرفیت‌ها و نیروهای نهفته در

همبستگی‌های جمعی و جنبش‌های اجتماعی تشویق و ترغیب می‌نماید. در واقعیت ایدئولوژی و جهان‌بینی بورژوازی وابسته در کنه خود با مفهوم «شهروندی» (فرد بمثابه سوژه) و جنبش‌های اجتماعی در تضادی جدی قرار می‌گیرد. از همین روست که بیژن بورژوازی (وابسته) ایران را غیر دموکراتیک، بی‌شخصیت، نالایق و فاسد معرفی می‌کند.[۲]

ایدئولوژی «انقلاب سفید» از نظر پایه‌گذاران فدائیان خلق بمثابه ایدئولوژی بورژوازی وابسته ایران که در جهت دفاع از منافع اقتصادی- اجتماعی آن شکل گرفته است، اساساً فاقد ظرفیت‌های تاریخی لازم برای رقابت با ایدئولوژی‌های دموکراتیک و چپ در چارچوب قانونی و مسالمت‌آمیز بود و بهمین علت است که از همان فردای رفرم ارضی، راه نجات را در سیاست‌های سرکوبگرانه و غیردموکراتیک یافت و فضای عمومی جامعه را در جوی آمیخته به ترور و خفقان فرو برد. همانگونه که در صفحات پیش اشاره کردیم رژیم برای تحکیم سلطنت مطلقه با متشبث شدن به متافیزیک شیعی قدرت، به تمرکزبخشیدن اختیارات در شخص شاه مشروعیت بخشید و منشأ قدرت را نه در زمین (مردم) که در نیروهای ماوراالطبیعه و رازآلودی تعریف کرد که از کانال الهام، شاه را در مدیریت و پیشبرد سیاست‌هایش راهنمائی کرده و از شخص او حمایت می‌کردند. در حقیقت ایدئولوگ‌های انقلاب سفید با طرح چنین ادعاهائی با مفهوم شهروند (انسان بمثابه سوژه) که منشاء قدرت را در دخالت و شرکت آزادانه فرد در حیات اجتماعی و سیاسی جهت تعیین سرنوشت خود و جامعه می‌دانستند، به مخالفتی آشکار و آشتی ناپذیر پرداختند. ایدئولوژی انقلاب سفید اساساً با اتکاء به جو خفقان و وحشت در پی ایجاد یک سلسله ارزش‌های اجتماعی و فرهنگی بود که افراد را به بی‌تفاوتی به امور عمومی و سیاسی تشویق می‌نمود و از آنان می‌خواست اطاعت کورکورانه‌ای را نسبت به سیاست‌های رژیم در پیش گیرند.

مفاهیمی چون ضعف مطلق (توده‌ها) و قدرت مطلق (رژیم) که در آثار امیرپرویز پویان و مسعود احمدزاده آمده است (از نظر آن دو) به‌گونه‌ای موقعیت روانی و ذهنی توده‌ها در شرایط سرکوب‌های مداوم و خشن را بیان می‌کنند و بازتاب

می‌دهند و این وضعیت روانی است که در نهایت زمینه مساعدی را جهت پذیرش ارزش‌های اجتماعی و فرهنگی انقلاب سفید که بر نوعی بیگانگی انسان نسبت به سرنوشت اجتماعی خویش استوار است، فراهم می‌سازد. چگونگی درهم شکستن چنین ذهنیت گرفتار آمده در چنبره بن‌بستی بنام قدرت مطلق رژیم و ضعف مطلق توده‌ها که خود را به صورت بی‌حرکتی و سکون در جنبش‌های اجتماعی و بی‌تفاوتی و بی‌اعتمادی توده‌ها به نیروهای سنتی و مشی آن‌ها که برپایه شیوه‌های قانونی و مسالمت‌آمیز بود، با حساسیت خاصی از طرف بنیان‌گذاران فدائیان خلق در این سال‌ها (اوائل دهه ۴۰) دنبال می‌شد و آنان را بیش از پیش به عامل دیکتاتوری بمثابه عاملی تعیین کننده در شکل دادن به چنین ذهنیتی متقاعد می‌ساخت که برای عبور از آن، مشی‌های سنتی (متکی بر اشکال صرفاً قانونی و مسالمت‌آمیز) غیرکارساز به نظر می‌رسیدند. در چنین فضایی در دهه چهل است که توجه آنان به تاکتیک‌های قهرآمیز به نحوی گنگ و مبهم جلب می‌گردد. اما تاکتیک‌های قهرآمیز در ادبیات مارکسیستی اساساً با مضمونی نظامی شناخته می‌شدند و در هنگام «وجود شرایط عینی انقلاب» کاربرد پیدا می‌کردند. بنابراین کاربست تاکتیک قهرآمیز با محتوای «تبلیغ سیاسی» آن‌گونه که در ادبیات سنتی چپ (حزب توده و مائوئیست‌ها) تعریف می‌شد، نمی توانست مشروعیت ایدئولوژیکی داشته باشد.

انقلاب کوبا و آشنائی محافل روشنفکر چپ ایران با دستاوردهای تئوریکی آن که در چارچوب ادبیات مارکسیستی بیان می‌شد، تأثیرات تعیین‌کننده‌ای در شکل دادن به این گرایشات قهرآمیز در قالب مفاهیم تاکتیکی و استراتژیکی داشت و به این گرایشات در کادر ایدئولوژی مارکسیستی مشروعیت می‌بخشید.

پایه‌گذاران سازمان چریک‌های فدائی خلق اساساً در رابطه با «انقلاب کوبا» است که از جسارت و اعتماد به نفس لازم جهت گسست از ایدئولوژی‌های سنتی چپ که تا آن زمان تحت اتوریته بلامنازع دو قطب جهانی چپ (شوروی و چین) بودند، برخوردار می‌شوند.

انقلاب کوبا در اواخر دهه ۵۰ و اوایل دهه ۶۰ میلادی اتفاق افتاده بود و مشی ناظر بر این انقلاب در عدم تبعیت و نافرمانی نسبت به اتوریته‌های جهانی چپ

(شوروی و چین) و استراتژی عمومی آنان شکل گرفته بود و برای اولین بار به تاکتیک‌های قهرآمیز در نبود شرایط عینی انقلاب در جامعه مضمونی سیاسی بخشیده بود. این تاکتیک‌ها در شرایط دیکتاتوری‌های بسیار متمرکز و وابسته به امپریالیسم درآمریکای لاتین به موثرترین تاکتیک در برخورد با این رژیم‌ها تبدیل شده بود. کسانی که با ادبیات مارکسیستی آشنا باشند می‌دانند که این برداشت از عنصر قهر در ادبیات سنتی مارکسیستی تا چه حدی با دگم‌های ناظر بر شکل‌گیری مشی بر اساس آموزه‌های قطب‌های جهانی چپ ناسازگار بود و بدعتی نابخشودنی محسوب می‌شد. در انقلاب کوبا تمام مفاهیم کلیدی و بنیادین ناظر بر وظایف و مشی محافل روشنفکری چپ همچون حزب، شرایط عینی انقلاب، قطب‌های جهانی چپ و قهر، تن به تحولی عمیق دادند تا راه شناخت دوران جدید پس از جنگ جهانی دوم و ضرورت تاریخی گسست از ادبیات سنتی چپ هموار گردد. اما همانگونه که گفتیم نباید تأثیر مواضع حزب کمونیست چین بر محافل روشنفکری را در سال‌های اوائل دهه‌ی ۶۰ میلادی که از کانال مناظرات ایدئولوژیکی با حزب کمونیست شوروی صورت می‌گرفت، نادیده گرفت. این محافل در این سال‌ها به شدت تحت تأثیر مواضع رادیکال حزب کمونیست چین در زمینه «ایده انقلاب» و «تاکتیک قهرآمیز» قرار داشتند، اما از آنجائیکه این مفاهیم در چارچوب ادبیات پدرسالارانه و سنتی مارکسیستی مطرح می‌شد و این حزب خود نیز همچون حزب کمونیست شوروی داعیه رهبری دنیای چپ را در قالب استراتژی عمومی واحدی دنبال می‌کرد، چندان بازتابی در مشی فدائیان خلق نیافت. هرچند مسعود سمپاتی زیادی به مائو در زمینه «ایده انقلاب» نشان می‌دهد و نجات این ایده را در ادبیات مارکسیستی مدیون اندیشه‌های او می‌داند، اما مشی او چندان تحت تأثیر مائوئیسم قرار نمی‌گیرد.

در اینجا باید به این نکته اشاره داشت که سازمان چریک‌های فدائی خلق از دو گروه مارکسیستی و در رابطه با حادثه سیاهکل بوجود آمد. این دو گروه در ادبیات سیاسی این سازمان بنام گروه مسعود- پویان و گروه بیژن جزنی- حسن ظریفی نام‌گذاری شده‌اند. تحت تأثیر شرایط پس از رفرم و عدم امکان

بکارگیری اشکال مسالمت‌آمیز و قانونی مبارزه، در هر دو گروه گرایشاتی قهرآمیز در رابطه با عبور از مشی‌های سنتی چپ (حزب توده و مائوئیست‌ها) شکل گرفته بود. همان‌گونه که در فوق بدان اشاره شد، این گرایشات با اتکا به تجربه‌ی انقلاب کوبا که مفاهیم تاکتیکی و استراتژیکی‌اش در چارچوب ادبیات مارکسیستی شکل گرفته بود، توانستند راه خود را به سوی یک مشی مستقل از نیروهای سنتی چپ (حزب توده و مائوئیست‌ها) بگشایند. آثار رژی دبره و چه‌گوارا بیش از هر اثر دیگری در ادبیات مارکسیستی بر شکل‌گیری مشی فدائیان خلق تأثیر گذار بوده است، با این تفاوت که مشی مسعود- پویان اساساً تحت تأثیر تزهای رژی دبره در «انقلاب در انقلاب» و مشی بیژن تحت تأثیر چه گوارا قرار دارند.

تزهای دبره در باره انقلاب کوبا همچنان که از نام این اثر او برمی‌آید، در پی ایجاد دگرگونی رادیکال در دیدگاه‌ها و مفاهیم بنیادین مارکسیستی در رابطه با مشی سیاسی نیروهای سنتی می‌باشد. انتقاد مرکزی رژی دبره اساساً متوجه بی‌اعتبار ساختن دیدگاه‌های مکانیکی نسبت به تحول جنبش‌های خودانگیخته اجتماعی به جنبش‌های سیاسی است و روی دخالت مؤثر عامل ذهنی در این تحول در شرایط دیکتاتوری‌های متمرکز در امریکای لاتین، تاکید دارد. از نظر رژی دبره روند تحول مضامین و اشکال جنبش‌های اجتماعی جهت کسب قدرت سیاسی در این دیدگاه‌ها از پیش در ساختارهایی هیرارزیزه شده و در قالب مفاهیمی منجمد و متحجر در نظر گرفته می‌شود.

در این دیدگاه‌های مکانیکی که با اتکاء به اتوریته‌های جهانی چپ (چین و شوروی) به بقاء و حیات خود در نیروهای سنتی مارکسیستی ایران ادامه می‌داد، نقش عامل ذهنی در روند جنبش‌های اجتماعی انکار می‌گردید. در حقیقت نقش عامل ذهنی (روشنفکران) در این دیدگاه نه تنها بمثابه عاملی خلاق و تأثیرگذار بر روند تحولاتی که متوجه کسب قدرت سیاسی بود جائی نداشت بلکه به نوعی کنار آمدن با روند عینی تحولات اجتماعی و یا به بیان دقیق‌تر دنباله‌روی از روندهای خودبخودی در تحول جنبش‌های اجتماعی تقلیل می‌یافت. روندهائی که هرگز به فرایندی سیاسی جهت کسب قدرت سیاسی نمی‌انجامیدند.

«انقلاب در انقلاب» رژی دبره، از این نظر حامل تأثیراتی عمیق بر مسعود و پویان می‌باشد که با چنین انتقادی پایه‌ای به نیروهای سنتی چپ به بازسازی مفاهیم مشی در چارچوب ادبیات مارکسیستی می‌پردازد و امکان تئوری جدیدی را جهت بیرون رفت نیروهای چپ ایران از بن‌بست حاصل از بحران جهانی چپ (ایدئولوژی پدرسالارانه سنتی) و یافتن یک مشی نوین در چارچوب ایدئولوژی مارکسیستی فراهم می‌ساخت. تزهای دبره که بر اساس نفی چنین دیدگاههای مکانیکی‌ای در ادبیات سیاسی مارکسیستی شکل گرفته است او را به تغییر و بازسازی‌ای رادیکال در مفاهیم حزب، شرایط عینی انقلاب و مضمون «تاکتیک قهرآمیز» در دوران استقرار دیکتاتورهای متمرکز وابسته به امپریالیسم (در حال احتضار) هدایت می‌کند. و همین مواضع رادیکال است که به مسعود و پویان اعتماد به نفس لازم را جهت اتخاذ مشی‌ای برپایه تزهای او می‌دهد. بدین ترتیب دو اثر «مبارزه مسلحانه هم استراتژی و هم تاکتیک»[۳] (تابستان ۴۹) و «ضرورت مبارزه مسلحانه و رد تئوری بقاء» (بهار ۴۹) بمثابه انجیل‌های زمانه خود زاده می‌شوند.

در این دو اثر، مفهوم «شرایط عینی انقلاب» و پذیرش وجود چنین شرایطی در ایران پس از رفرم ارضی بمثابه پایه‌ای‌ترین مفهومی که مشی بر پایه آن شکل می‌گیرد، نقش اساسی دارد. تاکتیک‌های قهرآمیز در مشی مسعود- پویان در چنین شرایطی عینی و با توجه به رژیم مطلقه سلطنتی که آنان از آن بمثابه نماینده مستقیم قدرتهای امپریالیستی یاد می‌کنند، جایگاهی مطلق می‌یابد و هرگونه بکارگیری اشکال مسالمت‌آمیز و قانونی مبارزه تحت عنوان گرایشات رفرمیستی مردود اعلام می‌شود. بدین ترتیب این دو اثر که در فاصله زمانی کوتاهی از یکدیگر نوشته شده است، با شکل‌گیری حادثه سیاهکل (۱۹ بهمن ۴۹)، در مجامع روشنفکری بازتابی گسترده پیدا می‌کنند و به صورت مرجعی برای تبیین پایه‌های تئوریک ایدئولوژی فدائیان خلق و گسست از ایدئولوژی و مشی‌های سنتی در می‌آیند. این دو اثر بزودی به دو متن مرجع در بحرکت درآوردن و سمت و سو دادن به مناظرات و مباحثات محافل روشنفکری تبدیل می‌شود و بدین ترتیب دوران جدیدی از تاریخ تحولات ایدئولوژیکی چپ در

ایران آغاز می‌شود. این دو اثر که در دوران بحران در ایدئولوژی‌های چپ جهانی (اختلافات عمیق چین و شوروی) و انقلاب کوبا نوشته شده‌اند در رابطه با نجات «ایده انقلاب» (اندیشه‌های مائو) و بالاخص تزهای رژی دبره نسبت به پدیده انقلاب در دوران احتضار امپریالیسم شکل گرفته بودند. برمبنای پذیرش «وجود شرایط عینی انقلاب» مسعود و پویان در این آثار خود دیدگاه‌های مکانیکی نیروهای سنتی چپ را به چالش کشیده و این دیدگاه‌ها و دنباله‌روی از شرایط موجود اجتماعی و سیاسی را بی‌اعتبار می‌سازند.

اما در ارزیابی آنان از شرایط موجود اجتماعی و سیاسی جامعه که آن را در وضعیتی انقلابی می‌دیدند نوعی گرایشات رمانتیکی نسبت به ایده‌ی انقلاب دیده می‌شود که خود را در مبالغه در نقش عامل ذهنی و تکیه‌ی یک‌جانبه روی این عامل نشان می‌دهد.

با توجه به اعتبار انجیل‌گونه دو متن فوق در میان هواداران مسعود- پویان درصفوف فدائیان و مرگ حماسی آن دو، این گرایشات بزودی به دگم‌هائی ایدئولوژیکی تبدیل شدند که راه هرگونه انتقاد و عبور از آنان در سایه تجربیات بدست آمده از مشی را بکلی سد کرده بود، چیزی که درست برخلاف هدف و انگیزه مسعود و پویان در مصاف ایدئولوژیکی‌شان با نیروهای سنتی چپ بود و این دو را به چالشی آشتی‌ناپذیر با دگماتیسم آنان کشانده بود.

اما این تحول در ادبیات سازمان چریک‌های فدائی خلق با مخالفت و انتقاد صریح دیگر استراتژ بزرگ این سازمان یعنی بیژن جزنی روبرو شد. بیژن که خود بنیان‌گذار گروه یک (گروه جنگل) بوده است از اولین اثرش «آنچه یک انقلابی باید بداند» که در رابطه با مشی فدائیان خلق نوشته شده است تا آخرین اثرش «نبرد با دیکتاتوری شاه» برداشت دیگری را از مفاهیم بنیادین مشی و ماهیت بحران جهانی چپ در دهه ۶۰ میلادی و از انقلاب کوبا ارائه می‌دهد.[۴]

برداشت‌های او از ماهیت بحران جهانی چپ به گونه‌ای است که برخلاف مسعود کوچک‌ترین گرایشی به مواضع حزب کمونیست چین (اندیشه‌های مائو) از خود نشان نمی‌دهد و مواضع این حزب را در منازعات و مناظراتش با حزب کمونیست شوروی نادرست و بلحاظ مضمون در همان راستای ایدئولوژی پدرسالارانه

دوران استالین ارزیابی می‌کند. بیژن انشعاب و بلوک‌بندی جدید حزب کمونیست چین را در دنیای چپ سال‌های ۶۰ که در تقابل با بلوک شوروی صورت می‌گرفت، به لحاظ شناخت از ریشه‌های بحران جهانی چپ نادرست و بلحاظ ایدئولوژیکی هدف آن را در رابطه با بدست گرفتن سرکردگی کشورهای سوسیالیستی و جنبش‌های چپ برپایه ادبیات پدرسالارانه سنتی (استالینیسم) ارزیابی می‌کرد. بیژن ریشه‌های این بحران را که بویژه در دروان پس از جنگ جهانی دوم و همراه با افزایش تعداد کشورهای سوسیالیستی و رشد سریع و وسیع جنبش‌های آزادیبخش عمق پیدا کرده بود در ایدئولوژی پدرسالارانه دوران استالین می‌دید. این ایدئولوژی که میراث مستقیم شخص استالین است، از نظر بیژن، بر پایه نفی استقلال کشورهای سوسیالیستی و جنبش‌های رهائی‌بخش در تعیین مستقلانه مشی در این کشورها و جنبش‌ها استوار بود و خواهان آن بود که مشی این کشورها در تبعیت کامل از استراتژی عمومی و جهانی دولت شوروی بمثابه تأمین کننده منافع پرولتاریای جهانی تدوین شود. بعلت شرایط متفاوت تاریخی و اجتماعی- سیاسی در هر کشوری، بیژن تأمین همبستگی انترناسیونالیستی این کشورها و این جنبش‌ها را در دوران پس از جنگ جهانی دوم در کادر ایدئولوژی پدرسالانه قبل از جنگ دوم، که متکی بود بر سرکردگی یک کشور قطب (شوروی) بر سایر جنبش‌های رهائی‌بخش، غیرممکن می‌دانست. او با اتکاء به تجربیات تاریخی مربوطه در دوران استالین به این باور رسیده بود که بلحاظ ایدئولوژیکی در مفهوم قطب نوعی گرایش به سلطه‌جوئی به نفع کشور قطب (شوروی) وجود دارد که با پرنسیپ‌های مارکسیستی مغایر است. او عمیقاً متقاعد شده بود که استراتژی عمومی قطب‌های جهانی چپ (شوروی و چین) بنحوی ناگزیر از ویژگی‌ها و شرایط تاریخی خود آن کشورها تبعیت می‌کند و در نهایت بازتاب دهنده و تأمین‌کننده منافع اقتصادی و سیاسی آن کشورهاست. او با جسارت خاصی عدم پذیرش ویژگی‌ها و تفاوت‌های تاریخی-اجتماعی کشورها و جنبش‌ها از طرف قطب‌های جهانی را نه در عدم شناخت از احکام مارکسیستی، بلکه در نوعی میل و گرایش آن‌ها به سلطه‌جوئی و سوء استفاده از سایر کشورهای سوسیالیستی و جنبش‌های رهائی بخش به نفع

استراتژی عمومی خودشان در عرصه جهانی ارزیابی می‌کرد. بدین ترتیب او بیرون رفت از بحران جهانی چپ را نه در ایجاد قطب‌بندی جدیدی با چین و همچنان متکی بر ایدئولوژی پدرسالارانه، بلکه در گسست از این ایدئولوژی می‌دانست. او راه برون رفت از این بحران را در پذیرفتن تفاوت‌های تاریخی کشورها و به تبع آن در به رسمیت شناختن حق انتخاب مشی در هر کشور می‌شناخت، تفاوت‌هایی که ضرورتاً منحصربفرد هستند و از این رو غیرقابل انحلال در استراتژی عمومی قطب‌ها. بهمین علت است که بیژن برخلاف مسعود هیچگونه گرایشی به مائو و اندیشه‌های او نشان نمی‌دهد و او را در مناظرات ایدولوژیکی‌اش با شوروی بمثابه ناجی «ایده‌ی انقلاب» در ادبیات مارکسیستی به رسمیت نمی‌شناسد.

حساسیت بیژن را برخلاف مسعود نباید در مجذوبیت او به «ایده انقلاب» و طنین رمانتیکی و مسیحایی[5] آن در ذهنیت چپ‌های جوان، بلکه در تآمین «حقوق برابر» و نهادینه کردن آن در مناسبات کشورهای سوسیالیستی و جنبش‌های رهائی‌بخش جستجو نمود. بنابراین عبور از این بحران که در شرایط دوران پس از جنگ جهانی دوم و تفاوت‌های تاریخی میان کشورهای سوسیالیستی روابط میان آن‌ها را بعلت محاط بودنش در ایدئولوژی‌های پدرسالارانه به تضادهائی آنتاگونیستی میان آنان تبدیل ساخته بود، تنها و تنها در گرو گسست از ایده قطب در ادبیات سنتی پدرسالارانه با اتکاء به «ایده دموکراسی» می‌باشد.

بر اساس چنین برداشتی از ماهیت بحران در ایدئولوژی‌های چپ است که برداشت بیژن از «انقلاب کوبا» از برداشت‌های مسعود کاملاً متمایز می‌گردد.

نباید مجذوبیت مسعود را نسبت به اندیشه‌های مائو در رابطه با «ایده انقلاب» با برداشت‌های او از انقلاب کوبا و پذیرش مفاهیم دبریستی همچون «شرایط عینی انقلاب» و تاکتیک‌های قهرآمیز (با مضمونی نظامی) و مفهوم احتضار امپریالیسم (بمثابه دوران)، بی‌ارتباط تلقی کرد و این مجذوبیت را در نوعی دریافت رمانتیکی و اراده‌گرایانه او در زمینه مبارزات اجتماعی بی‌تاثیر دانست. در حقیقت برداشت‌های بیژن و مسعود از «انقلاب کوبا» در کلیتی متأثر از اختلاف

برداشت‌های آن دو نسبت به ماهیت بحران در ایدئولوژی‌های چپ انقلابی در این سال‌هاست. از آنجائی که بیژن کانون این بحران را در نبود ایده دموکراسی (حقوق برابر در اتخاذ مشی برای هر کشور) می‌دانست و حساسیت خاصی به آن نشان می‌داد، بنابراین بیژن برخلاف مسعود به مفاهیم دبریستی که برداشت‌های دبره را از انقلاب کوبا نشان می‌دهد با دیدی انتقادی می‌نگرد و برداشت‌های مسعود را که با کاربست چنین مفاهیمی از انقلاب کوبا، بیان می‌گردد بویژه در زمینه «وجود شرایط عینی انقلاب» و مطلق ساختن تاکتیک‌های قهرآمیز بی‌اساس اعلام می‌دارد. بیژن به نویسنده این خطوط می‌گفت که مسعود در رابطه با مشی اساساً تحت تأثیر تزهای رژی دبره در «انقلاب در انقلاب» می‌باشد در صورتیکه من بیشتر خود را به تزهای چه گوارا در این زمینه نزدیک می‌بینم. او در آخرین اثرش «نبرد با دیکتاتوری شاه...» به این مسئله اشاره دارد و می‌گوید مشی باید نه براساس «وجود شرایط عینی انقلاب» بلکه بر پایه مبارزه با دیکتاتوری فردی شاه (رژیم مطلقه سلطنتی) تدوین گردد. و تاکتیک‌های قهرآمیز نه با مضمون نظامی (آنطور که مسعود می‌گوید) بلکه با مضمون تبلیغ سیاسی و اهداف ضد دیکتاتوری مطرح گردد.

برخلاف مسعود، بیژن در برداشت‌های خود از انقلاب کوبا بی‌اعتبار شدن مفهوم قطب‌های جهانی چپ را که برپایه ایدئولوژی‌های پدرسالارانه استوار بودند می‌بیند و آن را به مثابه فرصتی بزرگ که راه برون رفت از بحران جهانی چپ را به جنبش‌های رهائی بخش نشان داده است، می‌ستاید. بیژن در انقلاب کوبا تبلور و بازتاب مشخصه‌هائی از دوران جدید پس از جنگ جهانی دوم را باز می‌شناسد که می‌توانست به نیازها و خواست‌های مشی چپ‌های جوان در ایران پاسخ گوید.

بی‌سبب نیست که بیژن در برداشت خود از انقلاب کوبا تأکید خاصی دارد که این انقلاب دو مفهوم حزب (وظایف روشنفکران) و «قطب‌های جهانی چپ» را که در ادبیات سنتی مارکسیستی به صورت دو مفهوم اسطوره‌ای درآمده بودند شکست و از آن‌ها عبور کرد.

بیژن درمبحث مربوط به دوران، از تضاد جدیدی بنام تضاد میان کشورهای سوسیالیستی در دوران پس از جنگ جهانی دوم یاد می‌کند که حاصل تکثر کشورهای سوسیالیستی است که هر کدام با شرایط و امکانات متفاوت و خودویژه‌ی تاریخی برای ساختمان سوسیالیسم در کشورهای خود مواجه هستند. او بر اهمیت تاثیر این تضاد در تدوین مشی نیروهای چپ ایران تاکید دارد و موضع‌گیری صحیح نسبت به آن را بسیار مهم تلقی می‌کند. برخلاف مسعود که در این زمینه به جانبداری از اندیشه‌های مائو می‌پردازد و به نحوی از انحاء از برسمیت شناختن این تضاد سرباز می‌زند، بیژن این تضاد را یکی از مشخصه‌های دوران پس از جنگ به حساب می‌آورد و راه حل این تضاد را نهایتاً در گسست از ایده قطب و ایدئولوژی‌های پدرسالارانه می‌یابد. عدم اشاره مسعود به این تضاد و شیفتگی او به اندیشه‌های مائو را باید در گرایشات رمانتیکی او نسبت به ایده انقلاب سوسیالیستی جستجو کرد. بیژن از دیدگاه واقع‌بینانه‌ای، مفهوم انقلاب سوسیالیستی را بیان می‌کند و ریشه‌های هستی‌شناسانه آن را در شرایط متفاوت تاریخی اجتماعی‌ای می‌یابد که هر کشوری را در زمینه مشی از سایر کشورها کاملاً متمایز می‌سازد و راه هماهنگی میان این مشی‌ها را در چارچوب نفی ایده قطب و دموکراتیزه کردن مناسبات کشورهای سوسیالیستی می‌بیند. او سرشت اختلافات و تضاد میان کشورهای سوسیالیستی را غیر آنتاگوتیستی ارزیابی می‌کرد اما معتقد بود که در نبود دموکراسی یعنی حقوق برابر در اتخاذ مشی برای هر کشور، این تضاد استعداد رشد و تبدیل شدن به تضادی آنتاگونیستی را در خود نهفته دارد. بنابراین اگر هر دو طرف متضاد به مثابه کشورهای سوسیالیستی شناخته می‌شوند، موضع نیروهای چپ در ایران باید بلحاظ ایدئولوژیکی نسبت به دو کشور بزرگ سوسیالیستی (چین و شوروی) نوعی بیطرفی و صرفاً از زاویه پیشبرد وظایف ضد دیکتاتوری و دموکراتیک‌شان باشد. مضمون این بی‌طرفی بدین معناست که هر دو کشور چین و شوروی از نظر بیژن سوسیالیستی محسوب می‌گردند و انتقادات از آنان باید با توجه به این باور و اساساً در چارچوب وظایف آنان نسبت به نیروهای چپ و دموکراتیک در ایران صورت گیرد.

من دراین جستار تلاش کرده‌ام از خلال اختلافات بیژن با مسعود و پویان پیرامون مفاهیم بنیادین مشی فدائیان خلق، خواننده را با تحولات ایدئولوژیکی در جنبش چپ ایران و گسست آنان از ایدئولوژیهای پدرسالارانه نیروهای سنتی چپ در دهه ۴۰ و ۵۰ خورشیدی آشنا سازم و گرایش کمابیش روشن بیژن را نسبت به «ایده دموکراسی» در ادبیات مارکسیستی نشان دهم.

در بخش یک سعی کرده‌ام که به زمینه‌های تاریخی- اجتماعی و سیاسی شکل‌گیری سازمان چریک‌های فدائی خلق اشاره‌ای داشته باشم و با اتکاء به مصاحبه شاه با اوریانا فالاچی (خبرنگار مشهور ایتالیایی) به توضیح متافیزیک قدرت در ایدئولوژی انقلاب سفید و دیکتاتوری فردی شاه پرداخته‌ام.

در بخش دوم این جستار، اختلافات بیژن را با مسعود در رابطه با ماهیت رفرم ارضی و نتایج اقتصادی- اجتماعی و سیاسی آن بازگو کرده‌ام. گفتمان‌های این بخش اساساً پیرامون مفاهیم بنیادین مشی در رابطه با نتایج اقتصادی و سیاسی رفرم ارضی است. مفاهیمی همچون «شرایط عینی انقلاب»، ماهیت سیاسی رژیم (دیکتاتوری) و مضمون تاکتیک‌های قهرآمیز، گفتمان‌های محوری این بخش را تشکیل می‌دهد.

در بخش سوم این جستار، به مفهوم دوران و تحول آن پس از جنگ جهانی دوم پرداخته‌ام. در این بخش مفهوم ایدئولوژی پدرسالارانه بمثابه ایدئولوژی نیروهای سنتی چپ (حزب توده و نیروهای هوادار مائو) و همچنین مفهوم قطب‌های جهانی چپ در این ایدئولوژی، دو مفهوم کانونی است که مباحثات این بخش را به خود اختصاص داده است.

بیژن، بحران در ایدئولوژی نیروهای چپ را اساساً در رابطه با این دو مفهوم استالینیستی در ادبیات سنتی مارکسیستی مورد بررسی قرار داده است. مسعود و بیژن استنباطی متفاوت از این بحران دارند که درمنازعات ایدئولوژیک میان چین و شوروی خود را نشان می‌دهد. مسعود هسته‌ی مرکزی این منازعات را در رابطه با «نجات ایده انقلاب» در ادبیات مارکسیستی می‌بیند و بیژن عدم استقلال در تدوین مشی در هر کشوری را بمثابه علت اصلی این بحران معرفی می‌کند و خواهان دموکراتیزه شدن این مناسبات است.

در پایان این جستار به این نتیجه رسیده‌ام که مفاهیم بنیادین مشی مسعود-پویان که متأثر از گرایشاتی رمانتیکی و اراده‌گرایانه از مفهوم انقلاب (بمثابه تحول رادیکال اجتماعی) در ادبیات مارکسیستی است با دگم شدن در ذهن هواداران مسعود و پویان در صفوف جنبش چپ به یک مشی کاملاً اراده‌گرایانه و ماجراجویانه تبدیل شد و مفاهیم بنیادین آن با گرفتار آمدن در بیماری دگماتیسم، استعداد هرگونه پویائی و تحولی را از دست دادند. در حالی که مشی بیژن اساساً حامل گرایشاتی رئالیستی و باز می‌باشد و چون مفاهیم بنیادین آن در رابطه با نفی گرایشات رمانتیکی و مسیحایی از مفهوم انقلاب و جذب ایده دموکراسی شکل گرفته است از استعداد پویائی و تحول بیشتری برخوردار می‌باشند و بمثابه میراثی بجای مانده از فدائیان خلق برای جنبش چپ و دموکراتیک در ایران از اهمیت و ارزشی در خور اعتبار در شرایط جدید رشد جنبش‌های دموکراتیک و ضد دیکتاتوری برخوردارند.

تحولات اقتصادی-اجتماعی و سیاسی در ایران
بحران در ایدئولوژی‌های چپ در دهه چهل
شکل‌گیری فدائیان خلق

ادبیات فدائیان خلق اساساً بر زمینه شکست و ازهم پاشیدگی جبهه ملی و ایدئولوژی‌هائی که بر پایه قانون‌گرائی و مبارزه‌ی مسالمت‌آمیز قرار داشتند از نیمه دهه چهل خورشیدی، شروع به شکل‌گیری می‌کند و با حادثه سیاهکل (در ۱۹ بهمن ۱۳۴۹) موفق به اعلام موجودیت تاریخی خود می‌گردد و از همان ابتداء این ادبیات با ایدئولوژی‌های چپ سنتی (حزب توده و مائوئیست‌ها) در تقابلی رادیکال قرار می‌گیرد. در حقیقت این جریان نوظهور (فدائیان خلق) از همان بدو پیدایش با دو پروبلماتیک تاریخی، رفرم ارضی و استبداد مطلقه سلطنتی از یک سو و پروبلماتیک گسست و عبور از ایدئولوژی‌های سنتی چپ (ایدئولوژی‌های پدرسالارانه)، بمثابه ضرورتی تاریخی، از سوی دیگر روبروست. برای درک این ادبیات باید بیاد داشت که سازمان چریک‌های فدائی خلق از

وحدت دو گروه مارکسیستی بنام گروه یک (جزنی ـ ظریفی) و گروه دو (مسعود ـ پویان) با دیدگاه‌هائی کاملاً متمایز از یکدیگر نسبت به دو پروبلماتیک یاد شده در فوق بوجود آمدند. بازتاب این اختلاف دیدگاهی درتکوین مفاهیم تاکتیکی و استراتژیکی در نهایت منجر به تدوین دو مشی (راه) کاملاً متفاوت می‌گردد که تمامی مباحثات فکری و ایدئولوژیکی فدائیان خلق را در راستای مضمون این تفاوت‌ها و تمایزات متمرکز می‌سازد.

این دو مشی در ادبیات فدائیان خلق به ترتیب با نام بیژن جزنی و با نام مسعود احمدزاده، یا بطور دقیق‌تر مسعود- پویان گره خورده‌اند. بنظر این قلم ورود به این اختلافات جهت دسترسی به پایه‌ای‌ترین مفاهیم ایدئولوژیکی در ذهن این بنیانگذاران در لحظه گسستشان از ایدئولوژی‌های چپ سنتی می‌تواند راه شناخت عمیق از مکانیزم‌های حاکم بر روند تحولات فکری و سرنوشت تراژیک فدائیان خلق را فراهم آورد.

قبل از بررسی مواضع ایدئولوژیکی و اختلافات فکری این بنیان‌گذاران و شیوه‌ی برخورد آنان با پروبلماتیک‌های فوق‌الذکر باید با زمینه‌های شکل‌گیری تاریخی- اجتماعی این مباحث آشنا شد. بدون توجه به چنین زمینه‌هائی نمی‌توان به درکی مشخص و روشن از مفاهیم کلیدی مشی فدائیان خلق در برهه زمانی اوائل دهه چهل و دهه پنجاه خورشیدی دست یافت. هرگونه رهیافتی غیر تاریخی به واقعیت‌های اجتماعی راه را بر گفتمان‌هائی بی‌معنا و پوچ باز خواهد گذاشت و امکان دستکاری در ساختار واقعیات اجتماعی و به تبع آن، سمت دادن و تفسیر گفتمان‌های سیاسی در جهت دلخواه را بیش از پیش افزایش خواهد داد. بنابراین تلاش نویسنده این جستار بر این است که با اتکاء به این پیش زمینه‌های تاریخی-اجتماعی، مضامین مشخص گفتمان‌ها و مفاهیم ایدئولوژیکی فدائیان خلق روشن گشته و نقد نحوه تفکر و مشی آنان بگونه‌ای هرچه موثرتر و روشن‌تر صورت گیرد.

زمینه‌های تاریخی-اجتماعی شکل‌گیری فدائیان خلق

بدیهی است که پرداختن به زمینه‌های تاریخی- اجتماعی و سیاسی جنبش فدائیان خلق موضوعی است بسیار وسیع که در چارچوب این جستار نمی‌گنجد. تلاش ما در این‌جا صرفاً تأمل و مکثی است کوتاه بر عوامل تاریخی- اجتماعی و سیاسی‌ای که نقشی تعیین‌کننده بر شکل‌گیری این جنبش داشته‌اند. می‌دانیم که در اواخر دهه ۳۰ و اوائل دهه ۴۰ خورشیدی، جامعه ایران به بحرانی عمیق در ساختارهای اقتصادی-اجتماعی و سیاسی دچار می‌شود. رژیم سیاسی ایران در این سال‌ها بلحاظ اقتصادی- اجتماعی همچنان یک نظام متکی بر مناسبات ارباب و رعیتی و سرمایه‌داری وابسته به قدرت‌های استعماری بود که پس از انقلاب مشروطیت بوجود آمده بود. این فرماسیون جدید که بیژن از آن بنام نیمه فرماسیون یاد می‌کند در حقیقت حاصل و منعکس کننده شکست و ناتمام ماندن انقلاب بورژوازی ایران (انقلاب مشروطیت) است. برخلاف انقلاب‌های کلاسیک بورژوازی اروپا، این انقلاب موفق به ازهم پاشیدن مناسبات فئودالی و

ایجاد فرماسیون سرمایه‌داری نمی‌شود و تنها به تضعیف قدرت فئودال‌ها و سهیم شدن بخشی از بورژوازی (وابسته به امپریالیسم) در قدرت سیاسی می‌انجامد.

مشخصه اساسی این فرماسیون جدید یا نیمه فرماسیون متکی به امپریالیسم از یک سو در عدم توانائی آن برای دست‌یابی به استقلال سیاسی- اقتصادی از قدرت‌های استعماری غرب است و از سوی دیگر در ناتوانی‌اش در تأمین دموکراسی بورژوازی.

این فرماسیون جدید (نیمه فرماسیون) در حقیقت پس از به قدرت رسیدن رضاشاه و با استقرار رژیم استبدادی اوست که موفق به شکل دادن و تثبیت نهادهای اجتماعی وسیاسی‌اش می‌شود. این نهادها و ایدئولوژی توجیه کننده آن‌ها، در واقع تصویری دیگرگون شده از ایده‌آل‌های راستین انقلاب مشروطیت هستند و نشان دهنده‌ی بر زمین ماندن شعارها و مطالبات بورژوازی ملی ایران که با الهام از بورژوازی کلاسیک اروپا شکل گرفته بودند.

بدین ترتیب جامعه ایرانی در دوران ۲۰ ساله حکومت رضا شاه، بطور زنده و مستقیم تجارب خود را از این فرماسیون جدید بمثابه مدرنیته ایرانی کسب می‌نماید و از کانال آشنائی خود با این نهادهای جدید اجتماعی در زندگی روزمره بتدریج به عدم توانائی رژیم برآمده از استبداد رضا شاهی در حل تضادهای بنیادین جامعه (الغاء مناسبات ارباب و رعیتی، نفی سلطه قدرت‌های استعماری و استقرار دموکراسی) پی می‌برد.

با سقوط دیکتاتوری رضا شاه (شهریور ۱۳۲۰) و بوجود آمدن جو آزادی تا اوائل دهه ۳۰ (کودتای ۲۸ مرداد ۱۳۳۲)، این تجارب و نارضایتی دوران ۲۰ ساله، خود را در به چالش کشیدن جدی این نهادها و ساختارهای سیاسی استبداد رضا شاهی بنحوی رادیکال نشان می‌دهد. این تجارب و نارضایتی‌ها با توجه به جو نسبتاً آزاد سیاسی پس از شهریور ۲۰، خود را در پیوندی تاریخی با مطالبات و شعارهای بجای مانده از انقلاب مشروطیت می‌یابند که از طرف اپوزیسیون ملی و مترقی برای تحققشان در این سال‌ها پی‌گیری می‌شد.

در اینجا این نکته پر اهمیت را باید یادآور شد که فعالیت‌ها و مبارزات اپوزیسیون در این سال‌ها (دهه ۲۰ و اوائل دهه چهل) تا ۱۵ خرداد ۱۳۴۲، اساساً در چارچوب قانون اساسی و در اشکالی قانونی و مسالمت‌آمیز صورت می‌گرفت.

جنبش ملی شدن نفت که دهه ۲۰ و اوائل دهه ۳۰ جریان داشت در چنین چارچوب قانونی و مسالمت‌آمیز قرار داشت. این جنبش که به رهبری جبهه ملی و شخص مصدق با طرح شعار ملی کردن صنعت نفت (نفی سلطه استعماری انگلیس) و به موازات آن با تلاش برای کاهش بهره مالکانه (۲۰٪) و اصلاحاتی در زمینه مدیریت روستاها و کاهش اختیارات شاه و دربار در تصمیمات سیاسی و حکومتی (بر طبق قانون اساسی) صورت می‌گرفت، بنحوی روشن بیانگر نیازها و نشان دهنده مطالبات بنیادین جامعه ایرانی بود.

کودتای ۲۸ مرداد ۱۳۳۲ برعلیه حکومت قانونی مصدق و سرکوب خونین نیروهای ملی و چپ نشان می‌داد که فرماسیون (نظام) برآمده از اتحاد و سازش بورژوازی وابسته و فئودال‌های متکی بر قدرت‌های استعماری تا چه حدی در پاسخ‌گوئی به مطالبات قانونی و مسالمت‌آمیز مردم ناتوان است و ساختارهای سیاسی آن تا چه اندازه فاقد ظرفیت‌های لازم جهت کنترل و واکنشی دموکراتیک و قانونی در مقابل تنش‌های حاصل از خواست‌های بنیادین جامعه می‌باشند.

این کودتا در حقیقت شکنندگی نهادهای اجتماعی و سیاسی نظام برآمده از شکست انقلاب مشروطیت را در جوی دموکراتیک به نحوی کاملاً روشن و شفاف در اذهان عمومی و اپوزیسیون دموکرات و چپ ایران آشکار ساخت و ساختارهای سیاسی متکی بر چنین نیمه فرماسیونی را برای پذیرش اپوزیسیونی قانونی بی‌اعتبار و ناتوان معرفی کرد.

بیژن حاصل و نتیجه تاریخی کودتای ۲۸ مرداد ۱۳۳۲ را تضعیف و به حاشیه راندن بورژوازی ملی در تمام زمینه‌های اقتصادی و سیاسی، سرکوب و حذف اپوزیسیون ملی و چپ و جذب هرچه وسیع‌تر مالکین فئودال در طی دهه ۳۰ خورشیدی به مناسبات سرمایه‌داری (وابسته) ارزیابی می‌کند و ریشه تاریخی- سیاسی بحران این نیمه فرماسیون در سال‌های ۳۹ تا ۴۲ را حاصل رشد تضاد

میان سرمایه‌داری وابسته و مناسبات ارباب رعیتی می‌داند که تمامی حیات اقتصادی- اجتماعی و سیاسی را در بی‌ثباتی فرو می‌برد.

حال اگر بر این تضاد بنیادین، تضاد آشکار میان آمریکا (حامی رفرم ارضی) و انگلیس (حامی جناح محافظه‌کار رژیم و مناسبات ارباب و رعیتی) را در این مقطع زمانی در ملاحظات خود وارد نمائیم، آنگاه به عمق این بحران و علت در دستور قرار گرفتن اصلاحات ارضی (انقلاب سفید) پی خواهیم برد. ازنظر بیژن، علت این که تضاد میان بورژوازی وابسته و فئودال‌ها توانست به تضاد عمده تبدیل شود و جناح بورژوازی وابسته مورد حمایت آمریکا امکان پیدا کند رفرم ارضی را متناسب با منافع خود از بالا به اجرا بگذارد، باید در وضعیت نامناسب اپوزیسیون دموکرات و چپ ایران در این سال‌ها جستجو کرد.

اپوزیسیون دموکراتیک ایران در سال‌های بحرانی ۳۹ تا ۴۲ که پس از سرکوب‌های خونین کودتای ۲۸ مرداد ۱۳۳۲ از نفس افتاده و کاملاً تضعیف شده بود، با اتکاء به تضاد آمریکا و انگلیس خود را در چارچوب جبهه ملی دوم بازسازی کرده و به استقبال این بحران می‌رود و بار دیگر بنا بر سنت‌های مبارزاتی خود، پی‌گیری اهداف سیاسی‌اش را در چارچوب ایدئولوژیکی اصلاح‌طلبانه و از راه‌های کاملاً قانونی و مسالمت آمیز دنبال می‌کند. تفاوت آشکار جبهه ملی دوم با جبهه ملی اول به رهبری مصدق در ایدئولوژی محافظه‌کارانه و عدم تشخیص مطالبات بنیادین جامعه و بسیج توده‌های وسیع مردم پیرامون این مطالبات می‌باشد. بطوریکه بنا بر گفتمان‌های بیژن، اپوزیسیون در این مقطع زمانی از هرگونه تأثیرگذاری قابل اعتنا در روند شکل‌گیری رویدادها و سمت‌یابی این بحران عاجز و ناتوان می‌ماند. در نتیجه تضاد میان سرمایه‌داری وابسته و فئودال‌ها به تضاد عمده فراروئیده و خود را به جامعه تحمیل می‌نماید. بدین ترتیب رودرروئی دو جناح اصلاح‌طلب و محافظه‌کار رژیم امکان حل مسالمت‌آمیز تضاد دیرپای این فرماسیون یعنی بورژوازی وابسته و فئودال‌ها را به نفع بورژوازی ایران فراهم می‌کند و در چارچوب منافع بورژوازی وابسته و متکی به امپریالیسم به مناسبات کهن ارباب و رعیتی خاتمه می‌دهد.

این رفرم که در ادبیات سیاسی ایران از آن بمثابه «انقلاب سفید» یاد می‌شود، اساسش بر لغو مناسبات ارباب و رعیتی از طریق فروش اراضی مالکین به دهقانان صاحب نسق قرار داشت.

اما علیرغم این‌که این رفرم به نظام ارباب و رعیتی پایان می‌داد، از آنجائیکه در چارچوب دفاع از منافع بورژوازی وابسته صورت می‌گرفت، نظام سرمایه‌داری برآمده از آن، بزودی محدودیت‌های تاریخی خود را نسبت به تحقق بخشیدن به مطالبات و ایده‌آل‌های انقلاب مشروطیت نشان داد، یعنی از یک سو نتوانست به خواست استقلال درمقابل قدرت‌های استعماری جامه عمل بپوشاند و از سوی دیگر ساختارهای سیاسی آن بیش از گذشته به سمت اعمال سیاست‌های سرکوبگرانه نسبت به جامعه مدنی گرایش پیدا کردند. سرکوب و انحلال جبهه ملی دوم که فعالیت‌هایش در چارچوب قانون اساسی و در اشکالی مسالمت‌آمیز جریان داشت بیان کننده عدم تحمل رژیم سیاسی برآمده از «انقلاب سفید» نسبت به هرگونه اپوزیسیون قانونی بود. در حقیقت سیاست‌های سرکوبگرانه رژیم پس از رفرم ارضی و بالاخص بعداز جنبش اعتراضی وسیع پانزده خرداد آشکارا نشان می‌داد که مضمون رفرم‌های شاه نه در جهت ایجاد جامعه‌ای باز و دموکراتیک، بلکه بیش از پیش بسمت جامعه‌ای بدور از آزادی‌های مدنی و سیاسی سیر می‌کند.

ایدئولوژی «انقلاب سفید» که در این سال‌ها همروند با این اصلاحات شکل می‌گرفت، در واقع ابزاری بود در جهت مشروعیت بخشیدن به نهادهای جدید نظام و توجیه سیاست‌های سرکوبگرانه رژیم برای استقرار و تثبیت این نهادها و درنهایت به چالش کشیدن اپوزیسیون در افکار عمومی.

این ایدئولوژی که اساساً در نفی ایده دموکراسی و در توجیه سیاست‌های سرکوبگرانه رژیم نسبت به اپوزیسیون دموکراتیک و چپ ایران شکل گرفته بود، نقشی اولیه در روی آوردن اپوزیسیون و بویژه نسل جوان دهه‌های چهل و پنجاه خورشیدی، به مبارزات خشونت‌آمیز بازی می‌کند. لذا برای بررسی زمینه‌های شکل‌گیری جنبش فدائیان خلق مکثی کوتاه و اشاره‌وار به مبانی متافیزیکی

قدرت که خود را در قالب دیکتاتوری فردی شاه در چارچوب ایدئولوژی انقلاب سفید نشان می‌دهد، لازم به نظر می‌رسد.

مبانی متافیزیکی قدرت در ایدئولوژی انقلاب سفید

بسته شدن راه مبارزه مسالمت آمیز سیاسی

ایدئولوژی «انقلاب سفید» که می‌بایست به مشروعیت بخشیدن نهادهای اجتماعی جدید برآمده از رفرم شاه می‌پرداخت، در واقعیت ایدئولوژی بورژوازی وابسته به قدرت‌های استعماری بود. این بورژوازی بر خلاف بورژوازی ملی (بورژوازی کلاسیک ایران)، از محدودیت‌هائی تاریخی رنج می‌برد و از رقابت با ایدئولوژیهای مترقیانه ملی‌گرایان و چپ ناتوان و هراسان بود. محدودیت‌های تاریخی این بورژوازی را اساساً باید در عدم استعداد لازم جهت ایجاد جامعه‌ای باز، در راستای ایده‌آل‌های انقلاب مشروطیت (دموکراسی و استقلال) جستجو کرد. بهمین علت واضعین ایدئولوژی انقلاب سفید از همان ابتداء می‌دانستند که این ایدئولوژی نمی‌تواند به نیروئی برانگیزنده در میان روشنفکران و توده‌ها جهت حمایت از سیاست‌های رژیم تبدیل شود. رژیم بویژه جناح دربار و شخص شاه با توجه به تجارب دوران حکومت مصدق، از پیش به ضعف و شکنندگی

نهادهای متکی به بورژوازی وابسته در فضائی دموکراتیک و آزاد پی برده بودند. همان‌گونه که پیش از این اشاره شد، نهادهای برآمده از رفرم برپایه سرکوب خونین اپوزیسیون و در فضائی غیردموکراتیک شکل گرفت. ایدئولوژی "انقلاب سفید" (بورژوازی وابسته)، هرگاه درمقایسه با ایدئولوژی بورژوازی ملی در دوران حاکمیت مصدق قرار گیرد، تمایز و تفاوتی آشکار نشان می‌دهد.

ایدئولوژی بورژوازی ملی ایران که نماینده راستین آن را باید در چهره مصدق یافت، مبتنی بر ایده‌آل‌های انقلاب مشروطیت است و می تواند منافع عمومی جامعه ایرانی را بازتاب دهد و تامین کند. در خلال دوران حاکمیت جبهه ملی اول در دوران ملی شدن صنعت نفت، می‌توانیم با ماهیت و اهداف اجتماعی-سیاسی بورژوازی ملی بنحوی مشخص و ملموس آشنا شویم و تمایز آن را با ماهیت بورژوازی وابسته و اهدافی که این بوژوازی پس از رفرم ارضی دنبال می‌کند، دریابیم.

بورژوازی ملی ایران در این مقطع زمانی برای پیش‌برد اهداف و سیاست‌های اصلاحی‌اش به بسیج هرچه وسیع‌تر توده‌ها و ایجاد فضائی دموکراتیک متکی است و اپوزیسیون و دگراندیشان را تحمل می‌کند. ایدئولوژی بورژوازی ملی و شخص مصدق در دوران حاکمیتش، متأثر از ادبیات بورژوازی کلاسیک یعنی ناسیونالیسم و گرایشات لیبرالی و اومانیستی (انسان محوری) می‌باشد و هنوز رادیکالیسم خود را نسبت به ایده‌آل‌های استقلال‌طلبانه و آزادیخواهانه حفظ کرده است و در پی‌گیری مطالبات عمومی جامعه از روحیه‌ای جدی و مبارزه‌جو برخوردار است.

این بورژوازی پس از شکست تراژیکش در ۲۸ مرداد ۱۳۳۲ و انحلال تدریجی بخش‌های وسیعی از آن در بورژوازی وابسته در خلال سال‌های دهه ۳۰ خورشیدی، قدرت و توان واکنشی مناسب به بحران اجتماعی- سیاسی سال‌های ۳۹ تا ۴۲ را از دست داد و در تحولات این سال‌ها که منجر به رفرم ارضی شد، نتوانست نقش در خور اهمیتی بعهده بگیرد. اما ایده‌آل‌های این بورژوازی در زمینه استقلال و دموکراسی همچنان به مثابه میراثی ملی به نیروهای

اپوزیسیون رژیم در سال‌های پس از رفرم ارضی رسید و نقشی بزرگ در شکل دادن به ایدئولوژی‌های آنان بازی کرد.

در تحلیل نهائی، ایدئولوژی بورژوازی وابسته (انقلاب سفید) در بعد سیاسی خود چیزی نیست بجز مشروعیت بخشیدن به سیاست‌های سرکوبگرانه رژیم نسبت به آن اپوزیسیون قانونی که برپایه مشروط ساختن قدرت شاه در چارچوب قانون اساسی و در نفی دیکتاتوری شاه و نه رفرم ارضی، فعالیت‌های خود را سامان می‌داد.

انقلاب سفید نه تنها به این خواست تاریخی اپوزیسیون بی‌اعتناء ماند، بلکه با طرح شعار «انقلاب شاه و ملت» شخص شاه را بمثابه کانون محوری قدرت و مرکز تصمیم‌گیری سیاسی برسمیت شناخت و تمامی تبلیغات روزمره رژیم را بر بستر چنین شعاری سازماندهی کرد. ایدئولوژی «انقلاب سفید» با دادن چهره‌ای پدرانه و خطاناپذیر به شخص شاه به مشروعیت بخشیدن سلطه مطلقه و دیکتاتوری فردی شاه پرداخت. ایدئولوگ‌های رژیم تلاش کردند با اتکاء به متافیزیکی رازآلود (Mystique) که ریشه در عواطف و باورهای شیعه دارد، اصل طلائی خطاناپذیری و قدرت مطلقه شاه را بر تمامی امور توجیه نمایند تا بدین ترتیب راه را بر شکل‌گیری اپوزیسیون و به تبع آن شکل‌گیری دیدگاه‌های راسیونالیستی و انتقادی نسبت به سلطه مطلقه شاه سد نمایند. شاه در مصاحبه خود با «اوریانا فالاچی»[۶] در اکتبر ۱۹۷۳، با روشنی و شفافیت خاصی از این متافیزیک قدرت و بازتاب آن در ساختار سیاسی رژیم برآمده از اصلاحات، صحبت می‌کند. شاه در این مصاحبه با جدیت تمام تلاش دارد توجه مخاطب خود را به مفهوم شاه بمثابه هسته سخت و مرکزی قدرت در ایدئولوژی انقلاب سفید جلب نماید.

از نظر او مفهوم شاه در ایدئولوژی انقلاب سفید از محتوائی کاملاً آسمانی و رازآلود برخوردار است که با معیارهای عقلانی بشر بویژه انسان مادی غربی، غیرقابل فهم و دریافت است. شاه در این مصاحبه خود را چون موجودی مقدس و تجسم نیروهائی ماوراء الطبیعه و غیرمرئی معرفی می‌کند که تمامی تصمیماتش در رابطه مستقیم و با الهام از این نیروهای آسمانی و غیبی صورت

می‌گیرد. شاه در توضیح این تخیلات و توهمات متافیزیکی خود از باورهای شیعه در زمینه قدرت سیاسی کمک می‌گیرد که طی آن منبع مشروعیت قدرت نه در زمین بلکه در آسمان‌ها و در عالم غیب قرار دارد.

در سنت‌ها و اعتقادات قرون وسطائی شیعه این استعداد ارتباط با عالم حقایق مطلق، نه در تلاش و اراده فرد، بلکه بصورت داده‌ای کاملاً آسمانی تصور شده است که تنها لطف و نظر خداوند در آن دخالت دارد. بدین ترتیب می‌بینیم که در ایدئولوژی انقلاب سفید، اراده و لحظه اتخاذ تصمیمات شاه از چارچوب هرگونه انتقاد جامعه و قید و بندهای عقلانی و قانونی رهائی می‌یابد و زمینه‌های مشروعیت خود را در تقابل آشکار و آشتی‌ناپذیر با ایده‌آل بزرگ انقلاب مشروطیت یعنی ایده دموکراسی و مفهوم مدرن شهروندی قرار می‌دهد. بدین ترتیب با خواست اپوزیسیون ملی و مترقی ایران مبتنی بر مدرنیزه کردن مفهوم شاه، یعنی مشروط کردن قدرت شاه در چارچوب قانون اساسی، در ستیزی جدی قرار می‌گیرد.

نگاهی هرچند کوتاه به مصاحبه اوریانا فالاچی با شاه می‌تواند ما را به شناخت مهم‌ترین عامل ترغیب کننده اپوزیسیون و نسل جوان به در پیش گرفتن مشی رادیکال و خشونت آمیز در دهه‌های ۴۰ و ۵۰ هدایت نماید.

من در اینجا تنها به تأملی کوتاه بر فرازهائی از این مصاحبه می‌پردازم که در رابطه است با متافیزیک قدرت سیاسی رژیم برآمده از انقلاب سفید.

این مصاحبه از همان ابتداء با پاسخهائی که شاه به مخاطب خود پیرامون متافیزیک قدرت و مفهوم شاه بمثابه مفهومی مقدس می‌دهد جریان می‌یابد. در حقیقت شاه در این مصاحبه دست مخاطب غربی خود را از پیش خوانده و می‌داند که پرسش‌ها با توجه به حساسیت افکار عمومی در غرب عمدتاً پیرامون دیکتاتوری فردی شـاه دور خواهد زد. بنابراین از همان ابتدا سعی دارد با اتکا به مفهوم قرون وسطایی و مقدس شاه بمثابه ویژه‌گی تاریخی رژیم سیاسی در ایران به انکار و نفی جهان‌شمول بودن دموکراسی (و مفهوم شهروندی) و ارزش‌های دموکراتیک بپردازد تا بدین ترتیب راه را بر هر گونه انتقادی نسبت به سیاست‌های غیر دموکراتیک خود سد نموده و این سیاست‌ها رامشروع جلوه

دهد. در یکی از فرازهای اولیه این مصاحبه، هنگامی که شاه می‌گوید، روح من همواره در نوعی آرامش قرار دارد، مصاحبه‌گر او را در مقابل این پرسش قرار می‌دهد، «بنا براین چرا شما این اندازه غمگین بنظر می‌رسید» (صفحه۳۴۴) و شاه در پاسخ می‌گوید: «... این غم در نزد من غمی است رازآلود و من نمی‌توانم آن را بنحوی دیگر توضیح دهم، چون هیچ دلیلی برای آن نمی‌بینم... من هر چیزی را که در زندگی بخواهم دارم... بنابراین هیچ کسی نباید بیشتر از من خوشبخت باشد». صفحه۳۴۵. بدین ترتیب ما با مفهوم کلیدی و بنیادی «رازآلود» آشنا می‌شویم که در شکل دادن به متافیزیک قدرت (سلطنت مطلقه) در ایدئولوژی انقلاب سفید نقشی تعیین‌کننده بازی می‌کند. تمام مفاهیم دیگری هم که شاه در رابطه با قدرت سیاسی (دیکتاتوری فردی) در این مصاحبه توضیح می‌دهد در حقیقت با اتکاء به این مفهوم کلیدی انسجام می‌یابد و معنا پیدا می‌کند. همانگونه که می‌دانیم این مفهوم «رازآلود» در ذات خود خردستیز بوده، تابع هیچ‌گونه چون و چرا و استدلال عقلانی و زمینی نیست و سرشتی خودسرانه و غیر دموکراتیک دارد.

حال به فرازهای دیگری اشاره می‌کنم که در آن‌ها شاه به مفاهیمی می‌پردازد که زائیده تخیلات و توهمات‌اش نسبت به بعد «رازآلود» شاه هستند و به این مفهوم کلیدی، محتوائی ملموس‌تر و مشخص‌تر می‌دهند.

شاه در فرازی دیگر، حالت محزون و غم‌انگیز چهره‌اش را ناشی از رنج‌ها و دردهائی می‌داند که در رابطه با مفهوم قرون وسطائی «مأموریت الهی» او قابل تصور است. «من با شما از رنج‌های شخصی‌ام صحبت نمی‌کنم. من از رنج‌های یک شاه می‌گویم... من قبل از اینکه یک انسان باشم، یک شاهم که تقدیر و سرنوشت (Destin)اش، در بانجام رساندن یک ماموریت الهی است و مابقی چیزهای زمینی او فاقد ارزش می‌باشد». ۳۴۵

در اینجا ما شاهد توضیحاتی هستیم که ابعاد رازآلود مفهوم شاه، ازکانال دو مفهوم مأموریت الهی و تقدیر بنحوی ملموس‌تر و مشخص‌تر بیان می‌گردد و رابطه آن با ابعاد زمینی او، بمثابه یک انسان، گویاتر می‌شود. در واقعیت، دراینجا بنا بر ادعای شاه ابعاد رازآلود او درعالم ماوراءالطبیعه‌ای قرار گرفته است که از

حوزه جاذبه خواست‌های نفسانی و زمینی یک انسان یعنی میل غریزی به قدرت، ثروت و سکس کاملاً خارج است. این بعد رازآلود و محتوای آن بلحاظ هستی‌شناسی، از شاه موجودی مقدس و در عین‌حال بیگانه با انسان‌ها یعنی بی‌اعتناء به عواطف و احساسات هم‌نوعان خود می‌سازد. مفاهیم تقدیر و مأموریت الهی مفاهیمی قرون وسطائی‌اند که تنها می‌تواند در خدمت اعمال خشونت و حکومت‌های استبدادی مطلقه قرار گیرند. ما در ادامه بار دیگر به بحث و بررسی جنبه‌های رازآلود شخصیت شاه باز خواهیم گشت.

اما آنچه در این مرحله از مصاحبه جالب است، پرسش زیرکانه و ظریف اوریانا فالاچی از شاه است، او با ناباوری از شاه می‌پرسد: «آه خدای من، (بنابراین) این مأموریت برای شما باید بسیار گران تمام شود. یعنی می‌خواهم بگویم، باید احساس تنهائی شدیدی داشته باشیم، هنگامیکه می‌خواهیم بجای یک انسان شاه باشیم». صفحه۳۴۵

شاه در پاسخ می‌گوید: «من تنهائی خود را انکار نمی‌کنم. این تنهائی عمیقی است. یک شاهی که در باره هرآنچه می‌گوید و هرآنچه انجام می‌دهد، نباید به کسی حسابی پس دهد، بطور اجتناب‌ناپذیری بسیار تنهاست. معهذا من به هیچوجه تنها نیستم، چون یک نیروئی که برای دیگران غیرقابل رویت است، مرا همراهی می‌کند. این نیرو یک نیروی رازآلود است و من پیام‌هائی از او دریافت می‌کنم. این پیام‌ها مذهبی است، من فردی بسیار مذهبی هستم و به خدا ایمان دارم... من از سن ۵ سالگی با خدا زندگی می‌کنم و از همان هنگام خدا به من قدرت رؤیت نیروهای ماوراء الطبیعه (نامرئی) را داده است». ص۳۴۵

در این لحظه مخاطب او با شگفتی می‌پرسد: «مشاهده نیروهای نامرئی؟» و شاه در پاسخ می‌گوید: «آری مشاهده نیروهای نامرئی (ماوراء الطبیعه)». او در باره ماهیت و تعداد دفعاتی که این نیروها را دیده است، اینگونه ادامه می‌دهد: «دو بار، یکی در سن ۵ سالگی و دیگر ۶ سالگی. اولین بار پیغمبر علی (ظاهراً باید منظور امام دوازدهم شیعیان باشد که در مصاحبه فالاچی به این صورت منعکس شده است) را دیدم که طبق مذهبمان ناپدید شده است و روزی برای نجات (بشریت) برمی‌گردد». صفحه۳۴۵

پرسش‌های «اوریانا فالاچی» پیرامون چند و چونی این نیروها و ظاهر شدن آن‌ها، با ناباوری او به پاسخ‌های شاه ادامه می‌یابد و شاه ناباوری اورا نسبت به گفته‌هایش در فرازی چنین می‌بیند: «شما مرا باور ندارید، برای اینکه نه به خدا و نه به من باور ندارید... پدرم هم به آن باور نداشت. او هرگز آن را باور نداشت و به آن بدیده تمسخر می‌نگریست».صفحه۳۴۶ و کمی بعد می‌گوید «این باورها یک فانتزی کودکانه نیست. برای اینکه من به خدا باور دارم و باور دارم که خدا مرا برای بانجام رساندن مأموریتی برگزیده است. ظاهر شدن نیروهای غیبی، معجزاتی بودند که کشور را نجات دادند (منظور سوء قصدهای ناموفقی بوده است که بجان او شده است)... من می‌دانم که همیشه کسی پشت من بوده است. شما می‌فهمید! خدا پشت من بوده است».صفحه۳۴۶

شاه در فرازی دیگر برای مخاطب خود از استعداد رازآلود و غیرعقلانی دیگری بنام الهام (Presentiment) صحبت می‌کند، که کانال تأمین کننده ارتباطش در دوران پس از کودکی با عالم غیب محسوب می‌شود. شاه این باور را در عبارت زیر بیان می‌کند: «من به الهام باور دارم، بعضی‌ها به تناسخ، این استعداد (الهام) همیشه و در هر زمان با من است و همان قدر نیرومند است که غریزه‌ام».صفحه۳۴۶ و سپس در ادامه با اشاره به سوء قصد به جانش در سال ۱۳۲۷ و جان سالم بدربردن از آن، نتیجه می‌گیرد که این حادثه یکی از معجزات الهام محسوب می‌شود و در جائی دیگر به حوادث مشابه اشاره می‌کند که جان سالم بدربردن از آن‌ها «تنها» به لطف یک معجزه از جانب خدا و پیامبر آن امکان پذیر بوده است.

شاه بر اساس این گفتمان‌ها، مدل مونارشی مطلقه را بمثابه رژیم سیاسی ارائه می‌دهد و آن را همچون مدلی ایده‌آل برای دوری جستن از «آنارشی»، صفحه۳۴۴، در ایران بحساب می‌آورد و «مدل دموکراسی غربی را در مقایسه با مدل سلطنت مطلقه بی‌دوام و بی‌آینده» قلمداد می‌کند. صفحه۳۴۴

او سپس اتکاء این مدل دموکراسی را به «آزادی‌های فردی و اجتماعی»، باعث شکنندگی و بی‌ثباتی نهادهای اجتماعی- سیاسی محسوب می‌کند که جامعه را

به سمت آنارشی می‌برد. در این مصاحبه او «این آزادی‌ها را حتی به استهزا می‌گیرد».صفحه۳۵۲

شاه مدل سلطنت مطلقه را مدلی معرفی می‌کند که قادر است ثبات و آرامش (نظم) را در جامعه تامین کند. در رابطه با چنین مدلی است که شعار ایران جزیره ثبات و آرامش است معنای واقعی خود را در مقایسه با مدل دموکراسی غربی نشان می‌دهد.

اما ببینیم شاه در پاسخ به مخاطب خود این جزیره ثبات و آرامش را چگونه معنا می‌کند. «اوریانا فالاچی» که در طول این مصاحبه به کرات ابعاد رازآلود شاه را به چالش کشیده و با ناباوری به آن‌ها نگاه می‌کند، در سئوال دیگری به جنبه‌های ترور و ترس در جامعه ایرانی بدین‌گونه اشاره می‌کند: «من تلاش کردم، اینجا در تهران، در باره شما با مردم صحبت کنم، (اما) آن‌ها را در سکوتی حاکی از ترس یافتم، آن‌ها حتی جرأت نمی‌کردند، نام شما را بر زبان آورند. چرا؟» صفحه ۳۵۰، شاه در پاسخ باین پرسش بطور ضمنی آن را تأئید می‌کند، اما این ترس و ترور بی‌اندازه را ناشی از «احترام فوق‌العاده مردم نسبت به شاه» (مقام مقدس)، محسوب می‌کند. صفحه ۳۵۰، او این «احترام فوق‌العاده» یعنی ترس و ترور را بمثابه پرنسیب بنیادین سیاست‌هایش جهت پیش‌برد «انقلاب سفید» و تحقق اصلاحات اجتماعی می‌داند و در رابطه با این پرسش «اوریانا فالاچی» که: «آیا شما انکار می‌کنید که شاهی بسیار اقتدارگر هستید؟» می‌گوید: «آن را انکار نمی‌کنم، چون به معنائی آن واقعیت دارد. اما توجه کنید که برای پیش‌برد رفرم (انقلاب سفید)، من نمی‌توانم اقتدارگر نباشم ... من را باور کنید، هنگامیکه ۳/۴، یک جامعه نه می‌تواند بخواند و نه بنویسد، نمی‌توان به رفرم‌ها جامه عمل پوشاند، مگر با روش‌های اقتدارگرایانه سخت و قاطع». صفحه۳۵۱

شاه در ادامه گفتگوی خود با «اوریانا فالاچی» از سیاست‌های سرکوبگرانه و خشن خود نسبت به اپوزیسیون چپ و ملی و ایجاد ترس و ترور در جامعه، بمثابه رکن بنیادین برای نظم اجتماعی بنحوی روشن و قاطعانه دفاع می‌کند و آن را لازمه و پیش‌شرط تحقق رفرم‌های اجتماعی‌اش می‌داند.

همین سیاست ترس و ترور، که شاه از آن به عنوان «احترام فوق‌العاده» یاد می‌کند، نقشی پر اهمیت در راندن اپوزیسیون، بویژه جوانان، به سمت مبارزات رادیکال بازی می‌کند و به خشونت بمثابه تنها زبان و روش موثر برای بیان مطالبات اجتماعی و سیاسی اپوزیسیون دهه‌های ۴۰ و ۵۰ مشروعیت می‌دهد.

در حقیقت، چنین سیاست‌های سرکوبگرانه مبتنی بر ایجاد ترس و ترور در شکل‌گیری مفاهیم «ترس مطلق» و «قدرت مطلق»، در ذهنیت دو تن از پایه‌گذاران سازمان چریک‌های فدائی خلق (پویان و مسعود) نقش اولیه دارند. این دو مفهوم که در ادبیات فدائیان خلق و مشی آنان که مبتنی بر تاکتیک‌های مسلحانه است نقش کلیدی بازی می‌کنند، بازتاب مستقیمی هستند از اعمال ترس و ترور (مطلق) توسط رژیم سیاسی در سال‌های پس از رفرم ارضی. ما در ادامه این جستار، از این مضمون و مفهوم بطور مبسوط‌تری صحبت خواهیم کرد.

در ادبیات سیاسی شاه در دهه‌های ۴۰ و ۵۰ خورشیدی، اصول چند گانه انقلاب سفید بمثابه میثاقی مقدس میان شاه و ملت تلقی شده است که شاه بار تحقق آن را بصورت تکلیف و مأموریتی (الهی) و با الهام از عالم غیب (شیعی) به دوش می‌کشد. بدیهی است که در چنین چارچوبی سیاست‌های او بنا به تعریف از بار قداست و مطلقیت برخوردار بوده و حضور هرگونه اپوزیسیونی را جهت انتقاد و بحث در اطراف آن‌ها نه تنها زائد و بی‌معنا می‌کند بلکه چون این انتقادات (اپوزیسیون) ریشه در نیروی عقلانی متکی بر تجارب ناپایدار و محدود زمینی (اجتماعی- تاریخی) انسان دارد، تنها حاصل آن در صورت تأثیر در افکار عمومی، متزلزل ساختن باور مردم نسبت به قداست و مطلقیت سیاست‌های شاه خواهد بود. این امر در پی خود، نهادهای اجتماعی را بی‌ثبات و جامعه را با آنارشی مواجه می‌سازد.

در رابطه با برداشت خود از مفهوم دموکراسی، شاه علت عدم وجود اپوزیسیون در مدل مونارشی مطلقه را این‌گونه به «اوریانا فالاچی» توضیح می‌دهد: «این واقعیت دارد که ما درپارلمان، ۲ حزب (ایران نوین و مردم) بیشتر نداریم، اما این‌ها کسانی هستند که ۱۲ اصل انقلاب سفید را پذیرفته‌اند، مگر چند حزب

باید ایدئولوژی انقلاب سفید مرا نمایندگی کنند؟ بعلاوه، این دو حزب، تنها
احزابی هستند که می‌توانند رأی کافی را بدست آورند. اقلیت (یعنی احزاب
اپوزیسیون در نظام‌های پارلمانی) آنچنان بلحاظ کمی خرد و خنده آورند، که
نمی‌توانند حتی یک نماینده به مجلس بفرستند. همین طور من نمی‌خواهم که
حزب کمونیست اجازه فعالیت داشته باشد». صفحه۳۵۲، البته او منظورش از
حزب کمونیست، بیشتر نیروهای اپوزیسیون بطور کلی می‌باشد که همه آن‌ها را
خرابکار و خائن به حساب می‌آورد و می‌گوید «من دیوانه باشم که به آن‌ها اجازه
فعالیت بدهم». صفحه۳۵۲

اوریانا فالاچی در مخالفت با شاه می‌گوید: «اما برداشت از دموکراسی در غرب
این نیست که شما دارید. دموکراسی در غرب بر پایه «احترام به انسان و آزادی
اندیشه»ص ۳۵۲، شکل گرفته است و «این رژیم‌ها اجازه می‌دهند که هرکس
همانگونه که می‌خواهد فکر کند، این رژیم‌ها بر پایه یک پارلمانی بنا شده‌اند که
اقلیت‌ها در آن حضور دارند...». صفحه۳۵۲، پاسخ‌های شاه در این لحظه در
رابطه با برداشتش از مفهوم دموکراسی که نشأت گرفته از مدل مونارشی مطلقه
و در تقابل رادیکال با دموکراسی غرب است بسیار آشکار و روشن است: «من
چنین دموکراسی (غربی) را نمی‌پذیرم، من مجبور نیستم چنین دموکراسی‌ای را
بسازم. شما می‌توانید، دموکراسی زیبای‌تان را کاملاً نزد خود نگاه دارید، حال
برداشت مرا از دموکراسی می‌فهمید». صفحه۳۵۲

در فراز فوق همانگونه که مشاهده می‌کنید، در برداشت شاه از مفهوم دموکراسی
که بر پایه مدل مونارشی مطلقه شکل گرفته است، مضمون پلورالیستی (آزادی
اندیشه و بیان) وجود ندارد و ظرفیتی برای جذب هرگونه نیروی مخالف و
متفاوت با ایدئولوژی انقلاب سفید، که شاه آن را ملک طلق خود می‌داند، دیده
نمی‌شود. بنا بر تقدس سیاست‌های شاه، در برداشت او از «دموکراسی» اصولاً
مفهومی به نام اپوزیسیون در معنای مدرن آن، آنگونه که اوریانا فالاچی در فوق
بیان می‌کند، علت وجودی خود را از دست می‌دهد و همان‌گونه که دیدیم از
چنین نیروهائی با عباراتی نظیر خائن و خرابکار یاد می‌شود.

اما برای درک جامع‌تر از مدل مونارشی مطلقه و پاسخ شاه در زمینه دموکراسی باید به سراغ دیدگاه او نسبت به انسان (آنتروپولوژی) رفت. ما در فرازهای فوق دیدیم که شاه لحظه تنهائی خود را لحظه‌ای رازآلود خواند و آن را زمان دریافت پیام‌هائی مذهبی و مقدس برای تصمیمات و تدوین سیاست‌هایش معرفی کرد و بدین ترتیب به تصمیماتش جنبه مطلق بخشیده و آن‌ها را غیر قابل انتقاد دانست. ما همچنین در صفحات پیش مشاهده کردیم که چگونه شاه با اتکاء با مفهوم رازآلود الهام که داده‌ایست الهی و در تقابل با عقل زمینی (مبتنی بر داده‌های اجتماعی- تاریخی) قرار دارد، امکان شناخت حقایق مطلق برای خود قائل می‌شود. و به دلیل بی‌سوادی سه چهارم مردم، آنان را فاقد صلاحیت لازم برای شرکت و دخالت در سرنوشت اجتماعی‌شان می‌داند. این نگاه او به مردم و عقل، از دیدگاهی کاملا قرون وسطائی و آریستوکراتیک نسبت به انسان و تئوری شناخت، نشأت می‌گیرد. پذیرش مفهوم رازآلود الهام بمثابه ابزار و وسیله شناخت، با عقل مدرن که خود را از نیروهای رازآلود ماوراءالطبیعه رها ساخته و به تجربه‌ی اجتماعی- تاریخی انسان اتکاء کرده است، در تقابل آشکار قرار دارد و به تئوری شناخت محتوائی آریستوکراتیک می‌بخشد. ما در فرازهائی از این مصاحبه که گفتمان‌های شاه پیرامون برداشت او از مفهوم انسان جریان داشت، شاهد بودیم که او با احیاء مفاهیم قرون وسطائی شیعه همچون تقدیر، مأموریت الهی، لطف الهی، شهود و غیره تلاش دارد به مدل مونارشی مطلقه خودش در مقایسه با ایده دموکراسی غربی مشروعیت بدهد. ما دیدیم که حتی رضا شاه که رژیمش بر دیکتاتوری فردی استوار بود بنا به گفته خود شاه، این مفاهیم را به تمسخر می‌گرفت. اصولاً پس از انقلاب مشروطیت و آشنائی ایرانیان با مدرنیته و تعریف مدرن از انسان که سرشت و طبیعت‌اش ابعاد رازآلود خود را از دست می‌دهد، این گونه مفاهیم رازآلود در تعریف انسان نزد افکار عمومی اعتبار خود را از دست می‌دهد و انسان سرشت و طبیعت خود را در شرایط اجتماعی-تاریخی جستجو می‌کند و آن را با اتکاء به نیروی خود و عقل خود در قالب مفاهیمی کاملاً زمینی (تجربیات اجتماعی- تاریخی) توضیح می‌دهد و بر روی مفاهیم رازآلودی همچون تقدیر، مأموریت الهی، شهود و غیره خط بطلان می‌کشد و

خواهان دخالت و شرکت خود در سرنوشت اجتماعی و فردی‌اش می‌گردد. یا به بیانی دقیق‌تر، انسان ایرانی از موجودی مکلف (رعیت) به موجودی صاحب اختیار و حقوق یعنی سوژه و «شهروند» تبدیل می‌گردد.

می‌توان ادعا داشت که ایدئولوژی انقلاب سفید و متافیزیک قدرت در آن، در تقابل با مفهوم شهروند شکل گرفته است که به نوعی ایدئولوژی و برانگیزاننده انقلاب مشروطیت محسوب می‌گشت. مفهوم شهروند همچون میراث تاریخی انقلاب مشروطیت، نقشی کانونی در ایدئولوژی‌های نیروهای ترقی‌خواه اپوزیسیون ایران داشته و دارد.

بنابراین، هدف نهائی از ارائه چنین انتروپولوژی (قرون وسطائی- آریستوکراتیک) در انقلاب سفید، بی‌اعتبار ساختن مفهوم «شهروندی» (به تبع آن ایده دموکراسی) در ایدئولوژی‌های ترقی‌خواهانه و دموکراتیک اپوزیسیون بود. اما نباید فراموش کرد که مدل مونارشی مطلقه شاه که با به خدمت گرفتن مفاهیم قرون وسطائی و آریستوکراتیک شکل می‌گرفت ابزاری بود در دست بورژوازی وابسته ایران جهت پیشبرد اصلاحاتی که درمرکز آن رفرم ارضی و پیشبرد منافع این بورژوازی قرار داشت.

متافیزیک قدرت هرچند بلحاظ فرم بر پایه مفاهیمی رازگونه و آریستوکراتیک بنا شده است، ولی بلحاظ محتوی، کاملاً بیان کننده منافع بورژوازی (وابسته) متکی به امپریالیسم است. تفاوت بورژوازی وابسته بلحاظ ایدئولوژیکی با بورژوازی ملی ایران، از نظر بیژن از دست دادن ابعاد لیبرالی و دموکراسی خواهی آن است که با اتکاء به مفهوم شهروندی (همانگونه که در دوران حکومت مصدق شاهد بودیم)، از توان تاریخی تأمین منافع عمومی جامعه ایرانی برخوردار می‌باشد و بدین معنا مطالبات و خواست‌هایش خصلتی عام دارد و با منافع کلیه‌ی اقشار مترقی و تحول‌طلب جامعه هماهنگ است. اما بورژوازی وابسته فاقد این توان تاریخی است و چون سیاست‌هایش عمدتاً در خدمت اقشار بالائی جامعه و قدرت‌های استعماریست، از تأمین منافع عمومی ناتوان می‌ماند و به ناگزیر، همان‌گونه که در انحلال فعالیت قانونی جبهه ملی و سرکوب خونین ۱۵ خرداد ۱۳۴۲ دیدیم، به دیکتاتوری روی می‌آورد. این دیکتاتوری که خود را در مدل

مونارشی مطلقه بیان می‌دارد، با ایجاد جو ترس یا به گفته شاه «احترام فوق‌العاده» مردم به شخص شاه، راه را بر هرگونه انتقاد وفعالیت قانونی و مسالمت آمیز اپوزیسیون، سد می‌نماید.

مسعود و پویان، دو تن از بنیان‌گذاران سازمان فدائی، ماهیت این دیکتاتوری را دیکتاتوری بورژوازی (وابسته) دانستند که با سیاست‌های سرکوب مداوم جنبش‌های اجتماعی و ایجاد جو ترس و ترور، امکان هرگونه فعالیت مسالمت‌آمیز و قانونی را از اپوزیسیون سلب می‌کرد. آنان ساختارهای قدرت را بر پایه ایجاد ترس مطلق (یا ضعف مطلق) در اپوزیسیون و قدرت مطلق دستگاه حاکمه دیدند و آن را در چارچوب رفتار مسالمت‌آمیز و قانونی غیر قابل اصلاح ارزیابی کردند و هرگونه به چالش کشیدن این ساختار را در گرو اتخاذ یک مشی رادیکال و با استفاده از «تاکتیک‌های قهرآمیز» امکان‌پذیر دانستند.

بدین ترتیب برای اولین بار در تاریخ مبارزات سیاسی معاصر ایران یک مشی رادیکال و بر پایه بکارگیری تاکتیک‌های قهرآمیز در اپوزیسیون شکل گرفت.

با به بن بست کشیده شدن مبارزات مسالمت آمیز و قانونی اپوزیسیون، بیژن نیز برای درهم شکستن سدّ دیکتاتوری اتخاذ یک مشی رادیکال با کاربست تاکتیک‌های قهرآمیز، به مثابه تاکتیک محوری را از جانب نیروهای چپ و دموکراتیک ضروری می‌شمارد.

اما هرچند هر سه این بنیان گذاران، رفرم ارضی و پایان مناسبات ارباب و رعیتی در ایران را در «انقلاب سفید» می‌پذیرند و دیکتاتوری را بمثابه عامل تعیین کننده در رادیکال کردن جنبش‌های اجتماعی- سیاسی معرفی می‌نمایند، اما در تحلیل‌شان از انگیزه‌ها و نتایج اجتماعی و سیاسی رفرم ارضی شاه و همچنین مکانیزم‌های حاکم بر ساختارهای این دیکتاتوری و مضمون تاکتیک‌های قهرآمیز، تفاوتی آشکار و جدی دارند. بیژن در زمینه این اختلاف در تحلیل در آخرین اثر خود «نبرد با دیکتاتوری شاه بمثابه عمده‌ترین دشمن خلق و ژاندارم امپریالیسم» چنین قضاوت می‌کند:

«محال است که با این دو برداشت بتوان یک مشی داشت و به یکسان عمل کرد. فرم و محتوای مبارزه مسلحانه، الزاماً در یکدیگر بافته شده و یک

استراتژی و تاکتیک معین بوجود می‌آورد. هدف ما و انتظاراتی که از مبارزه مسلحانه داریم با این دو برداشت تفاوت فاحش می‌کند... این اختلاف چیزی پیش از اختلافات تاکتیکی است، اینجا در شناخت شرایط اقتصادی، اجتماعی و سیاسی و در ارائه راه حلی برای مسائل مبرم و عمده‌ای که در برابر ما قرار دارد، اختلاف وجود دارد. این اختلاف نمی‌تواند منجر به دو مشی نشود و ممکن است هر دو مشی نادرست باشد، ولی قطعا هر دو آن‌ها نمی‌تواند درست باشد». ص۴۶

اما پیش از بررسی این اختلافات که نقشی تعیین کننده در سیر تحول حیات سیاسی و ایدئولوژیکی سازمان چریک‌های فدائی خلق بازی کرده است، بایستی به تحولات و تغییراتی بپردازیم که در دهه‌های ۶۰ و ۷۰ میلادی در ایدئولوژی نیروهای چپ در مقیاس جهانی بوقوع پیوسته است. برداشت از این تحولات، بویژه انقلاب کوبا، در شکل دادن به رادیکالیسم فدائیان خلق و در اختلاف نظر میان مسعود- پویان و بیژن، در زمینه تدوین مشی نقش مهمی بازی کرده است. تحولات دهه ۶۰ اساساً متوجه انتقاد و نفی ایدئولوژی‌های پدرسالارانه متکی به اتوریته قطب‌های جهانی چپ بود که ادبیات مارکسیستی را به ادبیاتی بسته و مفاهیمی دگم و غیرقابل تغییر تبدیل ساخته بودند. این ادبیات در دوران استالین که نقشی پدرانه در خانواده احزاب چپ جهانی بازی می‌کرد، برای حفظ هماهنگی آن‌ها و در جهت تأمین منافع انترناسیونالیستی پرولتاریا بوجود آمده بود. ایدئولوژی پدرسالارانه قطب‌های جهانی (شوروی- چین)، اصولاً در رابطه با نفی استقلال و حقوق دموکراتیک سایر احزاب کشورهای دیگر شکل گرفته بود و آنان را به تبعیت کامل از استراتژی عمومی قطب‌های جهانی وامی‌داشت.

لحظه تشخیص و تدوین مشی توسط نیروهای چپ در هر کشور، نه در رابطه با ویژگی‌های شرایط اجتماعی- تاریخی این کشورها، بلکه بایستی در رابطه با استراتژی عمومی کشور قطب تعیین می‌گشت. بیژن در آثار خود نه تنها این استراتژی عمومی کشور قطب را بلحاظ نظری فاقد استعداد لازم جهت بازتاب دادن منافع خاص کشورهای دیگر می‌داند، بلکه آن را زمینه‌ساز نوعی سوء استفاده از اصل انترناسیونالیسم پرولتری و سلطه‌جوئی قطب‌های جهانی چپ

ارزیابی می‌کند. در این زمینه در مبحث اختلاف میان بیژن و مسعود، در مورد دوران بطور مبسوطی صحبت خواهیم داشت و در اینجا به همین اشارات کوتاه بسنده می‌کنیم.

اختلافات چین و شوروی در زمینه چگونگی ساختمان سوسیالیسم درچین (اوائل دهه ۶۰) و انشعاب چین از خانواده کشورهای سوسیالیستی و احزاب چپ جهانی، باعث بحرانی عمیق در ایدئولوژی پدرسالارانه احزاب سنتی چپ گردید و این امر با توجه به وزن و اعتبار حزب کمونیست چین در سطح جهانی، زمینه نافرمانی و استقلال طلبی را در احزاب چپ سنتی فراهم آورد. نباید از یاد برد که مواضع ایدئولوژیکی حزب کمونیست چین در این زمان در مقایسه با مواضع حزب کمونیست شوروی، از انقلابی‌گری و رادیکالیسمی برخوردار بود که از اصالت انقلابی ادبیات مارکسیستی ریشه می‌گرفت. این امر باعث شده بود که مواضع چین در بین نیروهای رادیکال و مارکسیستی جذّابیت و اعتبار بالائی پیدا کند و از جمله در رادیکالیزه کردن مشی فدائیان، بویژه گروه مسعود- پویان نقش مهمی ایفا نماید.

اما ایدئولوژی حزب کمونیست چین که خود را بزودی مائوئیسم خواند نتوانست در شکل‌گیری ایدئولوژی فدائیان خلق بویژه گروه بیژن — ظریفی نقش مهمی بعهده بگیرد چرا که این ایدئولوژی نیز با مضمونی استالینیستی (پدرسالارانه) ادعای رهبری جنبش جهانی چپ را داشت. ما در مورد اختلاف برداشت بیژن و مسعود از ماهیت بحران ایدئولوژیکی و انشعاب چین از جنبش جهانی چپ که منجر به بلوک‌بندی جدیدی به سرکردگی حزب کمونیست چین در مقابل شوروی و احزاب و کشورهای سوسیالیستی وابسته به آن شد، در مبحث دوران، بطور مفصل صحبت خواهیم کرد.

اما از میان تغییرات و تحولات در ایدئولوژی‌های جهانی چپ، بلاتردید این "انقلاب کوبا" بود که در رادیکالیسم فدائیان خلق و شکل دادن به مفاهیم تاکتیکی و استراتژیکی آن نقشی تعیین‌کننده بازی می‌کند. هر دو گروه تشکیل دهنده این سازمان (گروه جزنی- ظریفی و گروه مسعود- پویان) که از دیدگاه‌های مارکسیستی برخوردارند، برای تدوین مشی خود بر دستاوردهای

مفهومی انقلاب کوبا که در تقابلی رادیکال با مفاهیم سنتی در ادبیات چپ قرار داشت، متکی می‌گردند.

انقلاب کوبا افق‌های جدیدی در مقابل این دو گروه در نقد و گسست ایدئولوژیک‌شان از نیروهای چپ سنتی (حزب توده و گروههای وابسته به چین)، می‌گشاید و برای به چالش کشیدن رژیم دیکتاتوری شاه بر مبنای تدوین یک خط مشی نوین، اعتماد به نفس لازم را در آنان بوجود می‌آورد.

انقلاب کوبا اساساً با تفکری مستقل و خارج از چارچوب‌های ایدئولوژی رسمی (استالینیسم) احزاب و جنبش‌های چپ شکل گرفت و با مفاهیم اسطوره‌ای ادبیات رسمی قطب‌های جهانی مانند «حزب» و نظایر آن در بیگانگی و ستیزی آشتی‌ناپذیر قرار داشت.

اگر اظهارات بیژن در بازجوئی‌اش به تاریخ ۲۲-۱۱-۱۳۳۹ را بمثابه بازتاب دهنده ذهنیت جامعه روشنفکری ایران در دهه‌های ۴۰ خورشیدی تلقی کنیم، آنگاه به اهمیت انقلاب کوبا در شکل دادن به رادیکالیسم فدائیان خلق پی خواهیم برد.

«مشارالیه (بیژن) ضمن اعترافات، اظهار داشت که اصولاً با ایسم مخالف بوده و پیروان ایسم را فاقد عقیده می‌داند و خود را همیشه پیرو آن چیزی می‌داند که به نظرش صحیح برسد». به نقل از اظهارات بیژن در بازجوئی در کتاب «چپ در ایران به روایت اسناد ساواک» کتاب هشتم، چریک‌های فدائی خلق، مرکز بررسی اسناد تاریخی وزارت اطلاعات — بهار ۱۳۸۰.

حال با توجه به این روحیه و ذهنیت عصیانگر روشنفکران در مقابل ایسم‌ها (استالینیسم و مائوئیسم) است که ما می‌توانیم انعکاس و طنین پر قدرت انقلاب کوبا را در بین آنان دریابیم. در حقیقت انقلاب کوبا همچون «مائده آسمانی» بود که روشنفکران ایرانی در دهه ۴۰ بی‌صبرانه در انتظارش بودند. ریشه این ذهنیت عصیانگر روشنفکران را باید در ایدئولوژی پدرسالارانه‌ی استالینیسم جستجو کرد. این ایدئولوژی بمثابه ایدئولوژی رسمی احزاب سنتی چپ در ایران (حزب توده و مائوئیست‌ها)، ریشه‌هائی دیرپا در جنبش چپ ایران داشت که حامل نوعی تبعیت کورکورانه از سیاست‌های قطب‌های جهانی (چین و شوروی)

بود. مشی و سیاست‌های این احزاب سنتی اساساً در چارچوب منافع و سیاست‌های این قطب‌ها که هم راستا و همسو با منافع عمومی جامعه ایران تلقی می‌شد، تدوین می‌گردید. هسته مرکزی این ایدئولوژی چپ سنتی، همان «اصل خطاناپذیری» قطب‌های جهانی بود که برپایه آن، قطب‌های جهانی با نگاهی معصومانه و عواطفی پدرانه، به منافع جنبش‌های چپ در سرا سر جهان و در نهایت به بشریت برخورد می‌کردند.

در اثر چنین برداشتی است که ایدئولوژی‌های چپ سنتی ایران که برپایه مجذوبیت به چنین اصلی شکل گرفته بودند، هرگونه قدرت انتقادی خود نسبت به سیاست قطب‌ها را از دست داده بودند. تمامی مفاهیم ایدئولوژیکی این احزاب سنتی بدین ترتیب به دگم‌هائی با قداست آسمانی تبدیل شده بود که قدرت خود را در برخورد با واقعیات زنده اجتماعی- سیاسی جامعه ایرانی از دست داده بود.

شکست‌های پی در پی حزب توده در جنبش‌های عمومی، بالاخص اشتباه فاجعه‌بار آن در رابطه با مصدق و جنبش ملی شدن نفت، که برپایه ایدئولوژی پدرسالارانه (استالینیسم) شکل گرفته بود، این حزب و ایدئولوژی سنتی‌اش را نزد افکار عمومی و روشنفکران از اعتبار انداخته بود، به ویژه که حزب توده قدرت پویائی و تحول خود را که بر پایه عنصر انتقاد باید شکل می‌گرفت، بعلت پذیرش «اصل خطاناپذیری حزب کمونیست شوروی» کاملا از دست داده بود.

اصولاً عنصر انتقاد به معنای راستین آن در ادبیات پدرسالارانه حزب توده نمی‌توانست جائی داشته باشد. بهمین علت است که مواضع بیژن نسبت به ایدئولوژی‌های پدرسالارانه (ایسم‌ها)، چنین تهاجمی و عصیانگر است و گسست از این ایدئولوژی‌ها را لازمه احیاء عنصر انتقاد و پویائی ادبیات چپ در ایران می‌داند. ما در بخش‌های دیگر این جستار به مواضع او در رابطه با احیاء عنصر انتقاد در ادبیات مارکسیستی و نقش مفهوم انتقاد (استقلال در مقابل قطب‌های جهانی چپ)، درشکل‌گیری ایده دموکراسی بمثابه تنها راه خروج از بحران در جنبش جهانی چپ (استالینسیم)، باز خواهیم گشت. در اینجا فقط به این نکته بسنده می‌کنیم که در آثار او همواره ایده حق انتقاد یعنی ایده استقلال در برابر قطب‌های جهانی در رابطه با دموکراتیزه کردن ساختار مناسبات احزاب چپ و

کشورهای سوسیالیستی است. ایده استقلال احزاب و ایده دموکراسی در ادبیات سیاسی بیژن در رابطهای کاملاً دیالکتیکی قرار دارند در حالی که چنین ایدههائی در ادبیات پدرسالارانه (استالینیسم)، غیرقابل جمع میباشند.

در سالهای دههی چهل تدوین یک مشی موثر در مبارزه علیه دیکتاتوری فردی شاه (سلطنت مطلقه) با اتکاء به ویژگی مناسبات اجتماعی و سیاسی و تجارب تاریخی نیروهای سیاسی چپ و دموکراتیک ایران به امری حیاتی و آرزوئی بزرگ برای محافل روشنفکری ایران تبدیل شده بود و این امر نیازمند گسست و عبور از ایدئولوژیهای پدرسالارانه بود.

در چنین فضای فکری و روانی است که انقلاب کوبا در خارج از اتوریته ایسمهای متکی به قطبهای جهانی چپ شکل گرفت و پیروزیاش بر دیکتاتوری باتیستا را بدون اتکاء به «اسطوره قطبهای جهانی»، «اسطوره حزب» و غیره به دست آورد. طنین تجربیات انقلاب کوبا بازتاب مثبتی در ذهنیت روشنفکران ایرانی پیدا کرد و افقهای نوینی جهت گسست و عبور از ایدئولوژیهای سنتی چپ را بروی آنان گشود.

آثار امیرپرویز پویان و مسعود احمدزاده و بیژن جزنی که هر سه بگونهای متأثر از انقلاب کوبا هستند امکان شکلگیری سازمان چریکهای فدائی خلق را بلحاظ نظری و در عبور از ایدئولوژی سنتی چپ در ایران فراهم ساختند و با حادثه سیاهکل در ۱۹ بهمن ۱۳۴۹، مبارزات اپوزیسیون رادیکال ایران را در بستر مفاهیم تاکتیکی و استراتژیکی جدیدی قرار دادند.

اما همانگونه که گفتیم استنباط بیژن از رفرم ارضی شاه و تجربیات انقلاب کوبا با استنباط مسعود- پویان در این زمینهها از تفاوتی بنیادین برخوردار است. ما در صفحات پیشین با نقل قولی از بیژن به این تفاوتها اشاره داشتیم و گفتیم که سازمان چریکهای فدائی خلق از همان بدو پیدایش، چنین تضادها و اختلافات بنیادین نظری را در مشی خود حمل میکرده است و این اختلافات در سمت و سو دادن به تحولات ایدئولوژیکی و سیاسی سازمان نقشی تعیین کننده، داشته است. حال باید دید این اختلافات پیرامون کدام مفاهیم کلیدی سیاسی و ایدئولوژیکی جریان داشته است و مباحثات و مناظرات بیژن با مسعود و پویان از

چه مضمونی برخوردار بوده که بنا به گفته‌ی بیژن به دو مشی، بر مبنای برداشت‌هائی کاملا متفاوت از شرایط اجتماعی- اقتصادی و سیاسی جامعه ایرانی منجر گردید.

فدائیان خلق و پروبلماتیک دیکتاتوری
چگونگی پیوند با جنبش‌های اجتماعی

همانگونه که در صفحات پیش دیدیم، جامعه ایرانی با رفرم ارضی در اوائل دهه چهل خورشیدی به مرحله‌ی جدیدی از رشد و تکامل خود برپایه مناسبات اقتصادی- اجتماعی بورژوازی (وابسته) وارد شد. شاه جهت پیشبرد سیاست‌های اصلاحی‌اش رژیم سلطنت مطلقه را تنها رژیم متناسب با این اصلاحات می‌دانست.

ما از ویژگی‌های تاریخی این رژیم یاد کردیم و گفتیم که چگونه شاه تصمیمات و سیاست‌های خود را با طرح ارتباط با منابع رازگونه ماوراء الطبیعه مشروعیت می‌بخشید و با متشبث شدن به این مفاهیم خود را فراتر از آن میثاق ملی (قانون اساسی برآمده از انقلاب مشروطیت) قرار می‌داد که در آن، منشاء قدرت برپایه «مفهوم شهروندی» تعریف می‌شد.

ویژگی و مشخصه دیگر رژیم آن بود که در ایدئولوژی انقلاب سفید با تمرکز قدرت در شخص شاه و مقدس خواندن تصمیمات و سیاست‌هایش امکان هرگونه داوری انتقادی از آن‌ها و به تبع آن، تشکیل هرگونه اپوزیسیون را در این رژیم غیرممکن و غیرقانونی می‌ساخت به طوری که از هر مخالف یا منتقدی به عنوان خائن، وابسته به بیگانه، خرابکار و غیره یاد می‌شد که وجود و حیات‌شان بمثابه منشاء آنارشی و بی‌ثباتی در نظم اجتماعی، به رسمیت شناخته نمی‌شد. بدین ترتیب بود که روشنفکران منتقد رژیم همواره تحت شدیدترین سرکوب، شکنجه و آزار قرار می‌گرفتند.

ما به مشخصه سوم این رژیم نیز اشاره داشتیم که نقشی اساسی در رادیکالیزه کردن اپوزیسیون بازی می‌کرد و آن هم عبارت بود از ایجاد جو ارعاب و ترور در سطح جامعه با اتکاء به سیاست‌های سرکوب مداوم باهدف منفعل ساختن شهروندان وجامعه‌ی روشنفکری و القاء «ضعف مطلق» و «قدرت مطلق». در ایدئولوژی انقلاب سفید با توجه به تقدس قائل شدن برای شاه، ترس بی‌اندازه مردم از شاه، بمثابه «احترام فوق العاده» نسبت به او یاد می‌شود.

بدین ترتیب از فردای سرکوب‌های خونین اوائل دهه‌ی چهل خورشیدی، دیکتاتوری فردی شاه به صورت مانعی اساسی در برابر فعالیت‌های قانونی و مسالمت آمیز اپوزیسیون و ارتباط با جنبش‌های اجتماعی بر جامعه روشنفکری تحمیل می‌شود ونیروهای اپوزیسیون رابه چالش با خود فرا می‌خواند.

حال در مقابل چنین پروبلماتیکی چه باید کرد؟ هر دو گروه تشکیل دهنده فدائیان خلق (گروه جزنی- ظریفی و گروه مسعود- پویان)، با کمی فاصله زمانی باین نتیجه رسیده بودند که مشی‌های سنتی مبارزه دیگر قادر به ایجاد تشکل‌های پایدار سیاسی نیستند و نمی‌توانند تاکتیک‌های موثری جهت ارتباط با نارضایتی‌ها و اعتراضات خودانگیخته توده‌ها (جامعه مدنی) بکار بگیرند و فضای رعب و وحشت که توده‌ها را به حالت انفعال کشانده است، درهم بشکنند.

بنا براین هر دو گروه که از روشنفکران چپ محسوب می‌شدند با اتکاء به ادبیات مارکسیستی به تدوین یک مشی نوین جهت مقابله با شرایط دیکتاتوری پس از رفرم ارضی روی آوردند. همانگونه که گفتیم هر دو گروه، با تجربه انقلاب کوبا

از طریق «انقلاب در انقلاب» رژی دبره و آثار چه گوارا آشنا بودند، تحت تأثیر عمیق تزهای رژی دبره و چه گوارا قرار داشتند. هر دو گروه در هنگام تحلیل خود از شرایط اجتماعی، اقتصادی و سیاسی و مرحله رشد و تکامل تضادهای طبقاتی پس از رفرم و ماهیت سیاسی دیکتاتوری، از این تجربه تاریخی جدید در ادبیات مارکسیستی تأثیر می‌گرفتند. با این تفاوت که بیژن از ایده‌های چه گوارا متأثر بود و مسعود و پویان تحت تأثیر تزهای رژی دبره در «انقلاب در انقلاب».

تحلیل بیژن از انگیزه‌های رفرم ارضی و تأثیرات آن بر صف‌بندی‌های سیاسی و مرحله تحول تضادهای اجتماعی و طبقاتی و همچنین ماهیت دیکتاتوری فردی شاه که بر پایه آن‌ها به تدوین مشی می‌پردازد، اساساً با دیدگاه‌ها و تحلیل‌های مسعود متفاوت است.

حال باید دید این تفاوت‌ها چگونه خود را درتحلیل این دو استراتژ برجسته فدائیان خلق نشان می‌دهد و چگونه در مشی آن‌ها بازتاب می‌یابد.

مضمون اقتصادی- اجتماعی رفرم ارضی
و ماهیت سیاسی رژیم دیکتاتوری
به روایت مسعود

مسعود برداشت خود از رفرم ارضی و ماهیت قدرت سیاسی برآمده از آن را در تنها اثرش «مبارزه مسلحانه، هم استراتژی و هم تاکتیک» توضیح می‌دهد و ضمن توجه به تأثیرات رفرم ارضی بر ساختارهای طبقاتی- اقتصادی جامعه و مرحله تحول درمناسبات اجتماعی و تضادهای طبقاتی جامعه با بهره‌گیری از تزهای «دبره» به تدوین مشی می‌پردازد.

مسعود به رفرم ارضی به بمثابه الغاء مناسبات ارباب و رعیتی باور دارد و اهداف و مضمون اقتصادی- اجتماعی و سیاسی آن را در جملات زیر بیان می‌کند: «هدف به اصطلاح انقلاب سفید عبارت بود از بسط نفوذ امپریالیسم در شهر و روستا. «انقلاب سفید» در لحظه‌ای صورت گرفت که رژیم مزدور با جنبش ضد امپریالیستی مواجه بود، درست در شرایطی که توده‌های شهری بر علیه رژیم به پا خاسته بودند» (صفحه۶۱). او در جائی دیگر «هدف از اصلاحات ارضی» را بسط سلطه اقتصادی، سیاسی و فرهنگی سرمایه‌داری بوروکراتیک وابسته در

روستا می‌داند و «... نه دوا کردن دردی از دردهای بیشمار دهقانان (که بدین طریق بتوانند با جلب حمایت دهقانان از رژیم، زمینه انقلاب را در روستاها از بین ببرند)، بلکه رژیم بعلت ماهیت خود تنها با سرکوب و ستم اقتصادی سیاسی و فرهنگی هر چه بیشتر و گسترش و نفوذ هرچه بیشترشاخه‌های خود در روستاها و بسط بوروکراسی فاسد می‌توانست به سرکوب زمینه انقلاب در روستاها دست بزند». صفحه۵۸

از خلال این گفتمان‌های مسعود که در مبحث «بررسی شرایط کنونی اقتصادی- اجتماعی و مسئله مرحله انقلاب» در «مباره مسلحانه، هم استراتژی و هم تاکتیک» آمده است می‌توانیم به خطوط کلی برداشت‌های او از اهداف و نتایج رفرم ارضی نزدیک شویم.

«اصلاحات ارضی» نه تنها دردی از دردهای بیشمار روستائیان را دوا نکرده بلکه آن را افزایش داده و همروند با آن، سیاست‌های سرکوبگرانه رژیم را با جایگزین کردن بورژوازی بوروکراتیک وابسته بجای فئودال‌های در سطح روستاها حادتر ساخته است. رژیم و هیأت حاکمه در این گفتمان‌های او در خدمت مستقیم امپریالیسم قرار دارند و با مفهوم مزدور معرفی گشته‌اند. مسعود لحظه رفرم ارضی را در رابطه با رشد و شدت تضاد میان «رژیم و جنبش ضد امپریالیستی خلق» می‌داند و همان‌گونه که در گفتمان بالا می‌بینیم، انگیزه رفرم ارضی را در شدت بخشیدن به سیاست‌های سرکوبگرانه جهت مهارکردن این تضاد بحساب می‌أورد.

دراین گفتمان‌ها ماهیت دستگاه حاکمه (رژیم) و رابطه آن با امپریالیسم و انگیزه «انقلاب سفید» و نتایج آن که خود را در شدت بخشیدن به سیاست‌های سرکوبگرانه نشان می‌دهد در رابطه‌ای دیالکتیکی و سیستماتیک با یکدیگر قرار دارند.

او درجایی دیگر خطوط کلی برداشت خود را از سیر و تحول ماهیت قدرت سیاسی در ایران از انقلاب مشروطیت تا انقلاب سفید، جهت دستیابی به انگیزه‌ها و نتایج رفرم ارضی بصورت فشرده و شفاف در سطور زیر بیان می‌دارد:

«چطور شد که رژیم بر آن شد که پایگاه عمده طبقاتی خود، یعنی فئودالیسم را (با رفرم ارضی) براندازد؟ آیا باید نتیجه گرفت که نابودی فئودالیسم صرفاً یک دروغ است؟ اگر فئودالیسم تکیه‌گاه عمده رژیم نبود، پس قدرت سیاسی دولت انعکاس کدام قدرت اقتصادی و در جهت پیشبرد منافع کدام قدرت به طور عمده کار می‌کرد؟ حقیقت را بخواهیم این قدرت امپریالیسم جهانی است. پایه‌های تسلط سیاسی فئودالیسم با انقلاب مشروطه سست شد و با کودتای رضاخان، فئودالیسم قدرت سیاسی خود را اساساً به امپریالیسم تفویض کرد. منافع اقتصادی فئودال‌ها را تنها قدرت مرکزی حمایت شده از جانب امپریالیسم می‌توانست حفظ کند،... و هنگامیکه اقتصاد فئودالی با منافع امپریالیستی در تضاد قرار گرفت، بی‌آنکه رژیم مواجه با مشکل جدی شود یا برای سرکوب فئودالیسم احتیاج به نیروی خلق پیدا کند (!)، فئودالیسم را که تبدیل به مرده‌ای شده بود، اساساً دفن کرد. در حقیقت کودتای رضا خان بدون «انقلاب سفید» ناکامل بود». صفحه‌۶۳-۶۲

در نقل‌قول فوق می‌بینیم که چگونه مسعود قدرت سیاسی را اساساً در رابطه با تأمین منافع امپریالیسم ارزیابی می‌کند که «حضور فئودال‌ها را در دستگاه حاکمه پس از کودتای رضاخانی، نه به حفظ اقتصاد فئودالی، بلکه به دوام سلطه امپریالیسی وابسته» (صفحه۶۲)، می‌داند و هنگامیکه منافع سلطه‌ی امپریالیستی با اقتصاد فئودالی در تضاد قرار می‌گیرد با انقلاب سفید آن را دفن می‌کند. حال بهتر می‌توان به کنه مفهوم «رژیم مزدور» پی برد. در این تعریف از رژیم، فاصله‌گذاری امپریالیسم با دستگاه حاکمه درساختار قدرت صورت نمی‌گیرد و منافع فئودالیسم و دستگاه حاکمه در قدرت سیاسی نادیده گرفته شده و در منافع امپریالیسم منحل می‌گردند و تضاد منافع قدرتهای امپریالیستی (انگلیس و آمریکا) نیز، امکان بازتاب در آن را نمی‌یابند. ما در بخش‌های آتی از اختلاف بیژن با مسعود در باره ماهیت قدرت سیاسی و رد مفهوم «رژیم مزدور» در رابطه با دستگاه حاکمه در ایران صحبت خواهیم کرد و نشان خواهیم داد که این مفهوم چه نقش مهمی در معنا بخشیدن به اختلافات این دو با یکدیگر بازی می‌کند.

ما در گفتمان‌های مسعود در فوق دیدیم که او انگیزه‌ها و نتایج رفرم ارضی را اساساً در رابطه با بسط و گسترش بوروکراسی در روستاها و سرکوب زمینه انقلاب در روستاها می‌داند.

بنابراین، نتایج اصلاحات ارضی از نظر مسعود در تحلیل نهائی، فاقد تأثیراتی مثبت در زندگی معیشتی روستائیان بوده و با استقرار نهادهای اقتصادی و اداری و نظامی بورژوازی وابسته در روستاها به میزان استثمار و تضاد روستائیان با رژیم نسبت به ستم فئودالی افزوده و این تضاد را از شفافیت بیشتری نزد آنان برخوردار می‌کند.

او در اثبات نقطه نظرات خود در زمینه انگیزه‌ها و نتایج رفرم ارضی در «انقلاب سفید»، آن را با «اصلاحات ارضی بورژوازی کلاسیک» (صفحه۶۳) مقایسه می‌کند و می‌گوید؛

«اگر در انقلابات بورژوائی کلاسیک، در اواخر قرن هجدهم، می‌بایست دو نسل بگذرد تا جای فئودالیسم را رباخوار شهری، جای عوارض فئودالی را رهن و جای مالکیت اشرافی بر زمین را سرمایه بورژوازی بگیرد و بدین ترتیب زارع آزاد و ثروتمند گذشته، دو باره خود را در قید و بندهای جدید فقر تصاعدی ببیند، در اینجا (ایران) از همان آغاز، ارگانهای نوین استثمار که در شهرمشغول بچاپ، بچاپ و حاضر برای هجوم به روستا بودند، بلافاصله جای فئودال‌ها را گرفتند». (صفحه۶۶-۶۵). «در اینجا مرزهای قطعه زمین‌ها، سنگر طبیعی رژیم در برابر هجوم فرمانروایان سابق نبود، چه در حقیقت خیلی پیش، فئودالیسم از فرمانروائی افتاده بود، نه قدرت سیاسی داشت و نه قدرت نظامی: دهقان در سابق به هر حال یک نوع جدالی میان بوروکراسی و ژاندارم از یکطرف و ستم فئودالی از طرف دیگر می‌دید، گرچه به کرات این پیوستگی و همبستگی آن‌ها را تجربه کرده بود، این بار هر دو را در یک لباس و آن هم در لباس مأموران دولتی، بانکهای دولتی و نیمه دولتی... دهقان اینک دارد درک می‌کند که آنچه عامل ادبار سابق وی بود، همان دولت است که بارها حمایت او را از ظلم و ستم فئودالی مشاهده کرده بود. دهقانان آگاه‌تر، اصلاحات ارضی را از همان آغاز "سیاست" می‌دانستند و خیلی زود این سیاست را تجربه کردند».صفحه۶۶

مسعود پس از این مقایسه، نتایج انقلاب سفید در سطح روستاها را چنین جمع‌بندی می‌کند؛

«بدین ترتیب "انقلاب سفید" نه تنها دردی از دردهای اکثریت قاطع روستائیان را دوا نکرد، بلکه در مقیاس وسیع، تضاد رعیت و ارباب را در تضاد دهقان با بوروکراسی و ماشین سرکوب کننده دولت جمع کرد و بدین ترتیب با شدت بخشیدن به این تضاد و آشکارتر کردن آن، دهقان را در امر شناخت دشمن واقعی و ماهیت آن کمک کرد» (صفحه۶۷). مسعود در ادامه این جمع بندی خود، این دشمن را «همان ماشین دولتی وابسته به امپریالیسم» (صفحه۶۷)، معرفی می‌کند.

مسعود در مورد نتایج «رفرم ارضی» و تحول تضادهای اجتماعی در شهرها در مقایسه با انقلابات بورژوائی کلاسیک، قضاوتی رادیکال‌تر دارد: «اگر در یک انقلاب بورژوازی، برای توده‌های تازه از بند رسته، لازم بود دهها سال شرایط نوین را تجربه کنند تا قید و بندهای تازه و سلطه جابرانه نوین را بر خود حس کنند، در اینجا توده‌های شهری همه را از قبل می‌دانستند». ص۶۸

مسعود در مقابل این پرسش که «چرا چنین تفاوت‌هائی اساسی وجود دارد؟» (صفحه ۶۹)، می‌گوید: «در حقیقت، تبیین هرگونه تغییر و تحولی در جامعه ایران، بدون آن که به تضاد اصلی نظام موجود، یعنی تضاد بین خلق و سلطه امپریالیسم توجه شود، تبدیل به یک چیز پوچ و مهمل می‌گردد. مسئله سلطه امپریالیسم را باید بطور ارگانیک بمثابه هرگونه تحلیل و تبیین در نظر گرفت و نه چون یک عامل خارجی که به هر حال نقشی دارد». صفحه۶۹

او در ادامه گفتمان خود و در پاسخ به چرائی این تفاوت‌های اساسی و سرشت سلطه امپریالیستی، افق‌های تاریخی وسیع‌تری را در این رابطه می‌گشاید: «همیشه تکیه به زور و قهر انقلابی، جزء لایتجزای تسلط امپریالیستی بوده است. امپریالیسم با تکیه به زور سیاسی و نظامی خود، که ناشی از قدرت اقتصادی جهانی وی می‌باشد، هجوم به شرق را آغاز کرد و با تکیه به همین قهر ضد انقلابی، رشد طبیعی جوامع شرق را مختل کرد و در حقیقت در مقایسه با رشد جوامع غربی، یک رشد مصنوعی به وجود آورد». مسعود در رابطه با مفهوم

رشد مصنوعی بورژوازی (در کشورهای تحت سلطه امپریالیسم) و رشد طبیعی بورژوازی در جوامع غربی چنین می‌گوید: «همانطور که می‌دانیم بورژوازی (درغرب)، پس از آنکه بتدریج مواضع و قدرت اقتصادی را اشغال می‌کند، دست‌اندر کار اشغال قدرت سیاسی می‌شود تا قدرت اقتصادی خود را بیش از پیش استحکام بخشد. اما در اینجا (کشورهای تحت سلطه)، سلطه اقتصادی امپریالیسم بر شرق، تنها با هجوم سیاسی و نظامی امکان‌پذیر می‌شود و نیز هرگونه ادامه سلطه اقتصادی، ناگزیر با قهر ضد انقلابی عجین بوده است». (ص۷۰-۶۹). او این تز کلّـی خود را در رابطه با رشد مصنوعی جوامع شرقی که در فرمول بیژن نیمه فرماسیون خوانده می‌شود در مورد ایران چنین توضیح می‌دهد: «بدین ترتیب ما در کودتای رضاخان استقرار یک قدرت مرکزی را می‌بینیم، بدون آنکه این قدرت مرکزی انعکاس یک قدرت اقتصادی بورژوازی باشد» (صفحه۷۰). مسعود در ادامه این گفتمان خود تلاش می‌کند که به ماهیت قدرت سیاسی در ایران پی برده و بر مبنای آن اهداف استراتژیکی جنبش (فدائیان خلق) را تعیین نماید. او در این رابطه می‌گوید: «بدین ترتیب ما از یکطرف با یک روبنای سیاسی بورژوازی (پس از کودتای رضا خان، ۳ اسفند ۱۲۹۹)، با قطع نفوذ قدرت فئودالهای محلی مواجهیم و از طرف دیگر شاهد ادامه استثمار فئودالها می‌باشیم و اینک (پس از انقلاب سفید)، هنوز رشد سرمایه داری آغاز نشده، ما شاهد قدرت انحصارات سرمایه‌داری می‌باشیم. شیوه تولید فئودالی عوض می‌شود، بدون آن که در حاکمیت سیاسی هیچ‌گونه تغییری ایجاد شود. فئودالیسم از میان می‌رود بدون این که به دهقانان فرصت داده شود لحظه‌ای احساس آزادی کنند، فئودالیسم از بین می‌رود، در حالیکه بورژوازی ملی هم بیش از پیش سرکوب می‌شود» (صفحه۷۰). این استدلال که پایه‌های قدرت صرفا متکی به امپریالیسم است، مسعود را سرانجام پس از تحلیل خود از ماهیت قدرت دولتی به نتیجه استراتژیک زیر می‌رساند؛

«در حقیقت، با استقرار سلطه امپریالیستی (از کودتای رضاخان)، تمام تضادهای درونی جامعه ما تحت الشعاع یک تضاد قرار گرفت. تضادی که در مقیاس جهانی گسترش دارد: تضاد خلق و امپریالیسم... هرتحولی می‌باید این تضاد را

حل کند وحل این تضاد یعنی استقرار حاکمیت خلق و سرنگونی سلطه امپریالیستی». صفحه ۷۰

ما بار دیگر توجه خواننده را به وزن بیش از اندازه امپریالیسم در قدرت سیاسی در این گفتمان‌های مسعود جلب می‌کنیم. تقلیل قدرت سیاسی به منافع امپریالیسم و نادیده گرفتن ابعاد دیگر آن، از جمله بورژوازی وابسته و بوروکراسی (مقامات کشوری ونظامی) و تقلیل تضادهای میان کشورهای مختلف امپریالیستی که تمامی این ابعاد در رابطه‌ای دیالکتیکی و زنده با یکدیگر قرار دارند، ساختار قدرت را درتحلیل مسعود درنهایت، فاقد استعدادهای لازم جهت انعکاسی روشن از مکانیزم‌های درونی آن (قدرت) می‌کند، درحقیقت این توازن نیروهای شرکت کننده درقدرت سیاسی (بورژوازی وابسته، بوروکراسی حاکم، و نیروهای امپریالیستی متفاوت) است که درهرشرایط معین اجتماعی– سیاسی خود را بصورت مشخص و نه در قالب کلی تضاد خلق با امپریالیسم نشان می‌دهد. این نحوه نگرش به سلطه امپریالیسم و مکانیزم‌های حاکم بر سیاست گذاری رژیم او را در نهایت به مفهوم رژیم مزدور هدایت می‌کند، و همین مفهوم رژیم مزدور است که در سازمان چریک‌های فدائی خلق و جنبش عمومی زمینه‌های طرح شعار استراتژیکی «مرگ بر امپریالیسم و سگهای زنجیری‌اش» را فراهم می‌آورد و مشی و محتوای تاکتیک‌های تحقق این شعار استراتژیکی را به شدت تحت تأثیر می‌گیرد و جنبه ضد دیکتاتوری جنبش را در سایه قرار می‌دهد. ما به این موضوع یعنی تأثیرات چنین برداشتی از قدرت سیاسی بر مشی و تاکتیک‌های متکی بر آن بازخواهیم گشت. اما حال باید دید بر اساس تحلیل‌های مسعود از «انقلاب سفید» جنبش‌های اجتماعی از چه کمیت و کیفیتی برخوردارند و وظایف و تاکتیک‌های نیروهای روشنفکری یا پیشاهنگ برای برقراری ارتباطی مؤثر با این جنبش ها و هدایت آن‌ها از چه مضمونی بایستی برخوردار باشند.

تحول تضادهای اجتماعی در پی انقلاب سفید و وجود شرایط عینی انقلاب از دیدگاه مسعود

ما با تصویر ارائه شده از طرف مسعود در بارهی انگیزهها و نتایج رفرم ارضی در صفحات گذشته آشنا شدیم. دیدیم که او هدف رفرم ارضی را بسط و گسترش سلطه امپریالیسم ارزیابی میکرد و معتقد بود که رفرم از همان ابتدا تضادهای اجتماعی در سطح شهر و روستا را تشدید میکند. نباید فراموش کرد که او لحظه «انقلاب سفید» را لحظهای میدانست که رژیم مزدور با جنبش ضد امپریالیستی خلق مواجه بود «درست در شرایطی که تودههای شهری بر علیه رژیم برخاسته بود (۱۵ خرداد ۱۳۴۲)» (صفحه ۶۱).

او مقاومتهای پراکنده دهقانان را در برابر سیاستهای رفرمی رژیم در روستاها، همچون عدم بازپرداخت قسط یا اجاره زمین و ایستادگی در برابر استقرار شرکتهای سهامی زراعی، ملی شدن جنگلها و غیره نشانه عدم رضایت و تشدید تضاد روستائیان با بوروکراسی دولتی بحساب میآورد. و همانگونه که

دیدیم تضادها را در روستاها پس از رفرم ارضی نه تنها حادتر می‌یافت، بلکه بعلت حضور مستقیم بوروکراسی و ماشین سرکوب رژیم در روستاها (بجای فئودالیسم)، آگاهی روستائیان را نسبت به «امپریالیسم» و رژیم مزدور آن در مقایسه با پیش از رفرم بالاتر می‌دید. مسعود در فرازی از اثر خود در اثبات این نقطه نظر میگوید: «اگر در یک انقلاب بورژوازی کلاسیک برای توده‌های از بند رسته (در شهرها) لازم بود ده‌ها سال شرایط نوین را تجربه کنند، تا ماهیت این شرایط را بشناسند، تا قید و بندهای تازه و سلطه جابرانه نوین را بر خود حس کنند. در اینجا (ایران) توده‌های شهری همه را از قبل می‌دانستند و حوادث اوائل سال ۴۲، به ویژه قیام ۱۵ خرداد، پاسخ به ادعاهای رژیم بود».صفحه۶۸. مسعود تحول تضادهای طبقاتی را در پی «انقلاب سفید» که با گسترش سلطه سرمایه‌داری وابسته همراه بود و به قیمت ورشکستگی بورژوازی کاسبکار و صنعتگر و به قیمت استثمار وحشیانه کارگران صورت می‌گرفت، در حال تشدید و صعود می‌بیند. و مهم‌تر آنکه آگاهی توده‌های شهری را نسبت به ماهیت و اهداف انقلاب سفید که درتقابل ویرانگرانه‌ای با زندگی آنان قرار دارد، امری از پیش شکل گرفته می‌داند.

حال باید دید بنا بر این برداشت و تحلیل مسعود از جامعه شهری و دهقانی پس از رفرم ارضی که بر افزایش یافتن تضاد اقشار و طبقات شهری و روستائیان با دستگاه حاکمه وابسته به امپریالیسم (یعنی وجود شرایط عینی تحولی رادیکال) از یک سو و شفافیت یافتن این تضاد در ذهنیت توده‌های شهری و روستائی از سوی دیگر تکیه دارد، پس چرا جنبش‌های اجتماعی نسبت به قبل از «انقلاب سفید» نه تنها رشد و گسترشی را شاهد نبوده‌اند، بلکه از دامنه و وسعت آن‌ها بنحو چشمگیری در قیاس با سالهای ۱۳۴۲-۱۳۳۹ کاسته شده است و چرا فعالیت نیروهای روشنفکری (پیشاهنگ) در سطحی نازل و پراکنده قرار دارد و این نیروها از ارتباطی موثر با توده‌ها بی‌بهره هستند.

مسعود در رابطه با اینکه چرا ما در این دوره شاهد چنین جنبش‌های وسیع اجتماعی و مطالبات رادیکال سیاسی آنان نیستیم می‌گوید: این «نه بخاطر باور

کردن دروغ‌های رژیم از طرف مردم، بلکه بخاطر سرکوب قهرآمیز مبارزه بود».(صفحه۶۴)

مفهوم قهر در گفتمان‌های مسعود پیرامون روند سلطه‌جوئی امپریالیسم بر جوامع شرقی عنصر بنیادین و ضروری در تحقق این روند به حساب می‌آید. او در جائی دیگر از «مبارزه مسلحانه، هم استراتژی و هم تاکتیک»، علت عدم حضور جنبش‌های اجتماعی وسیع در سطح جامعه (مدنی) را نه در عدم «وجود شرایط عینی انقلاب»، یعنی در سطح ناکافی و نازل تضادهای اجتماعی برای تحولی رادیکال، بلکه در مفهوم «سرکوب قهرآمیز» مداوم رژیم و به تبع آن «ترس مطلق» توده‌ها جستجو می‌کند.

او درصفحه۸۴ اثر خود می‌نویسد: «در شرایط کنونی ایران (پس از انقلاب سفید)، نمی‌توان عدم وجود جنبش‌های خودبخودی وسیع را به معنی عدم وجود شرایط عینی انقلاب دانست». و در ادامه می‌گوید: «من فکر می‌کنم که علت عدم وجود چنین جنبش‌هائی را اساساً باید از یک طرف در سرکوب قهرآمیز و اختناق مداوم و ناشی از دیکتاتوری امپریالیستی... و از طرف دیگر ضعف‌های عمده‌ای را که عامل انقلابی و سازمانهای رهبری مبارزه دچار آن بودند، باید در نظر داشت. این رهبری‌ها هیچگاه نتوانستند در حالیکه توده‌ها آماده بودند آن‌ها را در مقیاس وسیع به مبارزه بکشانند و در اثر رهبریهای غلط، توده‌ها را دچار شکست کردند. مجموعه این شرایط یک سکون، سرخوردگی، یاس و تسلیم ایجاد کرده است. آنچه رژی دبره «انبوه کهنسال ترس و خفت می‌نامد». صفحه۸۴

مطابق این گفتمان مسعود، شرایط عینی برای بروز جنبش‌های وسیع اجتماعی جهت تغییری رادیکال در سطح جامعه وجود دارد و تنها عامل بازدارنده آن را بایستی در «سرکوب قهرآمیز» مداوم رژیم دانست که توانسته است با ایجاد فضائی از ترس و وحشت، توده‌ها را در موضعی کاملاً انفعالی و تسلیم‌طلبانه قرار دهد. موضعی که مسعود با اتکاء به فرمولبندی رژی دبره آن را «انبوه کهنسال ترس و خفت» می‌نامد. امیر پرویز پویان نیز در تحلیل‌های خود از شرایط اجتماعی، اقتصادی و سیاسی پس از «انقلاب سفید» در «ضرورت مبارزه

مسلحانه و رد تئوری بقاء»، به «وجود شرایط عینی انقلاب» می‌رسد و علت نبود جنبش‌های وسیع و رادیکال اجتماعی را در عامل سرکوب قهرآمیز مداوم رژیم جهت ایجاد فضائی پر از ترس و وحشت برای منفعل ساختن توده‌ها ارزیابی می‌نماید و نتایج و بازتاب چنین سیاست‌های سرکوبگرانه رژیم را در ذهنیت توده‌ها، در قالب مفاهیم «ترس مطلق»، «ضعف مطلق» (توده‌ها) و «قدرت مطلق» (رژیم)، فرموله می‌کند.

بنابراین هم مسعود و هم پویان درتحلیل نهائی خود به سد نفوذ ناپذیر «ترس مطلق» و «قدرت مطلق» بمثابه پروبلماتیک اساسی جنبش ضد دیکتاتوری می‌رسند که فائق آمدن بر آن بایستی به هدف مقدم فعالیت‌ها و وظایف روشنفکران (پیشاهنگ) تبدیل گردد.

مسعود و پویان متقاعد شده بودند که ویژگی‌های شرایط جدید اقتصادی‌-سیاسی بعد از رفرم ارضی و شدت و حدت دیکتاتوری و عملکرد آن بر ذهنیت توده‌ها، تدوین یک مشی نوین را طلب می‌کند. از دیدگاه هر دوی آن‌ها وجود شرایط عینی انقلاب و عدم وجود جنبش‌های وسیع اجتماعی و مفاهیم «ترس مطلق» و «قدرت مطلق» را با اتکاء به ادبیات سنتی مارکسیستی که در شرایط تاریخی دیگری پای گرفته است نمی‌توان توضیح داد و لذا این ادبیات سنتی نیز به بازبینی و تحولی رادیکال نیاز دارد.

چنین بود که مسعود و پویان برای رهائی خود از چارچوب مفاهیم سنتی مارکسیستی و توضیح مفاهیم کلیدی «شرایط عینی انقلاب»، ترس مطلق و قدرت مطلق و در تلاش برای تدوین یک مشی نوین به تزهای رژی دبره در «انقلاب در انقلاب» روی آوردند.

همچنان که از عنوان این اثر یعنی «انقلاب در انقلاب» پیداست، مفاهیم سنتی ادبیات سیاسی مارکسیستی دراین اثر که با اتکاء به تجربه‌ی انقلاب کوبا نگاشته شده است دچار دگرگونی‌هائی رادیکال می‌شود تا بتواند شرایط تاریخی جدید دوران پس از جنگ جهانی دوم را در مبارزه علیه امپریالیسم بازتاب دهد و تبیین نماید.

اهمیت این اثر در نزد مسعود و پویان بیشتر بعلت مشابهت پروبلماتیک‌های مطروحه در آن با پروبلماتیک‌های روشنفکران انقلابی ایران در اوائل دهه چهل خورشیدی است. بهمین علت مسعود و پویان، تزهای رژی دبره را که در رابطه با انقلاب کوبا شکل گرفته بود، راه فائق آمدن بر پروبلماتیک‌های جنبش ضد دیکتاتوری در ایران یافتند. آن‌ها با شوق و شوری زائدالوصف در جذب این تزها و تطبیق آن‌ها با شرایط اجتماعی- سیاسی ایران پس از رفرم ارضی کوشیدند و با اتکاء به مفاهیم دبریستی، به بازبینی و گسستی رادیکال از مفاهیم سنتی مارکسیستی همچون «حزب»، «شرایط عینی انقلاب» و نظایر آن پرداختند.

بازبینی این مفاهیم در تدوین مشی سیاسی آن دو نقشی کلیدی بازی می کند. به جرأت می‌توان گفت که این اثر رژی دبره نقشی تعیین کننده در شکل گیری مفاهیم تاکتیکی و استراتژیکی مسعود و پویان داشته است و پدیدار شدن چنین مفاهیمی در افق ذهنی و تخیل آنان بدون وجود این اثر غیر ممکن بنظر می‌رسد.

همین جا باید یادآور شد که پذیرش مفهوم شرایط عینی انقلاب، بر اساس تزهای رژی دبره از جانب مسعود و پویان و رد آن در آثار بیژن، شاید مهم‌ترین تفاوتی باشد که اختلافات بیژن را با مسعود و پویان بتوان پیرامون آن توضیح داد. همانگونه که در صفحات آتی این نوشته خواهیم دید، بیژن اساساً با تزهای دبره و نوآوری‌های او در ادبیات مارکسیستی توافقی نشان نمی‌دهد و این نوآوری‌ها را بویژه در زمینه مفهوم "شرایط عینی انقلاب" بی‌اعتبار می‌داند. او در گفتگو با نویسنده این جستار خود را بیشتر تحت تاثیر مفاهیم چه گوارائی از انقلاب کوبا می‌دانست. ما در زمینه این اختلافات درمبحث مربوط به بررسی آراء بیژن بطور مبسوطی بازخواهیم گشت و در اینجا به این اشاره کوتاه بسنده می‌کنیم.

اما ببینیم برداشت رژی دبره از تجربه‌ی انقلاب کوبا از چه مضمون انتقادی نسبت به مفاهیم کلیدی و روش‌های سنتی مارکسیستی برخوردار بوده است و چگونه این انتقادات او افق‌های نوینی را در زمینه‌ی تدوین مشی در مقابل مسعود و پویان می‌گشایند.

تزهای دبره
و مضمون گسست ایدئولوژیکی مسعود و پویان
از ادبیات سنتی چپ

مضمون انتقادات و گسست مسعود و پویان از ادبیات سنتی مارکسیستی را باید در دو اثر «مبارزه مسلحانه هم استراتژی و هم تاکتیک» و «ضرورت مبارزه مسلحانه و رد تئوری بقاء» یافت. این دو اثر عمیقاً تحت تأثیر تزهای رژی دبره شکل گرفته‌اند. ما می‌توانیم از این دو اثر بعلت تاثیرات وسیع‌شان بر محافل روشنفکری (از اواخردهه چهل تا انقلاب بهمن ۱۳۵۷ خورشیدی) بمثابه انجیل‌های زمانه خود یاد کنیم چرا که این آثار در طول این سال‌ها به متن‌های مرجع در مباحثات این محافل تبدیل شده بود.

با اتکاء به این دو متن بود که روشنفکران چپ ایرانی توانستند برای اولین بار در تاریخ جنبش‌های چپ ایران، به انتقادات و گسست خود از مشی‌های سنتی مبتنی بر اتوریته قطب‌های جهانی (چین و شوروی) بیانی تئوریک وایدئولوژیکی ببخشند، غرور، اعتماد به نفس و جسارت لازم را جهت نافرمانی و عدم تبعیت

کورکورانه از استراتژی عمومی قطب‌های جهانی بدست آورند، و بر پایه تجارب تاریخی جامعه ایرانی به تدوین یک مشی مستقل برای مبارزه علیه دیکتاتوری بپردازند.

مسعود و پویان، ایدئولوژی‌های چپ در ایران را که تحت تأثیر تجارب انقلابی شوروی و چین شکل گرفته بود، فاقد استعداد لازم جهت بازتاب و تبیین شرایط اجتماعی- سیاسی ایران پس از رفرم ارضی و پروبلماتیک‌ها و دغدغه‌های ناشی از آن در دهه چهل می‌دانستند. تحت تأثیر نظرات رژی دبره هر دوی آن‌ها معتقد بودند که تمامی مفاهیم کلیدی در ایدئولوژی مارکسیستی بعلت اتکاء خود به تجارب این دو قطب جهانی چپ، به مفاهیمی متافیزیکی و ایستا تبدیل شده‌اند که استعداد و پویائی خود را در ایجاد و حفظ ارتباطی زنده و دیالکتیکی با واقعیات اجتماعی از دست داده‌اند. به نظر آن‌ها مشی نیروهای سنتی چپ در ایران (حزب توده و گروه‌های پیرو چین)، که برپایه تقلید کورکورانه از مشی و تجارب مبارزاتی این دو قطب جهانی شکل گرفته است، با دگم ساختن مفاهیم و پرنسیپ‌های هدایت‌گر چپ و دادن ابعادی متافیزیکی به آنها، هرگونه خلاقیت و پویائی روشنفکران را جهت درک واقعیات مشخص اجتماعی و به تبع آن برای تشخیص وظایف مشخص آنان از بین میبرد. تمام تلاش‌های تئوریکی مسعود و پویان، در دو اثر بجای مانده از آنان را بایستی در برملا ساختن گرایشات ایدئولوژیکی‌ای دانست که خود را در پشت دگم‌های ادبیات سنتی مارکسیستی پنهان ساخته بودند. هر دو آنان هسته مرکزی این گرایشات ایدئولوژیکی را در دنباله روی صرف نیروهای سنتی چپ از روندهای عینی(خود به خودی) ارزیابی می‌کردند و از آن بمثابه میل به بی‌عملی وکنار امدن با وضعیت موجود یاد میکردند.

در حقیقت مضمون گسست از ایدئولوژی‌های چپ سنتی از نظر مسعود و پویان، آزاد ساختن ذهنیت روشنفکران ازاین موضع انفعالی و غیرفعال نسبت به روند تحولات خودجوش اجتماعی- سیاسی و احیای رابطه دیالکتیکی و زنده میان عنصر آگاه (ذهن) با این تحولات عینی اجتماعی وروشن ساختن میزان سهم و دخالت عنصر آگاه در شکل و سمت دادن به این تحولات می‌باشد.

اگر از این دیدگاه به مضمون انتقادات مسعود و پویان به ادبیات سنتی مارکسیستی نگاه کنیم، این انتقادات درجهت گشودن افق نوینی از رابطه سوژه (عامل ذهنی) و ابژه (شرایط عینی اجتماعی- سیاسی) در برابر روشنفکران (دهه چهل) می‌باشد. رد دیدگاه‌های سنتی در این زمینه (رابطه ذهن و عین)، از آنجائیکه تأثیرات عمیق در شکل‌گیری مفاهیم تاکتیکی و استراتژیکی دارد و از آنجائیکه در دیدگاه سنتی، این مفاهیم، در تبعیت محض از روندهای عینی (تحولات اجتماعی- سیاسی) و بطور یکجانبه و مکانیکی با این روندها ساخته و پرداخته شده است، در نهایت خود را در آثار مسعود و پویان پیرامون انتقاداتی رادیکال از حزب (عامل ذهنی) متمرکز می‌سازد و گفتمان‌های انتقادی آنان را از این مفهوم به یکی از موضوعات محوری در مجادلات ایدئولوژی آنان با چپ سنتی تبدیل مینماید. مفهوم حزب بدین ترتیب در آثار مسعود و پویان، محل مناسبی است که از خلال آن، ما میتوانیم به عمق خلاقیت و جسارت آنان در درهم شکستن یکی از بزرگترین اسطوره‌های چپ سنتی پی برده و در عین حال با شکنندگی موضع آنان نسبت به این مفهوم (حزب)، بعلت بهاء دادن بیش از حد به نقش عنصر آگاه، آشنا گردیم.

در حقیقت مفهوم اسطوره‌ای حزب در ادبیات سنتی مارکسیستی در روند انتقادی مسعود و پویان بار و معنای متافیزیکی (فرا زمانی و مکانی) خود را از دست داده و به مفهومی زمینی (تاریخی- اجتماعی) در رابطه با وظایف مشخص نیروهای سیاسی (پیشاهنگ) تبدیل می‌شود. بدین ترتیب با شکسته شدن این پوسته متافیزیکی، جامعه روشنفکری امکان ایجاد رابطه‌ای دیالکتیکی و زنده با شرایط مشخص تاریخی- سیاسی خود را می‌یابد و جسارت و اراده‌ی لازم برای دخالت در پروسه تحولات اجتماعی را پیدا می‌کند و از جامعه‌ای منفعل و درخود به جامعه‌ای فعال و برای خود تبدیل می‌گردد.

گسست مسعود و پویان
از مفهوم سنتی حزب در ادبیات مارکسیستی

نقش عامل ذهنی و کیفیت رابطه و میزان تأثیرگذاری آن بر عوامل عینی اجتماعی (جنبش‌های خود انگیخته توده‌ها) در ایدئولوژیهای مدرن و بالاخص مارکسیستی، همواره از انقلاب مشروطیت به بعد درمباحثات روشنفکری و ادبیات سیاسی جامعه ما جایگاهی خاص را بخود اختصاص داده است.

بنا به تعریف ادبیات مدرن سیاسی که ریشه در عصر روشنگری (قرن ۱۸ اروپا) دارد، روشنفکران کسانی هستند که استعداد انتقاد و امکان وقوف به روندهای عینی اجتماعی را دارند و در مقابل این آگاهی خود، بمثابه «وجدان بیدار جامعه»، مسئولیت اخلاقی سنگینی را در برابر منافع عمومی جامعه بعهده دارند. در ادبیات مارکسیستی، جنبش‌های توده‌ای (اجتماعی)، اصولاً از طبیعتی خودانگیخته برخوردارند و فاقد ظرفیت لازم جهت دستیابی به شناختی همه جانبه از منافع عمومی جامعه و کسب قدرت سیاسی بمنظور تحقق این منافع می‌باشند. در این

ادبیات، طبیعت این جنبش‌های خودانگیخته، همواره با عدم استمرار، پراکندگی، عدم انضباط و عدم شناختی کلی و همه جانبه از روند تحولات سیاسی مشخص می شود. در اینجاست که مفهوم حزب از نظر مسعود، بمثابه سازمانی متشکل از روشنفکران (پیشاهنگ)، برای فائق آمدن بر «پراکندگی این مبارزه (خودانگیخته توده‌ها)، دید محدود این مبارزه و خرده‌کاری (آن)» (صفحه۷۶)، خود را بصورت ضرورتی حیاتی و با محتوا و با معنائی مشخص (تاریخی)، بر نیروهای روشنفکری جامعه تحمیل مینماید.

مفهوم حزب در ادبیات سیاسی مدرن و مارکسیستی، ریشه در چنین دیدگاهی دارد و در نهایت حاصل ارتباط دیالکتیکی (فعال و زنده) محافل روشنفکری با جنبش‌های خودانگیخته اجتماعی جهت هدایت انها برای کسب قدرت سیاسی است.

مفهوم حزب به این معنا، بمثابه عامل ذهنی، فرم و محتوای خود را تنها در بستر رابطه دیالکتیکی پیچیده و زنده با مطالبات جنبش‌های خودانگیخته اجتماعی میگیرد و بدین لحاظ تابع شرایط زمانی و مکانی خود می‌باشد یا به عبارت دیگر خود را همواره در اشکال مشخص متبلور می‌سازد و نه در تعاریفی ایستا، منجمد، انتزاعی و از پیش تعیین شده. در حقیقت مناظرات پیرامون مفهوم حزب با نیروهای سنتی چپ، در آثار مسعود و پویان، به محل مصافی رادیکال تبدیل شده است جهت رها ساختن ذهنیت روشنفکران از قید و بند تعاریفی انتزاعی، کلّی، و مرده از این مفهوم و جایگزینی آن با ذهنیتی زنده وانتقادی. جدال با دیدگاه‌های انتزاعی و کلی، جهت دست‌یابی به دیدگاه‌های مشخص (کنکرت) را در آثار بنیان‌گذاران سازمان چریک‌های فدائی خلق می‌توان بمثابه مضمون گسست از ایدئولوژیهای سنتی چپ دانست که در گسست از مفهوم سنتی حزب، خود را به نحوی بسیار شفاف و متقاعد کننده نشان میدهد.

با توجه به این که روایت‌های سنتی ازمفهوم حزب در ادبیات چپ ایران، اساساً تحت تأثیر تجربیات انقلاب اکتبر وانقلاب چین ساخته و پرداخته شده است و حیثیت و اعتبار این دو انقلاب در جنبش جهانی چپ، پشتوانه این روایت‌ها محسوب می‌شدند، لذا مسعود در مناظرات خود با دیدگاههای سنتی در این

زمینه، به شرایط خاص تاریخی- سیاسی این دو کشور و تفاوت آشکار این شرایط در ایران اشاره می‌کند و با اتکاء به تزهای دبره، افق‌های جدیدی را در رابطه با شکل‌گیری مفهوم حزب در ایران می‌گشاید.

در صفحات پیش گفتیم که مسعود و پویان تحت تأثیر تزهای ژری دبره قرار دارند و به وجود شرایط عینی انقلاب پس از رفرم ارضی باور داشتند و عدم بروز جنبش‌های خودانگیخته توده‌ای را عمدتاً ناشی از سیاست‌های سرکوبگرانه خشن و مداوم رژیم دیکتاتوری وابسته به امپریالیسم می‌دانستند. آن‌ها انعکاس این سیاست‌های سرکوب‌گرانه را در ذهنیت توده‌ها بصورت ترس مطلق توده‌ها و قدرت مطلق رژیم می‌دیدند که حاصل آن در بیگانگی توده‌ها از نیروی دگرگون‌ساز و تاریخی نهفته در خودشان متجلی می‌شد و نهایتاً به یأس و کنار آمدن با وضعیت موجود، می‌انجامید.

با توجه به چنین برداشتی از شرایط اجتماعی- سیاسی است که دو بنیانگزار فدائیان خلق از خلال تجربیات احزاب شوروی و چین به بررسی سیر تحول و تکامل مفهوم حزب می‌پردازند. در حقیقت برداشت انها (مسعود و پویان)، از مفهوم شرایط عینی انقلاب که در ادبیات سنتی چپ همواره با جنبش‌های وسیع اجتماعی همراه است و مفهوم دبریستی آن که چنین جنبش‌های خودانگیخته گسترده‌ای را شامل نمی‌شود، سایه سنگین و جهت دهنده خود را بر بررسی‌های مسعود- پویان از سیر تحول مفهوم حزب انداخته است. زیرا مفهوم حزب همانگونه که دیدیم، بمثابه تشکلی وسیع و گسترده از محافل روشنفکری (جهت ایفاء نقش و وظایف تاریخی خود) تنها در رابطه‌ای دیالکتیکی و زنده با چنین جنبش‌های خودانگیخته‌ای محتوی و معنای واقعی خود را می‌یابد. از نظر مسعود ضرورت وجودی حزب بنا بر تجربیات احزاب چپ شوروی و چین براساس وجود جنبش‌های اجتماعی وسیع و امکان رابطه ارگانیک محافل روشنفکری با چنین جنبش‌های خودجوش جهت هدایت (سیاسی) آنان، بوجود میآید. این پیوند بعلت شرایط دموکراتیک یا نیمه دمکراتیکی که دراوایل قرن بیست در روسیه و چین وجود داشت، توانست متحقق شود.

او هنگام بررسی خود از چگونگی روند شکل گیری حزب در شرایط تاریخی روسیه تزاری و ضرورت و هدف از ایجاد آن از طرف محافل روشنفکری سوسیال دمکرات و تفاوت چنین شرایطی با جامعه ایران انرا، اینگونه روایت میکند: «در آنجا (روسیه تزاری)، جنبش تودهای خودبخودی که از آماده بودن شرایط عینی برای انقلاب حکایت می‌کند، گنجینه گرانبهائی از تجربه برای توده‌ها و نیز برای انقلابیون پیشرو و آگاه که با آن رابطه برقرار می‌کنند و در صدد هدایت آن برمی‌آیند، فراهم می‌آورد. این جنبش خودبخودی که اساساً و در آغاز اقتصادیست در جریان رشد خود و از طریق ارگان‌های این مبارزه به توده‌های کارگر تشکل طبقاتی می‌دهد و بتدریج در حین سیاسی شدن جنبش، یک رشته محفل پیگیرتر و انقلابی‌تر کارگر در بطن خود بوجود می‌آورد و از طرف دیگر و همراه با کوشش روشنفکران انقلابی با محافل روشنفکری ارتباط برقرار می‌کند. بدین ترتیب این جنبش و ارگان‌های ناشی از آن، یعنی محافل آشکار و نیمه آشکار کارگری، زمینه مادی و منبع تغذیه کننده نیروی روشنفکری طبقه پرولتاریا میشود و از طرف دیگر نیروهای روشنفکری و آگاه پرولتاریا، رهبری جنبش‌های خودبخودی را به عهده میگیرند. بر زمینه همین جنبش‌های خودبخودی و در ارتباط با آگاهی سوسیالیستی و رهبری آگاهانه‌ای که از طریق محافل روشنفکری انقلابی و بعد حزب طبقه کارگر تأمین میشود، شرایط ذهنی انقلاب بتدریج پا گرفته و رشد می‌کند. برهمین زمینه و در همین اشکال سازمانی است که پیشرو انقلابی با توده‌های کارگر ارتباط برقرار می‌کند و سازمان انقلابیون با توده‌های کارگر ارتباط برقرار می‌کند و سازمان انقلابیون که با توده‌ها رابطه مستقیم دارد، تشکیل می‌شود. بنابراین مسأله‌ای که در برابر انقلابیون قرار میگیرد، این است: باید در پیشاپیش جنبش توده‌ای قرارگرفت یا نه؟ آیا باید جنبشی را که اساساً اقتصادیست و از نظر سیاسی دیدی محدود دارد به یک جنبش سیاسی همه جانبه تبدیل کرد؟ ... باید سازمانی از انقلابیون حرفه‌ای تشکیل بشود که بتواند ادامه‌کاری را تضمین کند، خرده‌کاری، پراکندگی را از میان بردارد، نقشه‌ای طولانی و سرسخت برای مبارزه‌ای وسیع و همه جانبه طرح ریزد و توده‌ها را در این مبارزه هدایت کند». ص۸۱-۸۰

از خلال این گفتمان می‌توان برداشت مسعود را از مفهوم حزب دریافت. از نظر مسعود مفهوم حزب به لحاظ محتوی در این است که جنبش‌های خودجوش اجتماعی را «که اساساً اقتصادیست و ازنظر سیاسی دیدی محدود دارد به یک جنبش سیاسی همه جانبه تبدیل نماید... که بتواند ادامه‌کاری را تضمین نماید، خرده‌کاری و پراکنده‌کاری را از میان بردارد». (صفحه۸۱) و در نهایت بتواند با تدوین یک مشی، هدایت این جنبش‌های خودانگیخته را به عهده گیرد. اما ایده مرکزی انتقادات او را نسبت به چپ سنتی در باره مفهوم حزب نباید در این تعریف کلی و انتزاعی از حزب بلکه باید در اشاراتی جستجو کرد که به ملاحظه در تأثیرات شرایط تاریخی- سیاسی خاص در روسیه تزاری و شکل‌گیری مشخص حزب در آن می‌پردازد. در شرایط خاص روسیه تزاری، بنظر مسعود، جنبش‌های خودانگیخته اجتماعی اساساً از مطالبات و انگیزه‌های معیشتی و اقتصادی ناشی می‌شوند و امکان تشکل یافتن این جنبش‌ها در ارگانهای سندیکائی و تجمعات اعتراضی کم و بیش فراهم است. بنابراین وجود شرایط عینی انقلابی، خود را در شرایط خاص روسیه تزاری بصورت جنبش‌های خودجوش وسیع و اساساً با انگیزه اقتصادی و ساختارهای سندیکائی و تجمعات اعتراضی نشان میدهد. مسعود این دو مشخصه اقتصادی بودن و داشتن ساختارهای سندیکائی را بمثابه ویژگی‌های تاریخی این جنبش‌های خودانگیخته در روسیه تزاری میداند که در شکل گیری مفهوم حزب نقش تعیین کننده داشته و به آن معنائی مشخص داده است. مسعود وجود سندیکاها و سایر اشکال تجمع در ساختارهای سازمانی این جنبش ها را زمینه‌ی مؤثر ارتباطی محافل روشنفکری با مطالبات و نیازهای این جنبش‌ها و بستر مناسبی برای تأثیرگذاری و جوش خوردن محافل روشنفکری با این جنبش‌ها میداند. در حقیقت شرایط عینی انقلاب که بازتاب و تجلی آن را میتوان در جنبش‌های خودبخودی و ساختارهای تشکلی آن یعنی سندیکا و تجمعات دیگر مشاهده کرد، وجود دارد. از نظر مسعود، تعریف «حزب» در جنبش سوسیال دمکراسی روسیه تزاری شکل گرفته است، که اساساً متکی به جنبش‌های خودجوش سندیکائی (با مضمونی اقتصادی) در شرایط روسیه تزاری میباشد، که مکانیزم‌های درونی

حاکم بر تحول آن قادر به تأمین دیدگاهی کلی و همه جانبه برای کسب قدرت سیاسی نمی‌باشد و بنابراین وظایف نیروهای روشنفکری تأمین چنین دیدگاهی در رابطه با ویژگی‌های این جنبش‌های با طبیعت اقتصادی (یعنی پراکندگی و عدم تداوم و محبوس بودن در محدوده صنفی-سندیکائی) و هدایت آنها برای کسب قدرت سیاسی است. این شرایط در نهایت شکل خاصی از مفهوم حزب و قواعد و قوانین حاکم بر آن را می‌طلبد که در رابطه دیالکتیکی و متناسب با ویژگی‌های این جنبش‌ها قراردارد. همان‌گونه که در گفتمان بالا دیدیم، مسعود رابطه میان نیروهای روشنفکری و این جنبش‌های خودانگیخته را در روسیه (بعلت شرایط نیمه دموکراتیک)، ممکن و حتی تأمین شده می‌بیند و تنها مسئله در مقابل نیروهای روشنفکری را این مسئله می‌داند که هدف و منظور از این تجمع و هماهنگی این نیروهای روشنفکری چه باید باشد؟ (آیا باید یا نباید این مبارزه خودبخودی را به یک مبارزه همه جانبه سیاسی تبدیل کرد؟) (صفحه۸۱) و سپس می‌گوید «و درست نحوه برخورد با این سئوال است که انقلابیون را از اکونومیست‌ها، طرفداران خرده‌کاری و دنباله روی جنبش خودبخودی، متمایز می‌سازد». (صفحه۸۱)

می‌دانیم که تعریف حزب و ضرورت ایجاد آن در ادبیات سنتی چپ (بالاخص حزب توده)، تقلید و اقتباسی است کورکورانه ازتجربه خاص تاریخی سوسیال دموکراسی روسیه که در اوائل قرن بیستم به این پرسش تاریخی به نحوی مشخص پاسخ داد. یعنی روشنفکران بمثابه عامل ذهنی، مبارزات خودبخودی وسیع اجتماعی را باید به مبارزه‌ای آگاهانه یعنی همه جانبه و در جهت کسب قدرت سیاسی تبدیل نمایند، درغیراینصورت انها در این جنبش‌های خودجوش که سرشتی غیرمعطوف به قدرت دارد، منحل شده و به جریاناتی اکونومیستی و دنباله‌رو تقلیل می‌یابند. باید به این نکته توجه داشت که اکونومیست‌ها (به معنای دنباله‌روی از جنبش‌های خودبخودی موجود)، در انتظار فراروئیدن خود به خودی این جنبش‌ها به جنبش‌های سیاسی می‌باشند که خود را عملاً بصورت پذیرش وضعیت موجود از طرف نیروهای روشنفکری بیان می‌دارد. این مفهوم ایدئولوژیکی همواره در جریانات چپ جهانی مورد انتقاد جناح‌های رادیکال آن

قرار داشته که محتوای این مفهوم را در نهایت، در کنار آمدن باوضعیت موجود تلقی کرده‌اند که در هر شرایط تاریخی خاص، خود را در اشکال و فرم‌های مشخص و نوین بیان میدارد. رادیکالیسم مسعود در زمینه بازسازی مضمون حزب که در بستر انتقادات او به چپ سنتی صورت میگیرد، در تحلیل نهائی چیزی نیست بجز رها ساختن ذهنیت روشنفکران از قید و بندهای این گرایشات اکونومیستی، که خود را در پشت اتوریته مفهوم سنتی حزب پنهان ساخته‌اند. در همین‌جا باید به این نکته اشاره کرد که پاشنه آشیل رادیکالیسم مسعود و پویان، نه در تشخیص این گرایشات اکونومیستی در برداشت جریان سنتی حزب توده و سازمان‌های پروچینی از مفهوم حزب و وظایف آن، بلکه در ارزیابی آنان از نتایج رفرم ارضی و پذیرش وجود «شرایط عینی انقلاب» قرار دارد. چنین استنباطی از نتایج انقلاب سفید است که مفاهیم تاکتیکی و استراتژیکی مسعود و پویان را مستعد پذیرش ایده‌های اراده‌گرایانه و سوبژکتیویستی میگرداند و همانگونه که بیژن میگوید مشی مسعود و پویان بعلت اینکه برپایه وجود شرایط عینی انقلاب تدوین گشته‌اند حامل سوبژکتیویسمی با گرایشات ماجراجویانه میباشند. ما در بخش مربوط به بیژن در ادامه این جستار به انتقادات او نسبت به مفهوم شرایط عینی انقلاب و گرایشات رومانتیکی و ماجراجویانه نهفته در مشی مسعود- پویان، باز خواهیم گشت.

اما حال ببینیم مسعود چگونه و بر مبنای چه استدلالی به انتقادات خود به مفهوم حزب در چپ سنتی می پردازد. مفهومی که از نظر او، در حقیقت الگوبرداری و تقلیدی است کورکورانه، از تعریف حزب و وظایف روشنفکران در شرایط خاص تاریخی روسیه تزاری که خود را در برابر استبداد مطلقه رژیم تزاری یافته بودند. و نیز ببینیم چرا مسعود بلحاظ ایدئولوژیکی این تعریف از حزب را که در مقطع زمانی خود حامل گرایشات رادیکال و در طرد دیدگاه‌های اکونومیستی شکل گرفته بود، در شرایط پس از رفرم ارضی در ایران، تعریفی کاملاً اکونومیستی بحساب می‌آورد.

او در ابتداء به مقایسه شرایط جنبش‌های خودانگیخته در ایران و روسیه تزاری می‌پردازد و می‌گوید: «در اینجا (ایران)، از جنبش‌های خودبخودی (در مقایسه با

روسیه تزاری)، آنچنان که باید اثری نیست و اگر هم هست چه از نظر زمانی و چه از نظر مکانی و چه از نظر وسعت پراکنده و محدودند. در اینجا اثری از تشکل طبقاتی و تشکیلات کارگری نیست. بطورکلی توده کارگر در هیچگونه جریان مبارزاتی قرار ندارد... در حقیقت عدم وجود جنبش‌های خودبخودی وسیع و شرایط سخت پلیسی که بی‌شک با یکدیگر ارتباط ناگسستنی دارند، کارگران را عملاً از هرگونه مبارزه و فکر سیاسی دور کرده...، در نتیجه محافل کارگری که به مبارزه سیاسی بیاندیشند، بندرت یافت می‌شوند و عملاً هیچگونه ارتباط جدی میان محافل روشنفکری و این محافل کارگری و توده‌های کارگر برقرار نیست. کارگر تنها پس از سالها مبارزه خودبخودی، اقتصادی، صنفی بتدریج آماده پذیرش مبارزه سیاسی، آگاهی سوسیالیستی، تشکل سیاسی و حزبی میگردد. در اینجا همه‌گونه جنبش صنفی بلافاصله سرکوب میشود، طبیعی است که توده کارگر از مبارزه سیاسی دور گردد، زیرا مبارزه سیاسی احتیاج به پیگیری، تشکل و انعطاف‌پذیری دائمی، احتیاج به آگاهی و فداکاری دارد». صفحه۸۳

از طریق این مقایسه، مسعود تلاش دارد تا با اشاره به تفاوت آشکار شرایط و زمینه‌های اجتماعی- تاریخی شکل‌گیری و وظایف حزب در روسیه تزاری و ایران پس از رفرم ارضی، به انتقادات و گسست خود از مفهوم سنتی حزب، ابعادی روشن و مشخص بدهد. نبود جنبش‌های خودبخودی وسیع، عدم وجود محافل کارگری آگاه و تمایل به کار سیاسی، شرایط سخت پلیسی و به تبع آن، نبود ارتباط جدی محافل روشنفکری و این محافل کارگری بمثابه حلقه‌های واسط میان این محافل روشنفکری و توده‌های وسیع را میتوان از نظر مسعود، کلی‌ترین و برجسته‌ترین خطوط این تفاوت در شرایط تاریخی ایران تلقی کرد.

ما در صفحات پیش دیدیم که مسعود در هنگام مقایسه انقلاب کلاسیک بورژوائی و انقلاب سفید، چگونه نتایج رفرم ارضی را در ایران برخلاف نتایج انقلاب کلاسیک بورژوازی، عامل موثری در تخفیف تضادهای اجتماعی نمیدانست، بلکه بر عکس به تشدید این تضادها در سطح روستاها و شهرها باور داشت و حدت و شدت این تضادها را در حدی بحساب می‌آورد که جامعه را در جهت تحولی رادیکال آماده دید و با تاسی از دبره، این آمادگی را در وجود

«شرایط عینی انقلاب» که مفهومی است مارکسیستی، فرموله نمود. حال او خود را با این حکم کلی و عام در ادبیات سیاسی مارکسیستی مواجه دید، که شرایط عینی انقلاب همواره با جنبش‌های خودجوش وسیع اجتماعی همراه است و اگر این حکم جنبه‌ی مطلق دارد، پس چرا در ایران با وجود شرایط عینی انقلاب، ما شاهد جنبش‌های خودجوش وسیع نیستیم؟

او در پاسخ به این پرسش می‌گوید: «... آیا این حکم ... جنبه مطلق دارد، همیشه و در هر شرایط درست است؟ آیا عکس آن نیز صادق است؟ یعنی ما باید از عدم وجود این جنبش‌های خودبخودی توده‌های وسیع این نتیجه را بگیریم که شرایط عینی انقلاب وجود ندارد؟ که هنوز دوران انقلاب فرا نرسیده است؟ به نظر من، نه.» (صفحه۸۴). مسعود در ادامه این گفتمان، علت عدم وجود جنبش‌های وسیع خودبخودی در ایران را نه در آماده نبودن شرایط عینی انقلاب، بلکه در عامل سرکوب و ترور و ضعف عامل ذهنی میداند: «من فکر می‌کنم که علت عدم وجود چنین جنبش‌هائی را اساساً باید از یکطرف در سرکوب قهرآمیز و اختناق مداوم و ناشی از دیکتاتوری امپریالیستی همراه با تبلیغات وسیع سیاسی و ایدئولوژیک ارتجاعی دانسته و از طرف دیگر ضعف‌های عمده‌ای را که عامل انقلابی، سازمانها و رهبری‌های مبارزه دچار آن بودند، باید در نظر داشت... . مجموعه این شرایط یک نوع سکون، سرخوردگی و یأس و تسلیم ایجاد کرده است، آنچه رژی دبره «انبوه کهنسال ترس و خفت» می‌نامد».صفحه۸۴

او «عدم پذیرش «شرایط عینی انقلاب» را مبین سازشکاری و نشانه فقدان شهامت سیاسی و توجیه بی عملی» (صفحه ۸۴) می‌داند. یعنی همان گرایشات ایدئولوژیکی که جریانات اکونومیستی در جنبش سوسیال دمکراسی روسیه تزاری بآن متصف و متهم بودند. حال به روشنی میتوان دید که رادیکالیسم مسعود در تحلیل نهائی، با پذیرش «وجود شرایط عینی» ارتباطی مستقیم و ناگسستنی دارد. اما این مفهوم در تفکر او نقشی دوگانه را در لحظه تدوین مشی و گسست او از مفهوم سنتی حزب بازی می‌کند. یعنی این مفهوم تا آنجائی‌که این امکان را به او میدهد که ساختارهای متحجر شده پروسه تکوین حزب در ادبیات سنتی چپ (حزب توده) را که برپایه تقلید کورکورانه از تجربه جنبش سوسیال

دموکراسی روسیه تزاری صورت گرفته زیر سئوال ببرد، نقشی مثبت دارد و تا آنجائیکه نقش عامل ذهنی را بطور یکجانبهای افزایش داده و به نوعی مطلق‌گرائی در این زمینه میرسد، نقشی منفی یعنی اراده‌گرایانه را بر محافل روشنفکری جهت تحول‌شان به اشکال حزبی تحمیل می‌نماید. در انتقاد از نیروهای سنتی چپ و عمدتا حزب توده، مسعود لحظه‌ی انتخاب مشی را با توجه به تفاوت شرایط تاریخی میان روسیه تزاری و ایران پس از رفرم که در آن شرایط عینی انقلاب بدون جنبش‌های خودبخودی وسیع اجتماعی وجود دارد این گونه بیان می‌کند: «راه ما کدام است؟ امروز به انتظار جنبش‌های خودبخودی وسیع نشستن و آنوقت آن را هدایت کردن، بدون آنکه دست به عمل انقلابی زده شود، بدون آنکه بکوشیم شرایط ذهنی را در جریان خود عمل انقلابی به کمال فراهم کنیم، درست بمنزله دنباله‌روی از جنبش خودبخودی در شرایطی چون روسیه است، درست به معنی پذیرش عملی وضع موجود است». صفحه۸۵ او در ادامه می‌گوید: «ایجاد حزب از طرف محافل روشنفکری را یعنی «وجود سازمان انقلابی وسیع» را به وجود جنبش‌های وسیع توده‌ای تعلیق کردن، در چنین شرایطی (ایران) تعلیق به محال است».صفحه۸۵

مسعود در اینجا به نکته‌ای اشاره می‌کند که بدرستی ضعف دیدگاه‌های سنتی چپ را نسبت به مفهوم حزب بمثابه عامل ذهنی در رابطه با شرایط خاص تاریخی در ایران نشان می‌دهد. اینکه مسعود تلاش محافل روشنفکری متأثر از ادبیات سنتی چپ را برای ایجاد حزب در ایران با اتکاء به همان قانون‌بندی‌های حاکم بر پروسه تشکیل آن در روسیه تزاری، تلاشی عبث و تعلیق کردن آن به امری محال می‌داند، از درستی و قوّت کاملی برخوردار است. و این که این طرز تفکر سنتی نسبت به مسئله حزب، در نهایت محافل روشنفکری را به قبول وضع موجود، دنباله‌روی و مشی صبر و انتظار وامی‌دارد و نقش عامل ذهنی را در بسط عوامل عینی تحول سیاسی از طریق پراتیک محافل روشنفکری بفراموشی می‌سپارد، امری در خور تأئید است. اشارات مسعود در گفتمان فوق به عواملی چون دیکتاتوری و سرکوب مداوم و بی‌عملی روشنفکران و همچنین ترس و روحیه تسلیم‌طلبانه در توده‌ها که نقشی مهم در

کاستن از دامنه جنبش‌های خودبخودی دارند، از ظرافت و اعتباری در خور اعتناء برخوردار است. اما رویکرد او نسبت به مفهوم سنتی حزب و وظایف روشنفکران همانگونه که بیژن میگوید هنگامی شکننده و قابل انتقاد میشود که انتقاداتش به چپ سنتی تحت تأثیر وجود شرایط عینی انقلاب در ایران پس از رفرم ارضی قرار می‌گیرد و به مفاهیم تاکتیکی و استرتژیکی او مضامینی کاملاً اراده‌گرایانه می‌بخشد و به تبع آن مشی او را مستعد حرکاتی ماجراجویانه (آوانتوریستی) می‌سازد. ما در اینجا به همین اشاره‌ی کوتاه بسنده می‌کنیم و در بخش‌های بعدی این جستار به انتقادات بیژن از مشی مسعود که اساساً بر مفهوم دبریستی شرایط عینی انقلاب متمرکز می‌شود باز خواهیم گشت.

مفهوم «شرایط عینی انقلاب» پرنسیپ هدایتگر مسعود و پویان در تدوین مشی می‌باشد. اما این مفهوم در ادبیات سیاسی مسعود و پویان، تحت تأثیر تزهای دبره در «انقلاب در انقلاب» از معنائی متمایز از ادبیات کلاسیک مارکسیستی برخوردار است. «شرایط عینی انقلاب» در ادبیات مارکسیستی، به شرایطی اطلاق میشود که طبقات پائینی جامعه نتوانند به شیوه سابق زندگی نمایند و طبقات فوقانی و رژیم نیز نتوانند به شیوه گذشته به حاکمیت خود ادامه دهند.

این شرایط که معمولاً در بحران عمیق اجتماعی- اقتصادی و سیاسی بروز مینماید، تجلی خود را در اعتراضات و جنبش‌های خودانگیخته اجتماعی نشان میدهد که چنانچه شرایط ذهنی یعنی وجود حزبی قدرتمند و دارای شعارهای صحیح، فراهم باشد، امکان تغییر را در حاکمیت و قدرت سیاسی فراهم می‌سازد. اما این تعریف از «شرایط عینی انقلاب» بر اساس تزهای رژی دبره که برپایه تجربه انقلاب کوبا شکل گرفته است، دچار تحولی عمیق میگردد و چنانکه از عنوان اثر او «انقلاب در انقلاب» برمی‌آید، تحولی رادیکال را متحمل می‌گردد و در پی خود وظایف و پروسه شکل‌گیری ساختارهای حزب را بنحوی اساسی دگرگون می‌سازد.

مسعود، تز اساسی دبره را در رابطه با وظایف روشنفکران، اینگونه روایت می‌کند:

«تز اساسی رژی دبره، اساساً بر این واقعیت متکی است که عامل بقاء سلطه

امپریالیستی (یعنی رژیم حاکم)، عمدتأ ماشین سرکوب نظامی و قهرآمیز است و همچنین بر این واقعیت متکی است که شیوه‌های ابقاء این سلطه، هرگونه مبارزه رفرمیستی را نه تنها بی‌اهمیت کرده‌اند بلکه ناممکن ساخته‌اند». صفحه ۱۰۹

و در چند سطر دورتر این روایت را اینگونه پی می‌گیرد: «هر خط مشی که مدعی انقلابی بودن است باید یک پاسخ عینی و مشخص باین سئوال بدهد، چگونه میتوان ستون فقرات (دولت سرمایه‌داری) را که پیوسته توسط میسیونهای نظامی آمریکای شمالی (در امریکای لاتین) تقویت میشود، درهم شکست؟... در اینجاست که تز اساسی دبره مطرح میشود، راه انقلاب کدام است؟ آیا این حزب است که مبارزه مسلحانه را آغاز می‌کند یا خود مبارزه مسلحانه است که در جریان گسترش و تکاملش در جریان، بیش از پیش از توده‌ای شدنش ارگانی بیافریند که قادر به رهبری همه جانبه مبارزه انقلابی توده‌هاست؟ آیا این حزب است که باید شرایط ذهنی را برای مبارزه مسلحانه آماده کند، یا شرایط ذهنی در خود مبارزه مسلحانه بوجود خواهد آمد؟ کوشش باید مصروف ایجاد یا تقویت حزب گردد، یا تدارک عملی مبارزه مسلحانه؟»صفحه۱۱-۱۰۹

در صفحات پیشین هنگامی که با برداشت مسعود از ماهیت رژیم آشنا می‌شدیم، گفتم که او دوران را دوران تضاد خلق‌ها و «سلطه امپریالیسم در حال احتضار» صفحه۱۰۷ می‌دانست و رژیم حاکم بر ایران را اساسأ مدافع مستقیم منافع امپریالیسم تلقی میکرد. حال به کنه رادیکالیسم او در رابطه با مفهوم دبریستی حزب، بنحوی روشن‌تر و مشخص‌تر پی میبریم. مسعود با اتکاء باین تز اساسی دبره، رادیکالیسم خود را بر اساس «ناممکن» بودن بکارگیری هرگونه اشکال قانونی و مسالمت‌آمیز بنا میسازد و به تاکتیک‌های مسلحانه در ایجاد شرایط ذهنی (حزب)، جنبه مطلق میدهد که مضمون آن عمدتأ در رابطه با درهم شکستن ستون فقرات سلطه امپریالیستی یعنی ارتش رژیم وابسته به امپریالیسم می‌باشد.

مسعود برای مشروعیت بخشیدن به رادیکالیسم خود در زمینه تعریف حزب و گسست از مفهوم سنتی آن با اتکاء به «انقلاب در انقلاب»، به سیرتحول این

مفهوم در جنبش‌های چپ جهانی می‌پردازد. او هسته مرکزی این تحول را در حول و حوش فزونی یافتن نقش روشنفکران و افزایش بکارگیری تاکتیک‌های قهرآمیز ارزیابی می‌نماید. مسعود در این باره می‌گوید: «تاریخ انقلاب در مقیاس جهانی نشان داده است که همراه با رشد پروسه انقلاب همراه با هشیاری روزافزون ارتجاع، همراه با تکیه بیشتر ارتجاع به نیروی سرکوب کننده به عنوان عمده‌ترین حافظ بقای سلطه ارتجاع، همراه با گذار انقلاب از غرب به شرق، هر روز نقش پیشقراولان آگاه، اهمیتی بیشتر کسب کرده است».صفحه۹۲

او در ادامه این گفتمان خود که در حول وحوش افزایش روزافزون نقش روشنفکران (عامل ذهنی) در تحولات سیاسی جامعه (در ابعادی جهانی) جریان دارد، به پروسه تشکیل حزب در روسیه تزاری و سپس چین و ویتنام و نقش رو به افزایش قهر در این پروسه می‌پردازد.

مسعود پروسه تشکیل حزب را در روسیه تزاری «اساساً با توسل به اشکال مختلف مبارزه سیاسی و افشاگری‌های همه جانبه سیاسی» (صفحه ۹۱) می‌بیند، در حالیکه این پروسه را در چین و ویتنام «اساساً با توسل به عالی‌ترین شکل مبارزه یعنی مبارزه مسلحانه» (صفحه ۹۲) انجام پذیر می‌داند. جالب آنست که مسعود به تبعیت از رژی دبره، علت پیروزی احزاب چین و ویتنام را «در اتخاد یک خط مشی متضاد، حتی متعارض با صوابدید انترناسیونالیسم سوم» (صفحه ۱۱۰)، که متکی به تجربه سوسیال دموکراسی روسیه تزاری بود، ارزیابی می‌نماید، و در ادامه این گفتمان خود می‌گوید «هرکدام (از این دو حزب) با خط مشی خاص خود که مستقل از نیروهای اجتماعی بین‌المللی ساخته و پرداخته شده بود، عمیقاً با مردم خود پیوند داشت».صفحه۱۱۷

مسعود پروسه شکل‌گیری احزاب چپ رادیکال در آمریکای لاتین را بر بستر تاکتیک‌های نظامی می‌داند که «انقلاب کوبا و روندی که در سراسر آمریکای لاتین به جریان انداخت، چشم‌اندازهای کهن را واژگون کرده‌اند». صفحه۱۱۸. گفتیم مضمون «انقلاب در انقلاب» در رابطه با مفهوم حزب، دقیقاً در همین واژگونی چشم‌انداز روند شکل‌گیری حزب در ادبیات سنتی مارکسیستی می‌باشد. یعنی اگر بکارگیری تاکتیک‌های قهرآمیز در ادبیات سنتی چپ، متأخر بر تشکیل

حزب و تحت تابعیت آن می‌باشد، در انقلاب کوبا حزب متأخر بر بکارگیری تاکتیک‌های قهرآمیز بوده ودر بستر آن شکل میگیرد. مسعود که مجذوب این اقدام واژگون‌سازی ادبیات سنتی چپ رژی دبره می‌باشد، مشی خود را بر اساس این برداشت دبره از انقلاب کوبا شکل میدهد و تعریف روشنفکر یا پیشرو و وظایف روشنفکران را با مددگیری از دبره چنین فرموله می‌کند: «بدون مبارزه مسلحانه، هیچ پیشرو کاملاً تعریف شده‌ای وجود ندارد» و «... باید از تقسیم نیروها و کوشش‌ها و منابع، بر جنبه‌های ایدئولوژیکی محض یا سیاسی محض برحذر بود» و «... کوشش‌ها باید مصروف تمرکز و سازماندهی سیاسی– نظامی شود» (صفحه۱۲۱) و این کوشش‌ها «باید با یک دید قیام طلب»، برای کسب قدرت سیاسی صورت گیرد.

مسعود با تأمل بر چنین روندی از تحول مفهوم حزب در ادبیات مارکسیستی است که می‌گوید: «تجربه کوبا نشان داد که تحت شرایط معینی، امر سیاسی و امر نظامی از یکدیگر جدا نیستند» (صفحه۱۲۳) و فاصله زمانی آن دو میتواند از میان رفته و در یکدیگر ادغام گردند و تاکتیک‌های نظامی میتواند وظایف سیاسی محافل روشنفکری در رابطه با توده‌ها را به عهده گیرد. یعنی این تاکتیک‌ها از یک سو به کانال‌های موثری تبدیل می‌شوند برای برانگیختن توده‌ها، که پرسش‌شان دیگر نه پیرامون ضرورت تغییر وضعیت موجود بلکه بر سر چگونگی اعمال این تغییر است و از سوی دیگر با پاسخ دادن به این پرسش کلیدی که منجر به برانگیختن توده‌ها و جلب حمایت آنان میگردد، ضرورت بهم پیوستن این محافل روشنفکری پراکنده را به امری حیاتی فراهم می‌سازد.

بدین ترتیب می‌بینیم که نظر مسعود بر پایه نقل قولی از تز اساسی رژی دبره شکل می‌گیرد که در آن حزب بلحاظ محتوی و شکل چنین تعریف میشود: «هیچ نوع معادله متافیزیکی که در آن حزب مارکسیست– لنینیست پیشاهنگ باشد، وجود ندارد. صرفاً ارتباط و به هم پیوستگی‌های دیالکتیکی‌ای بین یک وظیفه معین یعنی یک پیشاهنگ در تاریخ و شکل خاصی از سازمان– حزب م.ل (مارکسیستی-لنینیستی) وجود دارد... احزاب در اینجا در روی زمین وجود

دارند و تابع سخت‌گیرهای دیالکتیکی زمینی‌اند. اگر آنها زاده شده‌اند، می‌توانند بمیرند و به اشکال جدیدی دوباره زاده شوند». صفحه۱۰۰

مسعود تحقق وظایف روشنفکران (پیشاهنگ) را در شرایط بعد از رفرم ارضی و وجود «شرایط عینی انقلاب» و ناممکن بودن بکارگیری اشکال مسالمت‌آمیز و قانونی مبارزات اجتماعی- سیاسی، تنها در بکارگیری اشکال قهرآمیز میسر میداند. و بدین ترتیب تاکتیک‌های قهرآمیز و تاکتیک‌های مسالمت‌آمیز و قانونی (مبتنی بر مطالبات روزمره اقتصادی و غیره) بصورت دو رقیب غیرقابل تحمل برای یکدیگر تبدیل میشوند که امکان هرگونه همیاری و هماهنگی را در مشی ضد دیکتاتوری فدائیان خلق از دست میدهند و مشی ضد دیکتاتوری همچنانچه بیژن میگوید تنها متکی به پای نظامی شده، از پای سیاسی محروم می‌گردد.

در حقیقت از نظر مسعود، وظیفه معین روشنفکران(محتوی حزب)، پس از انقلاب سفید، باید برپایه باور به وجود شرایط عینی انقلاب شکل گیرد، اما از آنجائی که سرکوب‌های مداوم رژیم مطلقه سلطنتی، امکان تجلی شرایط عینی انقلاب را به صورت جنبش‌های خودانگیخته وسیع، در اشکال سنتی مسالمت‌آمیز و قانونی نمیدهد و از آنجائیکه «انبوه کهنسال ترس و خفت» در بین توده‌ها، بمثابه مهمترین عامل سد کننده بروز این جنبش‌ها و پیوند با آن‌هاست، لذا انجام این وظیفه باید از طریق تاکتیک‌های قهرآمیز، که هدف‌شان عمدتاً نشان دادن ضربه پذیر بودن ستون فقرات سرکوب رژیم(یعنی ارتش) به توده‌ها می‌باشد، صورت گیرد. بدین ترتیب از نظر مسعود عنصر پیشرو با به کارگیری تاکتیک‌های قهرآمیز و «خدشه‌دار کردن آن سد عظیم (ماشین سرکوب رژیم)، می‌تواند آن مبارزه‌ای را که در تاریخ جریان دارد، به توده بنمایاند». باید نشان داد که «مبارزه آغاز شده و پیشرفت آن به حمایت و شرکت فعالانه توده‌ها نیاز دارد». (نقل به معنا از رژی دبره). صفحه۸۹

بنابراین از دیدگاه مسعود، در شرایط دیکتاتوری‌های متمرکز با بکارگیری تاکتیک‌های قهرآمیز میتوان و باید به مفهوم سنتی حزب در ادبیات مارکسیستی که مشی و وظایف روشنفکران را تا بوجود آمدن جنبش‌های خودبخودی وسیع اجتماعی بر پابه صبر و انتظار (گرایش اکونومیستی)، قرار میداد، پایان داد و

وظایف روشنفکران را بر پایه مداخله فعال عامل ذهنی (که تنها از طریق تاکتیک‌های قهرآمیز امکان دارد) درجهت گسترش جنبش‌های خودبخودی اجتماعی و سمت‌دهی و هدایت آنها برای کسب قدرت سیاسی سامان داد و مطمئن بود با استمرار یافتن چنین تاکتیک‌هایی توده‌ها (بعلت وجود شرایط عینی انقلابی) با واکنشی مثبت به حمایت از نیروهای روشنفکری بر خواهند خاست. و در طی این تأسی و حمایت از انها که از سرشتی عمدتاً قهرآمیز و خودجوش برخوردار میباشد، نیاز به رابطه‌ای دیالکتیکی با جنبش روشنفکری بمثابه راهنما را در خود احساس کرده و درصدد پیوندی ارگانیک با آن برخواهند آمد. از سوی دیگر، جنبش روشنفکری هم که خود را بصورت گروههای پیشرو سیاسی- نظامی پراکنده‌ای می‌بیند، در بستر چنین واکنش مثبت و قهرآمیز خودانگیخته اجتماعی و در حال گسترش، به ضرورت وحدت، بمثابه تنها راه ماندگاری و بقاء خود (در اشکالی سیاسی- نظامی) می‌رسد.

بدین ترتیب در «مبارزه مسلحانه، هم استراتژی و هم تاکتیک» ما شاهد به خاک سپاری مفهوم سنتی حزب و عبور از دیدگاهی متافیزیکی به ادبیات پویا و دیالکتیکی در سازمان چریک‌های فدائی خلق می‌باشیم که مضمون اساسی‌اش متوجه بازسازی واحیاء عامل ذهنی و سهم و نقش فعال آن در تحولات اجتماعی - سیاسی است.

و این در حالی است که در ادبیات سنتی مارکسیستی (حزب توده و گروه‌های مائوئیستی) با دگم ساختن مفهوم حزب، این عامل (ذهنی) به فراموشی سپرده شده بود. ما در صفحات پیشین به جنبه‌های شکننده و قابل انتقاد در زمینه دیدگاه‌های مسعود نسبت به روند شکل‌گیری حزب اشاره داشتیم و گفتیم تعریف او از حزب از آنجائی که بر وجود شرایط عینی انقلاب باور داشت و ترس مطلق را بمثابه عامل تعیین‌کننده روحیه تسلیم‌طلبی و نبود جنبش‌های خودبخودی توده‌ها تلقی میکرد، بیش از پیش حامل گرایشاتی اراده‌گرایانه بود که در نهایت میتوانست گرایشات آوانتوریسی را بر مشی فدائیان تحمیل نماید. ما در مبحثی که به بیژن اختصاص داده‌ایم بار دیگر به این موضوع بازخواهیم گشت.

قبل از اینکه مسعود را ترک کرده و به بررسی مفاهیم ایدئولوژیکی پویان بپردازیم، لازم است به مقوله دیگری بنام دوران که از اهمیت ویژه‌ای در گسست فدائیان خلق از ادبیات چپ سنتی (ایدئولوژی پدرسالارانه) برخوردار است، اشاره ای داشته باشیم. اما از آنجائی که مسعود برخلاف بیژن به این مفهوم (دوران) یعنی تضادهای اساسی جهانی و رابطه دیالکتیکی آنان با یکدیگر و بازتاب آن‌ها در مشی جنبش‌های چپ در ایران بطور سیستماتیک نپرداخته است، بنابراین ما نقطه نظرات او را در این زمینه در بحث دوران بیژن بازگو خواهیم نمود و تنها در پایان بخش مربوط به مسعود- پویان اشاره‌ای کوتاه به آن خواهیم داشت. اختلافات بیژن و مسعود در این زمینه و بازتاب آن در مشی فدائیان خلق از اهمیت خاصی برخوردار است، زیرا بر بستر رویکرد به چنین مقوله‌ایست که ما با اختلاف برداشت آنان از مفهوم قطب جهانی و مفهوم انقلاب (سوسیالیستی) و تضاد میان کشورهای سوسیالیستی و ایده دموکراسی بمثابه بخش جدائی‌ناپذیر ایدئولوژی‌های چپ مارکسیستی آشنا می‌شویم و در نهایت خواهیم دید که این اختلافات چگونه در شکل‌گیری دو مشی (بیژن و مسعود) در ادبیات فدائیان بازتاب می‌یابد.

گسست پویان از مفاهیم سنتی
"شرایط عینی انقلاب" و "حزب"

مشی پویان همچون مشی مسعود، اساساً متأثر از تزهای رژی دبره می باشد. او همچنانکه اسماعیل خوئی می‌گوید[7] خواننده دقیق «انقلاب در انقلاب» رژی دبره بوده است. اثر او تحت عنوان «ضرورت مبارزه مسلحانه و رد تئوری بقاء»[8] که مفاهیم پایه‌ای مشی او را توضیح می‌دهد، بمانند اثر مسعود، نقشی تعیین‌کننده در شکل‌گیری مشی فدائیان خلق دارد. برداشت‌های او در زمینه ماهیت رژیم سیاسی، وجود شرایط عینی انقلاب و نقش تعیین‌کننده عامل سرکوب و ترور رژیم در بازدارندگی اعتراضات وسیع توده‌ای (ایجاد ترس مطلق- قدرت مطلق در ذهنیت آنها) و در نهایت گسست از ادبیات سنتی مارکسیستی، از مشابهت بسیار با مسعود برخوردار است.

پویان برخلاف مسعود در اثر خود هیچگونه اشاره روشنی به رفرم ارضی و نتایج اجتماعی و سیاسی آن و همچنین رژی دبره نمی‌کند. او ماهیت رژیم را «استقرار مجدد سلطه فاشیستی نمایندگان امپریالیسم»- (صفحه ۳۰) میداند که پس از کودتای ۲۸ مرداد ۱۳۳۲ صورت میگیرد. این سلطه فاشیستی چنانکه از نام آن

برمی‌آید تنها می‌تواند بر پایه سیاست‌های سرکوب مداوم نسبت به اپوزیسیون و جنبش‌های خودجوش اجتماعی بمنظور ایجاد فضائی از رعب و وحشت در جامعه، به بقاء خود ادامه دهد. پویان از همان ابتدای اثر خود تصویری روشن از وضعیت پراکنده و شکننده محافل روشنفکری بر زمینه چنین جو «وحشت و اختناق»- (صفحه ۳۰) و عدم توانائی این محافل در «ایجاد رابطه‌ای مستقیم و استوار با توده‌ها»- (صفحه ۳۰) ارائه میدهد، و پروبلماتیک اساسی روشنفکران را در ایجاد رابطه‌ای پایدار و دیالکتیکی با توده‌ها ارزیابی می‌کند. در حقیقت ایجاد این رابطه بلحاظ محتوا و وظایف، همان مفهوم ایجاد حزب را بازگو میکند. او وضعیت محافل روشنفکری را در این سالها، یعنی در دهه چهل خورشیدی، در تابلوی زیر چنین تصویر می‌کند:

«ما (محافل روشنفکری) نه همچون ماهی در دریای حمایت مردم، بلکه همچون ماهی‌های کوچک و پراکنده در محاصره تمساح‌ها و مرغان ماهیخوار بسر میبریم. وحشت و خفقان، فقدان هر نوع شرایط دموکراتیک، رابطه ما را با مردم خویش بسیار دشوار ساخته است. همه کوشش دشمن برای حفظ همین وضع است، تا با توده خود بی‌ارتباطیم، کشف وسرکوب ما آسان است. برای اینکه پایدار بمانیم، رشد کنیم و سازمان سیاسی طبقه کارگر را بوجود آوریم، باید طلسم ضعف خود را بشکنیم، باید با توده خویش رابطه‌ای مستقیم و استوار بوجود آوریم» (صفحه ۳۰)

تمام تلاش‌های فکری پویان در اثر فوق متوجه پروبلماتیک جنبش چپ، یعنی متوجه یافتن کانالی موثر در جهت ایجاد رابطه مستقیم و استوار با توده‌هاست. در مقابل چنین پروبلماتیک و راه‌کارهای برون رفت از چنین وضعیتی است که او به پرسش زیر میرسد، باید ببینیم رژیم «چه شیوه‌هائی را برای جدا نگاه داشتن ما از مردم به کار میگیرد؟» در پاسخ به این پرسش است که ما با مفهوم «ترس یا ضعف مطلق توده‌ها و قدرت مطلق رژیم» و نقش کلیدی آن در شکل‌گیری مشی فدائیان خلق آشنا میشویم. از نظر پویان این مفهوم حامل راز و رمز «حفظ وضع موجود» می‌باشد. این مفهوم حاصل مستقیم و بلاواسطه سلطه فاشیستی رژیم می‌باشد، او ویژگی این سلطه را در اعمال شیوه‌های ایجاد جو «وحشت و

خفقان» و ترور در سطح جامعه شهری و روستائی بمنظور ابقاء «ضعف مطلق»- «قدرت مطلق» در ذهنیت توده‌ها میداند. پویان با به تصویرکشیدن مکانیزم‌های حاکم بر روند ایجاد این جو «وحشت و خفقان» تلاش دارد به مضمون و ابعاد مشخص مفهوم فوق بمثابه نتایج دیالکتیکی دیکتاتوری دسترسی یابد. در حقیقت ما با راه‌یابی به مضمون مشخص این مفهوم است که به راه‌کارها و تاکتیک‌های لازم در رابطه با پروبلماتیک او آشنا میشویم. در اینجا باید به این نکته در متدولوژی او در تحلیل و بررسی شرایط اجتماعی - سیاسی اشاره داشت که پویان را از مسعود در این زمینه متمایز میسازد. متدولوژی او عمدتاً بر پایه مشاهدات و محسوسات او قرار گرفته است و مفاهیم او کمتر به تحلیل‌های ساختاری و نقل‌قول متکی است. شاید موفقیت و میزان بالای نفوذ و اعتبار این اثر هجده صفحه‌ای در سطح محافل روشنفکری وقت را میبایستی در این متدولوژی جستجو کرد که مفاهیم وگفتمان‌های ایدئولوژیکی او را از باری عاطفی و شورانگیزتر برخوردار ساخته است.

پویان برای بازنمودن محتوای مفهوم کلیدی «ضعف مطلق- توانائی مطلق» با اتکاء به متدولوژی فوق، بیش از هر چیز دیگری به ترسیم تصویری روشن و ملموس از مکانیزم‌های ایجاد جو «وحشت و خفقان» در محیط‌های کارگری شهری و محیط روستائی می‌پردازد و از جمله می‌نویسد: «ببینیم دشمن دقیقاً چه شیوه‌هائی را برای جدا نگاه داشتن ما از مردم به کار می‌گیرد. او مراکز کارگری، دهقانی را تحت کنترل خود درآورده است. مؤسسات نظامی و غیرنظامی رفت و آمد شهری‌ها را به دهات ایران کنترل می‌کنند. در بسیاری نقاط دهقانان را به نوعی موظف کرده‌اند که ورود هر فردی را که از جانب مؤسسات دولتی مأموریت نداشته باشد، اطلاع دهند.

در کارخانه‌های بزرگ و کوچک، شعبه‌هائی از سازمان امنیت به کار مدام مشغول است ... بدین ترتیب ورود عناصر مبارز به کارخانه‌ها به اندازه کافی دشوار است و دشوارتر از آن کار تبلیغی و سازمانی آنها در آنجاست. وحشت و اختناق موجود، حتی استفاده تبلیغاتی از مراکز فرعی تجمع کارگران و خرده بورژوازی مثلاً قهوه‌خانه‌ها را نیز بسیار دشوار می‌کند». (صفحه ۳۱) و کمی دورتر از ابعاد

متفاوت و دیگر شیوه‌های ایجاد «وحشت و اختناق» یاد می‌کند: «... از هر شیوه‌ای استفاده میشود تا کارگران (در کارخانه‌ها) در وحشت و اضطراب به سر برند، به ویژه کارخانه‌های بزرگ در واقع به سربازخانه‌هائی تبدیل شده‌اند ... و یک انضباط سربازخانه‌ای بر آنها اعمال می‌شود تا حداقل وقت تلف شود و حداقل امکان تماس با یکدیگر وجود داشته باشد. هرگونه تمایلی برای اعتصاب، برای نشان دادن مسالمت‌آمیز نارضائی، بیرحمانه‌ترین عکس‌العمل‌ها را در پی دارد». او در ادامه این گفتمان خود میگوید، اگر کارگری که پیشینه اعتراضی داشته باشد، این پیشینه (صفحه ۳۲)، بمثابه یک پیشینه اخلالگرانه، استخدام (او) را تقریبا غیرممکن میکند. (صفحه ۳۳)

اعمال چنین شیوه‌هائی برای ایجاد جو ترور و وحشت است که پویان را در پایان این گفتمان به چنین ارزیابی از وضعیت کارگران می‌رساند: «بنابراین، هرچند به نادلخواه (کارگر)، ترجیح میدهد که برای ادامه زندگی، بره‌ای سربراه، عنصری بی‌علاقه به مسائل سیاسی باشد». (صفحه۳۳)

نباید فراموش کرد که پویان همچون مسعود به وجود شرایط عینی انقلاب باور داشت، اما در بیان آن نیز به مشاهدات و محسوسات خود متوسل میگردد و از تحلیل اماری مناسبات اقتصادی و طبقاتی امتناع می‌ورزد و آن را تا آنجائیکه ممکن است همانگونه که دیده و لمس میشود، بیان میدارد. او در توصیف شدت تضادهای اجتماعی و غیرقابل تحمل بودن آن که بازتاب و تجلی همان شرایط عینی برای تحولات رادیکال اجتماعی است، تابلو زیر را ترسیم می‌کند: «در کارخانه‌ها، هر کجا که عرضه فروش نیروی کار است، چه دولتی و چه خصوصی، بهره‌کشی به بی‌شرمانه‌ترین شکل خود جریان دارد. کارگران عملاً از هرگونه تأمین اجتماعی بی‌بهره‌اند، نیروی کارشان درست همانقدر خریده میشود که برای حفظ کمیت مناسبی برای حجم مورد نیاز تولید لازم است. آنها در قرن هجدهم به سر میبرند و فقط این امتیاز را دارند که از سلطه پلیس قرن بیستم نیز برخوردارند».(صفحه۳۳)

او سپس در مقابل این پرسش قرار میگیرد که چرا «آنها این رنج را (که) خود بطور مداوم تجربه میکنند، با اینهمه آنرا تحمل میکنند، صبورانه می‌پذیرند».

(صفحه ۳۳)، چرا این رنجها به جنبش‌های اعتراضی تبدیل نمی‌گردد؟ چرا کارگران برای کاستن از بار طاقت فرسای آنها تنها به تفریحات مبتذل پناه میبرند که همچون «پادزهر سیاسی در میان آنان عمل میکند» .(ص۳۳)

دقیقاً در پاسخ به چنین پرسش‌هائی است که ما می‌توانیم به محتوای رادیکالیسم و فرم شورانگیز بیان آن در مشی ارائه شده از طرف او آشنا شویم. پویان با اتکاء به تصاویر روشن و ملموسی که از شیوه‌های دیکتاتوری برای ایجاد فضای «وحشت و خفقان» جهت مهار و کنترل این وضعیت معیشتی غیرقابل تحمل (طبقات محروم اجتماعی)، ارائه داده بود، به این چرا بمثابه پروبلماتیک جنبش چنین پاسخ میدهد: «چرا؟ علت‌های متعدد آنرا می‌توان در یک چیز خلاصه کرد: زیرا (توده‌ها) نیروی دشمن خود را مطلق و ناتوانی خود را برای رهائی از سلطه دشمن نیز مطلق می‌پندارد. چگونه میتوان با ضعف مطلق در برابر نیروی مطلق در اندیشه رهائی بود؟» (صفحه۳۳)

بدیهی است که ذهنیت گرفتار آمده در چنبره چنین محاسبه‌ای از توازن قوا، نمی‌تواند گرایشی به مسائل سیاسی و مبارزاتی از خود نشان دهد و «حتی گاه تمسخرش نسبت به مباحث سیاسی، به عنوان عکس‌العمل منفی نسبت به ناتوانائی‌اش را سبب میگردد» (صفحه۳۳)، می‌بینیم که چگونه پویان هم مانند مسعود در تحلیل نهائی به این نتیجه می‌رسد که ذهنیت توده‌ها در شرایط «سلطه فاشیستی نمایندگان امپریالیسم» و در نبود امکانات دموکراتیک و زیر بار «انبوه کهنسال ترس و خفت» (مفهومی دبریستی)، حاضر به سازش با وضعیت سخت و غیرقابل تحمل موجود شده است. این ذهنیت (ضعف مطلق– قدرت مطلق) به گونه‌ای که پویان آن را به تصویر می‌کشد، نسبت به استعدادهای خود جهت آگاهی یافتن از منافع و توان تاریخی خود برای تغییر و بهبود شرایط زندگی‌اش، هرروز بیش از روز پیش بیگانه و بی‌اعتناء می‌شود و با پذیرش نوعی قدرگرائی (فاتالیسم)، خود را برای فرار از رنج‌های طاقت‌فرسای زندگی روزمره به دامن فرهنگ مسلط رژیم دیکتاتوری شامل تفریحات کثیف و دیگر فرآورده‌های مبتذل آن می‌اندازد.

کسانی که با ادبیات مارکسیستی آشنائی دارند میدانند که چنین ذهنیتی را در این ادبیات می‌توان مشابه مفهوم «طبقه در خود» تلقی کرد[۹]، که هنوز به استعدادهای بالقوه نهفته در خود، پی نبرده و در حالتی منفعل و بیگانه نسبت به ظرفیت‌های تاریخی خود است. ذهنیتی که پویان به ترسیم آن پرداخته است در حقیقت ذهنیتی است که در زیر شرایط ترور و وحشت، حساسیت خود را به سیاست و فرهنگ مقاومت از دست داده است، نسبت به جهان بیرونی خود بی‌اعتناست و سرنوشت خود را به دست قضا و قدر سپرده است. حال چه باید کرد که چنین ذهنیتی در خود را که در شرایط دیکتاتوری و به علت فقدان امکانات دموکراتیک نمی‌تواند کوچک‌ترین گامی در جهت آشنائی با انرژی و استعدادهای تاریخی نهفته در خود بردارد، به بیرون رفتن از چنین وضعیتی تشویق کرد و زمینه‌ها و امکانات تبدیل چنین ذهنیتی را به ذهنیتی برای خود (طبقه برای خود)، فراهم آورد. عبور از ذهنیت در خود به ذهنیت برای خود، در ادبیات مارکسیستی، در گرو شرکت فعال توده‌های این طبقه درمبارزات اجتماعی- سیاسی و مهمتر از آن در رابطه با محافل روشنفکری می‌باشد. درهم شکستن دیدگاه‌های قدرگرایانه و آشنا شدن توده‌ها با نیروها و استعدادهای خفته در خود برای دخالت در شکل دادن به سرنوشت خود، اساساً در رابطه دیالکتیکی پیوندشان با محافل روشنفکری امکان پذیر است. ما دیدیم که چگونه مسعود این باور مارکسیستی را مطرح ساخت و وظایف محافل روشنفکری را با پیچیده‌تر شدن شرایط مبارزاتی در زیر رژیم‌های دیکتاتوری، در مقایسه با شرایط نیمه‌دموکراتیک روسیه تزاری و چین اوائل قرن بیستم، پراهمیت‌تر دانست.

با چنین پیش‌زمینه‌های ایدئولوژیکی مارکسیستی است که پویان به سراغ پروبلماتیک جنبش یعنی چگونگی ایجاد رابطه محافل روشنفکری با این ذهنیت مبتلا به ضعف مطلق- قدرت مطلق میرود. او شیوه‌های رهیافت به این پروبلماتیک و مکانیزم‌های حاکم بر برون رفت از چنین ذهنیتی را اینگونه به تصویر می‌کشد: «رابطه با پرولتاریا، که هدفش کشاندن این طبقه (درخود) به شرکت در مبارزه سیاسی (طبقه برای خود) است، جز از راه تغییر این محاسبه (ضعف مطلق- قدرت مطلق)، جز از طریق خدشه دارکردن این دو مطلق در

ذهن آنان، نمی‌تواند برقرار شود. پس ناگزیر تحت شرایط موجود، شرایطی که در آن هیچگونه امکان دموکراتیکی برای تماس، ایجاد آگاهی سیاسی و سازمان دادن طبقه کارگر وجود ندارد، روشنفکر پرولتاریا باید از طریق قدرت انقلابی، با توده طبقه خویش ارتباط و تماس بگیرد، قدرت انقلابی، بین روشنفکران پرولتری و پرولتاریا، رابطه معنوی برقرار می‌کند، اعمال این قدرت در ادامه خویش به رابطه سازمانی می‌انجامد». (صفحه۳۴)

بنابراین از نظر پویان اعمال قدرت از طریق تاکتیک‌های قهرآمیز، بمثابه ضرورتی مشخص در شرایطی که هیچگونه امکان دموکراتیکی برای تماس با توده ها وجود ندارد، خود را به محافل روشنفکری تحمیل مینماید. در حقیقت تنها از طریق این تاکتیک‌هاست که صدای روشنفکران میتواند جو «خفقان و وحشت» را شکسته و توجه توده‌ها را بسمت خود جلب نماید. مضمون و هدف این تاکتیک، اساساً در خدشه‌دار کردن «ضعف مطلق- قدرت مطلق» در ذهنیت توده‌ها می‌باشد. پیام واقعی نهفته در این تاکتیک‌ها به توده‌ها اینست که امکان به چالش کشیدن این «قدرت مطلق» (رژیم دیکتاتوری و فاشیستی) و خدشه‌دار کردن جو «وحشت و خفقان» از کانال این تاکتیک‌های قهرآمیز وجود دارد و پیشرفت و موفقیت آن در گرو شرکت و حمایت توده‌ها می‌باشد. پویان خدشه‌دار شدن قدرت مطلق رژیم دیکتاتوری را در ذهنیت توده ها بمثابه شروع پروسه‌ای میداند که در طی آن توده‌ها توجه‌شان به منبع این «قدرت انقلابی»، ابتداء به صورت حمایت معنوی و سپس با پای‌گیری و تداوم اعمال این قدرت، تبدیل به حمایت‌هایی فعال و سیاسی میشود و بدین ترتیب در پیوند با جنبش روشنفکران در این پروسه، توده‌ها به امکان خدشه‌پذیر بودن جو «وحشت و خفقان که تجسم قدرت دشمن است» (صفحه۳۵) پی برده و همزمان با آن میل به مبارزه برای نفی وضعیت موجود در آنها شکل می‌گیرد. بدین ترتیب «از توده‌ای درخود» روی‌گردان از سیاست، به «توده‌ای برای خود» با حساسیت‌های سیاسی تبدیل می‌گردد. از نظر پویان اگر اعمال «قدرت انقلابی» می‌تواند توازن «ضعف مطلق- قدرت مطلق» القاء شده از طرف رژیم دیکتاتوری را در ذهنیت توده‌ها درهم بپاشد، بنابراین «طلسم می‌شکند و دشمن جادوگر شکست خورده را

می‌ماند. آنچه شکست اوست، دقیقاً پیروزی برای ایجاد رابطه‌ای هرچه نزدیکتر و مستقیم‌تر با پرولتاریاست که برای تبدیل خود به یک رابطه سازمانی دیگر با مانعی از سوی خود کارگران مواجه نمی‌گردد». (صفحه۳۸)

بدین ترتیب از نظر او، پروبلماتیک جنبش یعنی ایجاد رابطه روشنفکران با توده‌ها به راه حل قطعی خود نزدیک میشود. او در جائی دیگر مضمون «تأثیرات تاکتیک‌های قهرآمیز» را بر ذهنیت درخود توده و چگونگی روند تغییر و تبدیل آن به «ذهنیتی برای خود»، اینگونه توضیح می‌دهد: «(توده) نخست درمی‌یابد که دشمن، ضربه‌پذیر است... از این پس، او به نیروئی می‌اندیشد که راه رهائی‌اش را آغاز کرده است. بیگانگی از پیشاهنگان، جای خود را به حمایتی که در درون او نسبت به آنها پیدا شده، می‌دهد. اکنون این پیشاهنگان انقلابی از او دورند، ولی به هیچ‌وجه با او بیگانه نیستند، او با علاقه به آن‌ها فکر می‌کند ... و آینده خود را با آینده مبارزه این جمع کوچک در ارتباطی مستقیم احساس می‌کند» (ص۳۶). او در ادامه این گفتمان که در حول و حوش چگونگی ایجاد رابطه محافل روشنفکری با توده‌هاست همچون مسعود اعمال قدرت انقلابی این محافل را «تنها انعکاس بخشی از نیروی طبقه کارگر می‌داند، که در روند رو به گسترش خود با کسب حمایت فعال توده‌ها، این انعکاس ناکامل باید جای خود را به انعکاس کامل نیروی او (توده‌ها) بدهد» (صفحه۳۶)، تا امکان تغییر وضعیت موجود و تغییر رژیم دیکتاتوری فراهم آید. در حقیقت این تئوری ناظر بر مکانیزم‌های حاکم بر روند شکل‌گیری رابطه این دو نیروی کوچک (محافل روشنفکری) و نیروی بزرگ (نیروی توده‌ها) می‌باشد که متأثر از تئوری دبریستی است که بر اساس آن دبره، در شرایط دیکتاتوری‌های جدید (جو خفقان و وحشت)، آن را تحت عنوان «موتور کوچک، موتور بزرگ را به حرکت در می‌آورد»، فرموله کرده است. البته لازم به یادآوریست که تز «موتور کوچک- موتور بزرگ» همچون سایر مفاهیم دبریستی که اساس و پایه مشی مسعود- پویان را تشکیل می‌دهند، مورد انتقاد بیژن می‌باشد و یکی از موضوعات حساس و گره‌ای در مناظرات بیژن با هواداران مشی مسعود- پویان، در صفوف فدائیان

خلق می‌باشد که ما در بحث اختلافات بیژن با مسعود- پویان بار دیگر به آن بازخواهیم گشت.

با اندکی تأمل در دو مفهوم «شرایط عینی انقلاب» و مفهوم «حـزب» می‌توان به اهداف و مضمون گسست مسعود و پویان از نیروهای چپ سنتی (حزب توده و گروه‌های مارکسیستی) پی برد. آنچه در برداشت‌های نوین آنها در رابطه با «شرایط عینی انقلاب» و رابطه روشنفکران با توده‌ها (مفهوم حزب)، نسبت به جریانات سنتی چپ مطرح است، اساساً تجدید نظر در رابطه ذهن (وظایف روشنفکران) و عین (وضعیت جنبش‌های خودانگیخته اجتماعی) در رژیم‌های دیکتاتوری متکی به ترور می‌باشد. از منظر پویان- مسعود، عامل ذهنی (در پروسه تحولات سیاسی جامعه) با دگم شدن تعاریف «شرایط عینی انقلاب» و «حزب» در ادبیات سنتی مارکسیستی، عملاً در عوامل عینی انحلال یافته و نقش آن به دنباله‌روی از شرایط موجود (اکونومیستی) کاسته شده است.

در صفحات پیشین دیدیم که از نظر پویان تحت تأثیر تزهای رژی دبره، چگونه پس از کودتای ۲۸ مرداد ۱۳۳۲ و استقرار سلطه فاشیستی نمایندگان امپریالیسم مفهوم شرایط عینی انقلاب و همچنین اشکال تجلی بروز آن دچار تحولی رادیکال میگردد و چگونه ما در چنین رژیم سیاسی‌ای بعلت جو سنگین ترور، دیگر نمی‌توانیم شاهد جنبش‌های خودبخودی گسترده اجتماعی در فرم‌های قانونی و مسالمت‌امیز اقتصادی و سیاسی آن باشیم. پویان همچون مسعود، تحت تأثیر و جاذبه تعریف و تصویر داده شده بوسیله رژی دبره از ذهنیت توده‌ها تحت شرایط سلطه مطلق رژیم‌های وابسته به امپریالیسم در امریکای لاتین قرار دارد. در این تصویر، پرسش توده‌ها در زیر بار «انبوه کهنسال ترس و خفـّت»، نه در مورد ضرورت مبارزه با رژیم و تغییر وضعیت موجود، بلکه عمدتاً در حول و حوش چگونگی پیشبرد مبارزه با رژیم و ارگان‌های سرکوب آن جریان دارد.

در اینجا پویان با اتکاء به چنین مفهوم دبریستی از «شرایط عینی انقلاب» است که در صدد پاسخ‌گویی به این پرسش بر می‌آید.

دقیقاً در این پاسخگویی است که ما با مفهوم بقای محافل روشنفکری و چگونگی شکل‌گیری عامل ذهنی (حزب) در شرایطی که ذهنیت تودها در چنبره

ضعف مطلق- قدرت مطلق گرفتار امده است، آشنا میشویم و شاهد تحولی عمیق هستیم در مفهوم سنتی حزب در ادبیات مارکسیستی.
درست در این لحظه است که مناظرات پویان در خلال رد مفهوم بقاء در ادبیات سنتی چپ از ابعادی عمیقاً ایدئولوژیکی برخوردار گشته و از حوزه صرف معرفتی خارج می‌شود و عامل ذهنی (مفهوم حزب) جهت پیشبرد وظایفش در شرایط تاریخی جدید، تن به تحولی رادیکال نسبت به معنای سنتی‌اش میدهد.
مفهوم حزب در ایدئولوژی‌های سنتی چپ اساساً بر تعریف شرایط عینی انقلاب درشرایط تاریخی روسیه تزاری متکی بوده است و از بنیاد با تعریف دبره از این مفهوم در وضعیت تاریخی جدید و به تبع آن وظایف و اهداف محافل روشنفکری ایران در دهه چهل خوشیدی، متفاوت و بیگانه است. هدف مرکزی انتقادات پویان در رابطه با بی‌اعتبار ساختن تعریف سنتی حزب، در شرایط رژیم «ترور و خفقان»، همان گرایشات ایدئولوژیکی است که در پشت این مفهوم پنهان گشته است و با اتکاء به درکی مکانیکی از روند شکل‌گیری حزب به مشروعیت بخشیدن به رفتار تسلیم‌طلبانه ومنفعلانه خود در برابر وضعیت موجود می پردازد.
پویان سه مفهوم «بقا»، «لحظه مناسب» و «شرایط مطلوب» را که نقشی بنیادین در مشی ایجاد حزب در نیروهای سنتی بویژه حزب توده بازی می‌نمایند، مورد بررسی نقادانه‌ای قرار داده و تلاش میکند که نه تنها ابعاد معرفتی آن را بلکه گرایشات ایدئولوژیکی نهفته در این مفاهیم را برملا سازد.

مسئله تشکیل حزب و مفاهیم سنتی
"بقاء"، "لحظه مناسب" و "شرایط مطلوب"

از نظر پویان مفهوم بقاء گروه‌های روشنفکری در پروسه تشکیل حزب از اهمیتی اولیه و کلیدی برخوردار است. او می‌گوید «این بقاء از این نظر اهمیت دارد که این‌ها اجزاء بالفعل یک کل بالقوه‌اند (حزب)» (صفحه۴۰) و سپس اضافه می‌کند «اما اگر این بقاء، فاقد خصلت رشد یابنده باشد، از پدیدآوردن یک کل منسجم رشد یابنده، عاجز است. هرگونه خط مشی که هدف خود را صرفاً بقاء سازمان و گروه‌های م.ل (مارکسیستی-لنینستی) قرار دهد» (صفحه۴۰)، راهی تسلیم‌طلبانه و در نهایت انحلال‌طلبانه را در پیش خواهد گرفت. بدین ترتیب، برداشت از مفهوم بقاء، به مرکز منازعات ایدئولوژیکی پویان در زمینه تشکیل حزب با نیروهای سنتی چپ تبدیل میگردد. در گفتمان ذکر شده در بالا می‌بینیم که پویان ایجاد حزب را در نهایت در گرو مشی‌ای می بیند که خصلت رشد یابنده گروه‌های روشنفکری را تأمین کند.

ما در صفحات گذشته دیدیم که چگونه در ذهنیت او، مفهوم شرایط عینی انقلاب تحت تأثیر «انقلاب در انقلاب» رژی دبره، معنا و مفهوم سنتی خود را از دست داد و دچار تحولی رادیکال گردید که در نتیجه‌ی آن وظایف و مشی از مضمون تعرضی و قهرآمیز نسبت به ارگان‌های سرکوب و ترور برخوردار گردید. هدف اولیه‌ی این تعرض و قهر شکستن ذهنیت مبتنی بر ضعف مطلق- قدرت مطلق و به تبع آن بازگرداندن حساسیت سیاسی توده‌ها و تحرک بخشیدن به اعتراضات و جنبش‌های آنان بود.

براساس چنین گفتمانی است که پویان پروسه تشکیل حزب، یعنی بقاء رشدیابنده‌ی گروه‌های روشنفکری را منوط به در پیش گرفتن یک مشی تعرضی میداند. او پروسه تشکیل حزب را بر پایه تئوری سنتی بقاء که بر عدم تعرض بنا شده است در شرایط سلطه رژیم مبتنی بر جو «خفقان و وحشت»، غیرممکن و بلحاظ ایدئولوژیکی نوعی کنارآمدن با وضعیت موجود و انحلال‌طلبانه می‌شناسد. حال ببینیم که پویان چگونه از خلال به تصویرکشیدن یک محفل روشنفکری پروسه ایجاد حزب را براساس تئوری سنتی بقاء امری واهی تلقی میکند.

پویان در رابطه با ذهنیت غیر تعرضی حاکم بر محافل روشنفکری ایران که در زمینه‌ی روند شکل‌گیری حزب اساساً تحت تأثیر مشی‌های سنتی حزب توده و گروه‌های هوادار چین بودند می‌نویسد که تعرض نکردن «... بمعنای نفی هرگونه تلاش سازنده برای افزایش امکانات نیروهای انقلابی است. این نظریه مایل است مبارزه را در حد امکانات بسیار حقیری که دشمن قادر به کنترل آن نیست، محدود سازد. یعنی جمع شدن عناصری که هیچگونه کمیت چشمگیری ندارند و در حقیقت به زحمت از تعداد انگشتان دست تجاوز می‌کند .... و سپس اشتغال این عناصر به مطالعه متون مارکسیستی و تاریخی با رعایت پنهان‌کاری، حوزه فعالیت این عناصر در دورترین مرز خویش به تماسهای کاملاً منفعل و پراکنده با مردمی از هر طبقه و قشر زیرسلطه محدود میشود. در چنین فعالیتی، هر عنصر تشکیلاتی به زندگی عادی خود ادامه میدهد و طبیعتاً هیچگونه تغییری برای آن ضرورت ندارد». صفحه۴۱

این تصویر را می‌توان آئینه‌ی تمام‌نمائی از زندگی محافل روشنفکری چپ در دهه ۴۰ خورشیدی دانست. پویان در ادامه می‌نویسد: «با این همه شکی نیست که چنین تجمعی بر پایه تحقق بخشیدن به همان هدف‌هائی تشکیل شده که مقاصد یک گروه فعال انقلابی است، یعنی هموار کردن راه ایجاد حزب کمونیست و دست یافتن به تئوری انقلابی. اما این تجمع تشکیلاتی که می‌کوشد تا به ازای یک موضع منفعل در قبال دشمن، بقای خود را تضمین کند، عملاً مجبور است از روند ایجاد حزب و دستیابی به تئوری انقلابی، درکی مکانیکی داشته باشد». صفحه۴۱

بدین ترتیب، این گروه‌های روشنفکر که بر اساس مشی عدم تعرض (در شرایط «ترور و خفقان») به بقاء خود بمثابه اجزاء یک کل بالقوّه (حزب) میاندیشند، در نهایت برای اجتناب از ضربات مرگبار رژیم به سیاستی منفعلانه و کنار امدن با وضعیت موجود برای بقاء خود روی میأورند و در نتیجه از رشدیابندگی خود که شرط لازم برای فراروئی این کل بالقوه به کل بالفعل (حزب) می باشد، محروم میگردند.

و برای نجات چنین مفهومی از بقاء و مشروعیت بخشیدن به مشی عدم تعرض (بی‌عملی) خود سرانجام متکی به دیدگاه‌های مکانیکی (جبرگرا) می‌گردند. از نظر پویان، این دیدگاه مکانیکی «پیشگوئی می‌کند که حزب طبقه کارگر در «لحظه مناسبی» از وحدت گروه‌های مارکسیستی که توانسته‌اند خود را از ضربات دشمن در امان نگاه دارند، تشکیل خواهد شد. تئوری انقلابی نیز حاصل مطالعاتی است که این گروه‌ها، پیرامون مارکسیسم- لنینیسم و تجربیات انقلابی خلق‌های دیگر و تاریخ میهن خویش انجام داده‌اند و احیاناً تماس منفعل و پراکنده با مردم شرط مکمل آن است.

در این تئوری قرار است جبر تاریخی از طریق عملکرد یک رشته عواملی که برای ما غیرقابل تبیین است، تشکیل حزب را عملی سازد و باز قرار است تا در «شرایط مطلوب» پیشاهنگان پرولتاریا که وحدت یافته‌اند، مبارزه را بر توده تحمیل کنند». (صفحه۴۲-۴۱)

بدین ترتیب، مشی محافل سنتی روشنفکری متکی بر عدم تعرض و به تبع آن بقاء منفعل، سرانجام راهی بجز دستاویز قرار دادن «جبر تاریخ» برای دستیابی به حزب ندارد. مضمون «جبر تاریخ» را در این دیدگاه مکانیکی مؤلفه‌هائی غیر قابل تبیین و رازآلود تشکیل می‌دهند که روند تشکیل حزب را بر اساس دو مفهوم موهوم «شرایط مطلوب» و «لحظه مناسب» میسر می‌سازند. از نظر پویان، «لحظه مناسب» یا «شرایط مطلوب» در این تئوری مکانیکی، مفاهیمی متافیزیکی هستند که بی آنکه چیزی را توضیح دهند به خدمت گرفته شده‌اند تا بر روی ضعف‌های آشکار آن موقتاً پرده کشند، به خدمت گرفته شده‌اند تا بین تلقی و تحلیل انتزاعی این تئوری و واقعیت رابطه‌ای برقرار کنند... این رابطه هرگز واقعی و ارگانیک نخواهد بود». (صفحه۴۲)

ما پیش از این یادآور شدیم که درک مکانیکی محافل روشنفکری از پدیده‌های اجتماعی که مشی ایجاد حزب را بر پایه بقائی منفعل سامان میدهد، نوعی الگوبرداری از مفهوم سنتی «شرایط عینی انقلاب» در ادبیات مارکسیستی است. مفهوم «لحظه مناسب» یا «شرایط مطلوب» در این دیدگاه مکانیکی قاعدتاً باید به ظهور جنبش‌های خودجوش اجتماعی وسیع اشاره داشته باشد که زمینه عینی را جهت شکل‌گیری حزب فراهم میآورند وبه این محافل پراکنده روشنفکری امکان رابطه‌ای زنده و دیالکتیکی با چنین جنبش‌هائی را میدهند.

بنابراین درک مکانیکی و جنبه‌های متافیزیکی این دو مفهوم «لحظه مناسب» و «شرایط مطلوب» را نباید به سوسیال دمکرات‌های روسیه تزاری و یا جریانات مارکسیستی چین نسبت داد، بلکه شکل‌گیری این درک مکانیکی را باید در لحظه تقلید و الگوبرداری از آن تجارب تاریخی جستجو کرد. این دو مفهوم درشرایط دیکتاتوری‌های متمرکز مضمونی قدرگرایانه بخود گرفته، عامل ذهنی را در روندهای جبرگرا و مکانیکی منحل کرده و محافل روشنفکری را به سمت بقائی منفعلانه و مرگ‌زا هدایت میکند.

به بیان دیگر، در درک مکانیکی از تئوری بقاء عامل ذهنی نمی‌تواند نقش و سهمی در ایجاد دو مفهوم فوق‌الذکر بازی نماید و این تنها عوامل عینی هستند

که به گونه‌ای مطلق (همانند روند تحولات طبیعی) در شکل‌گیری این مفاهیم دخیلند.

در این دیدگاه سنتی نسبت به تئوری بقاء شکل‌گیری دو مفهوم کلیدی «لحظه مناسب» و «شرایط مطلوب» درغیاب عامل ذهنی محول به پروسه‌هائی کاملاً خودبخودی و متکی به نیروهایی کاملا موهوم بنام «جبر تاریخی» می‌شوند. در نتیجه، روند ایجاد حزب در مشی‌های سنتی، نه برپایه نفی وضع موجود و متوقف ساختن روند بازتولید ضعف مطلق- قدرت مطلق درذهنیت توده‌ها از طریق کاربست تاکتیک‌های تعرضی، بلکه بر نوعی امید واهی و صبر و انتظاری عبث برای دخالت نیروهای متافیزیکی موهوم و خارج از اختیار انسان استوار است.

دقیقاً در همین جاست که آشتی‌ناپذیری دیدگاه دیالکتیکی فدائیان خلق با دیدگاه مکانیکی (جبرگرایانه) نیروهای سنتی چپ برای حل پروبلماتیک جنبش (عدم ارتباط محافل روشنفکری و توده‌ها) آشکار گشته و از ابعادی کاملاً ایدئولوژیکی برخوردار میشود. همان‌گونه که در گفتمان پویان در باره دو مفهوم «لحظه مناسب» و «شرایط مطلوب» دیدیم از نظر او، این دو مفهوم متکی بر «جبر تاریخی» و پروسه‌های مکانیکی، چیزی نیستند بجز ماسک‌های ایدئولوژیکی در جهت پوشاندن «ترس فلج کننده خود... از دشمن یا امکان‌ناپذیر بودن تجزیه او» (صفحه۴۳) که در نهایت به عدم اراده در به چالش کشیدن «سلطه» رژیم دیکتاتوری جهت تغییر وضعیت موجود منجر میشود.

بدین ترتیب تئوری شناخت در این دیدگاه جبرگرا و مکانیکی، اساساً بر راسیونالیسمی مشاهده‌گر و منفعل نسبت به تحول در روندهای اجتماعی متکی میگردد. در این راسیونالیسم مکانیزم‌های حاکم بر روند تحولات اجتماعی بمانند روند تحولات طبیعی از ضرورت‌هایی عینی پیروی کرده و با دقتی ریاضی قابل سنجش و پیش‌بینی هستند. در این عقل‌گرایی به میراث مانده از چپ سنتی، تحول جنبش‌های اجتماعی به علت اینکه از روندی هدفمند و سلسله مراتبی (هیرارشیک) به صورت اقتصادی- سیاسی- نظامی عبور میکند، کاملا از عامل ذهنی مستقل و بیگانه در نظر گرفته می‌شود. به این ترتیب چنین راسیونالیسمی، همانطورکه پویان آن را در نمونه‌ی تئوری بقاء با دقت شایان

توجهی نشان داد، با اتکاء به مفاهیمی کاملا ابژکتیو (لحظه مناسب و شرایط مطلوب) در صدد تعریف سوژه‌ای (عامل ذهنی) است که امکان دستیابی به شناختی کاملا ابژکتیو بر پایه یقین و اطمینانی مطلق را داشته باشد. این سوژه بنا بر تعریف باید از هر گونه سایه روشن‌های دغدغه‌آور وچالش‌برانگیز در روند تحولات اجتماعی به دور نگاه داشته شود. در گفتمان‌های پویان همانگونه که دیدیم این یقین و اطمینان مطلق دقیقاً چیزیست که در پشت انگیزه‌های کاملاً ایدئولوژیکی پنهان گشته است که تلاش در دیگرگون نشان دادن واقعیات اجتماعی دارد. مضمون چنین انگیزه‌هایی در نگاه پویان درنهایت قطع رابطه این سوژه (عامل انسانی) و مفاهیم ایدئولوژیکی با جهان احساسات و عواطف می‌باشد. زیرا راسیونالیسمی که برآمده از شرکت فعال عواطف و احساساتی باشد، که در برخورد مستقیم با زندگی روزمره و تضادهای زنده اجتماعی نهفته در آن شکل گرفته باشد، برخلاف راسیونالیسم جبرگرا که سوژه را در پوسته سخت یقینی مطلق و توهماتی مرگ‌آور محبوس می‌سازد، تلاش دارد عامل ذهنی را به سرشت مبهم، دغدغه‌آور و چالش‌برانگیز تحول واقعیات اجتماعی متقاعد ساخته و زمینه را برای شرکت و مداخله چالش‌گرانه او در روند شکل‌گیری این تحولات، به مثابه امری ضروری فراهم آورد. بدین‌ترتیب برخلاف ادبیات سنتی چپ، سوژه در ادبیات سیاسی پویان سوژه‌ایست مداخله‌گر، مسئول و چالشگر که در رابطه‌ای ستیزه‌جویانه با وضعیت اجتماعی موجود قرار گرفته و در جهت تغییر آن بر اساس منافع عمومی می‌کوشد.

بنابراین می‌توان گفت که گسست پویان از ایدئولوژی‌های سنتی مارکسیستی، همچون مسعود، تحت تأثیر «انقلاب در انقلاب» رژی دبره میباشد. بهمین دلیل مفاهیم بنیادین مشی او دچار تحولی رادیکال میشوند و براساس چنین تحولی همانگونه که در مورد مسعود دیدیم نقش عامل ذهنی که در ادبیات سنتی مارکسیستی بعلت چیره شدن دیدگاه‌های مکانیکی بفراموشی سپرده شده بود، بار دیگر از دیدگاهی دیالکتیکی و با مضمونی مشخص، بازسازی می‌گردد. و مفهوم حزب، با ورود مداخله‌گرانه عامل ذهنی که متکی بر رابطه‌ای دیالکتیکی و چالشگرانه با عامل عینی (وضعیت جنبش‌های خودانگیخته اجتماعی) است، از

ابعادی مبارزاتی و پراتیکی با دغدغه‌هایی چالشگرانه جهت تغییر وضعیت اجتماعی موجود برخوردار می‌شود.

اما رادیکالیسم پویان نیز با مطلق کردن تاکتیک‌های قهرآمیز که بر پایه «وجود شرایط عینی انقلاب» و ناممکن بودن بکارگیری سایر اشکال مبارزاتی در شرایط «ضعف مطلق تودها- قدرت مطلق رژیم» (که حاصل رژیم دیکتاتوری است) به نوعی اراده‌گرائی افراطی و پربها دادن به عامل ذهنی دچار میشود، که در نهایت مشی او را همچون مشی مسعود در معرض برداشت‌هائی رومانتیکی و ماجراجویانه (آوانتوریستی) قرار می‌دهد.

می‌توان گفت رادیکالیسم پویان تا آنجائیکه به بازسازی و احیاء نقش و سهم عامل ذهنی و ضرورت دخالت آن در پروسه تحولات عینی اجتماعی برمی‌گردد، در گسستش از گرایشات اکونومیستی یا دنباله‌روی از جنبش‌های خودبخودی، موفق است، اما از آنجائی‌که این بازسازی عامل ذهنی در رابطه با باور به وجود شرایط عینی انقلاب صورت میگیرد، این رادیکالیسم را بسمت نادیده گرفتن وزن واقعی عوامل عینی تحول اجتماعی سوق داده، به دخالت و شرکت عامل ذهنی، مضمونی اراده‌گرایانه میدهد. در حقیقت رادیکالیسم پویان- مسعود، در شکستن دیدگاه‌های مکانیکی مبتنی بر جبر تاریخ در زمینه‌های ایجاد حزب و تحولات اجتماعی در ادبیات سنتی مارکسیستی، شایسته تحسین است. اما پویان هم مانند مسعود در دیالکتیک رابطه‌ی عامل ذهنی و عوامل عینی، وزن عامل ذهنی را به نحوی یک سویه و اغراق‌آمیز سنگین می‌کند و از یافتن رابطه‌ای دیالکتیکی و واقع‌بینانه میان عامل ذهنی و عینی باز می‌ماند. اتکاء بیش از حد به فداکاری، شجاعت، جسارت و غیره جهت پیشبرد مشی در ادبیات سیاسی فدائیان خلق، ناشی از چنین عدم تعادل میان عامل ذهنی و عامل عینی می‌باشد.

قبل از ترک مبحث مربوط به مشی مسعود- پویان و ورود به بررسی اختلافات بیژن با این دو در پایه‌ای‌ترین مفاهیم مربوط به مشی، توقف کوتاهی بر مفهوم دوران در اثر مسعود می‌تواند به آشکارتر شدن عمق اختلافات بیژن با مشی مسعود و پویان یاری رساند.

مفهوم "دوران" ازدیدگاه مسعود و بازتاب آن در مشی او

پویان در اثر خود صحبتی از مفهوم دوران به میان نمی‌آورد و مسعود نیز برخلاف بیژن، بصورت مبحثی جداگانه به این مقوله نمی‌پردازد، اما برخی اشارات مسعود به اندازه کافی موضع او را نسبت به مفهوم دوران روشن می‌سازد و ما میتوانیم از خلال رویکرد او به مضمون دوران، بازتاب و تأثیر آن را در شکل‌گیری رادیکالیسم و مشی او مورد بررسی قرار دهیم.

می‌توان گفت که مسعود بطور کلی مضمون دوران را در زمان خود یعنی در دهه‌های چهل و پنجاه، تضادی در مقیاس جهانی می‌داند میان امپریالیسم در حال احتضار و خلق‌های تحت‌ستم که در موقعیتی انقلابی قرار دارند. او در رابطه با این باور خود، توضیحات زیر را می‌دهد: «ما در تاریخ تجربیات انقلاب و نهضت کمونیستی بین‌المللی قرن اخیر (قرن ۲۰)، اساساً با سه نوع مبارزه روبرو هستیم: ایدئولوژیکی، اقتصادی و سیاسی. اگر توالی تاریخ این تجربیات را درنظر

بگیریم، اینک می‌بینیم که چگونه به نحو روزافزونی از نقش مبارزه تئوریک و اقتصادی کاسته شده و مبارزه سیاسی، بیش از پیش بر کل مبارزه انقلابی سیطره یافته است». صفحه۱۰۶

او چند سطر دورتر، گفتمان خود را اینگونه پی می‌گیرد: «از نقطه نظر تئوری ناب، جنبش کمونیستی بین‌المللی که به طور کلی با عمل مستقیم انقلابی روبروست، نه فرصت و نه نیاز آن را دارد که به کار (تئوریک) بپردازد». صفحه۱۰۷ او در رابطه با مبارزات اقتصادی و بی‌اهمیت بودن آن در دوران احتضار امپریالیسم می‌گوید: «این امر نیز نتیجه تفوق روزافزون سیاست بر اقتصاد، نتیجه تسلط دشمن طبقاتی با سرکوب کننده‌ترین وسائل در تحت شرایط اختناق و ترور، نتیجه تسلط جهانی امپریالیستی، و خلاصه نتیجه این امر است که تسلط جهانی امپریالیستی دوران احتضار خود را می‌گذراند. در حقیقت رشد پروسه انقلاب در مقیاس جهانی از یکطرف، مسئله تصرف قدرت سیاسی را، مسئله حاد چگونه باید انقلاب کرد و سلطه امپریالیستی را چگونه می‌توان در هم شکست و خلاصه عمل مستقیم انقلابی را بیش از پیش در دستور روز قرار داده و از طرف دیگر همین پروسه انقلاب در مقیاس جهانی به منزله یک تدارک تئوریک بررسی انقلاب کنونی است». اینک محتوی انقلاب، بیش از پیش روشن است، حال آنچه باید روشن شود فقط از طریق عمل مستقیم انقلابی است که باید روشن شود، اشکال خاصی است که این محتوی در شرایط خاص بخود می‌گیرد». این گفتمان‌های مسعود همانگونه که ملاحظه میشود مواضع او را نسبت به مفهوم دوران، بنحوی روشن توضیح می‌دهد. احتضار سلطه امپریالیسم و رشد پروسه انقلاب در مقیاس جهانی و بدین ترتیب در دستور قرار گرفتن تصرف قدرت سیاسی و عمل انقلابی بمثابه مشخصه‌های تعیین‌کننده دوران معرفی میگردند. بدیهی است که در این شرایط نقش عامل ذهنی و دخالت مستقیم آن در از قوّه به فعل درآوردن این تحول انقلابی، اهمیتی تعیین‌کننده و حیاتی می‌یابد. پروبلماتیک روشنفکران در رابطه با توده‌ها در این دوران، نه در تبیین و توضیح چرائی ضرورت‌های تاریخی این تحول انقلابی

(ضد امپریالیستی)، بلکه در چگونگی این تحول یعنی چگونگی درهم شکستن سلطه امپریالیستی و ارتش به مثابه ستون فقرات آن قرار دارد.

نباید فراموش کرد که هسته مرکزی مناقشات و مناظرات حزب کمونیست چین و شوروی را در سال‌های دهه‌ی ۶۰ میلادی ایده‌ی انقلاب تشکیل می‌داد.

برخلاف گروه یک (جزنی- ظریفی) که موضعی بی‌طرفانه نسبت به این اختلافات در پیش گرفته بود، گروه دو فدائیان خلق (مسعود- پویان)، به رادیکالیسم حزب کمونیست چین در رابطه با ایده انقلاب، که در آن زمان با نام مائو عجین گشته بود، سمپاتی نشان می‌داد و مواضع ایدئولوژیکی حزب کمونیست شوروی را نسبت به احکام مارکسیستی و ایده انقلاب، رویزیونیستی و اپورتونیستی ارزیابی می‌کرد. آنچه در مائوئیسم، توجه و تحسین این گروه را باعث شده بود، دفاع و وفاداری به رادیکالیسم انقلابی و ایده قهر در پروسه انقلاب در اندیشه‌های مائو بود، که به گونه‌ای در هماهنگی با تزهای «انقلاب در انقلاب» اثر رژی دبره قرار داشت.

مجذوبیت مسعود نسبت به اندیشه‌های مائو در گفتمان زیر او که در حول و حوش اختلافات ایدئولوژیکی این دو قطب بزرگ جهانی چپ جریان داشت، بروشنی دیده می‌شود. او پس از اشاره به شکست حزب توده در کودتای ۲۸ مرداد و سلب اعتماد روشنفکران و بی‌اعتباری ایدئولوژی این حزب نزد آنان، می‌گوید: «اگر در همین ایام مرزبندی بین مارکسیسم-لنینیسم از یکطرف، و رویزیونیسم و اپورتونیسم از طرف دیگر، در مقیاس بین‌المللی شکل نگرفته بود، شاید سلب اعتماد از حزب توده در آغاز تا حدودی موجب سلب اعتماد از کمونیسم هم شده بود. اما اینک بنظر میرسد که مقام مارکسیسم- لنینیسم واقعی خالی است و باید پر شود. پس مارکسیسم- لنینیسم انقلابی بمثابه تئوری انقلاب، تنها ملجاء انقلابیون شد. بدین ترتیب، اقبال وسیع و چشمگیر از جانب روشنفکران انقلابی به مارکسیسم- لنینیسم، که حالا با نام و اندیشه‌های رفیق مائو عجین شده است، مشاهده میشود. بدین ترتیب در جریان مبادله و نشر آثار کمونیستی و بخصوص آثار مائو، محافل و گروههای کمونیستی به وجود می‌آمدند. تحت تأثیر تجربیات انقلابی و جنگهای توده‌ای، گرایش (نظری)، به مبارزه مسلحانه

توده‌ای روزبروز بیشتر میشود. در این ضمن تجربیات کوبا هم مورد توجه قرار گرفت». صفحه۵۳

همانگونه که می بینیم، شیفتگی مسعود نسبت به اندیشه‌های مائو(از نظر او) در نجات «ایده انقلاب» و «ایده قهر» در ادبیات مارکسیستی است که بوسیله جناح راست جنبش چپ جهانی و در رأس آن حزب کمونیست شوروی در خطر تجدیدنظر قرار گرفته است. بهمین علت او ایدئولوژی حزب توده را که وابسته به قطب شوروی است، فاقد خصوصیات انقلابی میداند و انتقاداتش به این حزب، بسیار رادیکال و از زاویه طرد آن حزب و نیروهای هوادارش در ایران از جنبش سوسیالیستی صورت می‌گیرد. در حالی‌که انتقادات او در مورد گروه‌ها و سازمان‌های وابسته به قطب چین، از آنجائی که ایدئولوژی آنها برپایه وفاداری و تبلیغ «ایده انقلاب» و ضرورت قهر در پروسه انقلاب قرار دارد، اساساً در جهت جذب این نیروها به مشی فدائیان خلق و اعتماد به آنها بنا شده است.

این برداشت از ماهیت تضاد میان کشورهای سوسیالیستی که به لحاظ تاریخی تنها با کثرت یافتن این کشورها در دوران پس از جنگ جهانی دوم بوجود امده بود، نباید با برداشت مسعود از پدیده انقلاب سوسیالیستی و بطور کلی «انقلاب» بی‌ارتباط باشد. بیژن تضاد میان کشورهای سوسیالیستی را بعلت تاثیرات مهمش در عرصه سیاست جهانی یکی از پنج تضاد اصلی دوران پس از جنگ جهانی دوم به حساب می‌آورد، اگرچه ماهیت و سرشت این تضاد را متفاوت از تضاد میان کشورهای امپریالیستی و یا تضادهای میان امپریالیسم و خلق‌های تحت سلطه می‌داند. اما عدم پذیرش وجود تضاد میان کشورهای سوسیالیستی، مسعود را از یافتن درکی درست و واقع‌بینانه نسبت به مفهوم دوران باز می دارد. بیژن این تضاد بیسابقه و جدید را در دوران پس از جنگ جهانی دوم، اساساً ناشی از کثرت یافتن کشورهای سوسیالیستی میداند که بلحاظ تاریخی با شرایط و امکاناتی متفاوت، در راه استقرار مناسبات و نهادهای سوسیالیستی گام برمی‌دارند.

بهمین علت مشی هر کشوری برای استقرار این مناسبات و نهادهای سوسیالیستی، از خصلتی منحصر بفرد برخوردار است و نمی‌تواند در این سطح از

هماهنگی خودبخودی با مشی سایر کشور قرار گیرد. بنابراین پذیرش این تضاد، بمثابه یکی از تضادهای اصلی و موثر «دوران» پس از جنگ جهانی دوم و موضعی صحیح نسبت به آن، برای اتخاذ یک مشی درست در ایران، از اهمیت زیادی برخوردار می‌گردد.

ما در هنگام بحث در اطراف «مفهوم دوران» از دیدگاه بیژن، به اختلافات او با مسعود بیشتر خواهیم پرداخت و موضع بیژن را نسبت باین تضاد و ماهیت غیر آنتاگونیستی آن، که در صورت برخورد غیردموکراتیک می‌تواند به تضادهائی آنتاگونیستی و سکتاریستی تبدیل شود، بیشتر بازخواهیم نمود.

عدم توجه مسعود به ریشه‌های تاریخی- اجتماعی این تضاد و فرو کاستن این تضاد به اختلافاتی صرفاً ایدئولوژیکی و نادیده گرفتن جنبه‌های استراتژیکی مشی این کشورها، که در درجه اول بازتاب دهنده بلاواسطه و مستقیم منافع و امکانات خاص آنها در جهت ساختمان سوسیالیسم در آن کشورها می‌باشد، گرایش به درک رمانتیکی و مسیحایی از پدیده انقلاب سوسیالیستی و در کلیتی انقلاب را در ذهنیت او باعث شده و او را سرانجام با رویزیونیست خواندن بلوک شوروی به حذف چنین تضادی از ساختار دوران می‌کشاند. استراتژی عمومی دو قطب جهانی چپ یعنی شوروی و چین که بر پایه احکام و ایده‌های جهان‌شمول، بر اساس دفاع از منافع پرولتاریا و زحمتکشان شکل گرفته بودند، در واقعیت هیچگاه نمی‌توانستند نسبت به سمت‌گیری‌های زمینی و عینی که حاصل شرایط و امکانات خاص و متفاوت تاریخی آن‌هاست (در لحظه تدوین مشی و منافع استراتژیکی خود) بی‌اعتناء باشند.

پدیده انقلاب (از دیدگاه بیژن) نمی‌تواند در شرایط تاریخی‌ای که جوامع بشری در چارچوب دولت- ملت بسر میبرند، در هیچ کشوری از جمله قطب‌های جهانی چپ مادام که در چنین شرایط تاریخی‌ای محبوسند، استعداد درکی جهان‌شمول از منافع عمومی جنبش‌های چپ و سایر کشورهای سوسیالیستی را فراهم آورد و آنان را به تبعیت و پذیرش استراتژی عمومی خود در سطح بین‌المللی دعوت کند. تنها گرایشات رمانتیکی و مسیحائی از انقلاب میتواند به چنین باوری برسند. اختلافات احزاب کمونیست چین و شوروی در حقیقت ریشه در

ایدئولوژی پدرسالارانه استالین داشت که استراتژی عمومی دولت و حزب شوروی را در عرصه بین‌المللی، جهان‌شمول و حامل منافع عمومی پرولتاریا و زحمتکشان جهان تلقی کرده و آن را بر سایر جنبش‌های چپ و کشورهای سوسیالیستی، تعمیم داده و تحمیل می‌کرد. بنابراین هرگونه خروج از بحران در روابط کشورهای سوسیالیستی و جنبش‌های چپ، در گرو در هم شکستن دیدگاه پدرسالارانه (متکی بر ایدئولوژی قطب‌های جهانی چپ) و برسمیت شناختن ایده منحصر بفرد بودن مشی در هر کشوری است. یا به معنائی دقیق‌تر تنها راه هماهنگی منافع و استراتژی‌های کشورهای سوسیالیستی و جنبش‌های چپ، دموکراتیزه کردن روابط آنان با یکدیگر و جایگزین کردن ساختارهای پدرسالارانه با ساختارهائی باز و دموکراتیک در مناسبات میان کشورهای سوسیالیستی و جنبش‌های چپ می‌باشد. این راه حل، برای برون‌رفت از بحران در روابط کشورهای سوسیالیستی و جنبش‌های چپ، که بیژن در مبحث دوران خود از آن دفاع می‌کند، مستلزم پذیرش این تضاد میان کشورهای سوسیالیستی در دوران پس از جنگ جهانی دوم است. پذیرش این تضاد که بلحاظ مضمون تاریخی خود بطور مشخص در دوران پس از جنگ جهانی دوم شکل گرفته بود، از این نظر اهمیت داشت که مضمون مسیحائی انقلاب سوسیالیستی را در ذهنیت محافل روشنفکری چپ بطور جدی به چالش می‌کشید و امر استقلال احزاب چپ و کشورهای سوسیالیستی را در زمینه اتخاذ مشی به ضرورتی تاریخی تبدیل می‌کرد و تحقق آن را در گرو گسست از ایدئولوژی‌های سنتی پدرسالارانه و تلاش در جهت جذب ایده دموکراسی در ایدئولوژی‌های چپ می‌دانست و بدین ترتیب مفهوم سنتی انترناسیونالیسم پرولتری را، که برپایه دفاع از استراتژی عمومی قطب‌های جهانی در سطح بین‌المللی و بر پایه تبعیت مطلق سایر کشورهای سوسیالیستی و جنبش‌های رهائی‌بخش چپ از آن شکل گرفته بود، به مفهومی با مضمونی دموکراتیک و مبتنی بر استقلال احزاب چپ و کشورهای سوسیالیستی تغییر می‌داد.

هرچند مسعود تبعیت ازاستراتژی عمومی حزب کمونیست چین را که گروه‌های مائوئیستی بمثابه پرنسیپی ایدئولوژیکی می‌پذیرفتند، مورد انتقاد قرار می‌داد، اما

رویکرد مثبت او را به مواضع ایدئولوژیکی حزب کمونیست چین (اندیشه مائو) باید درعدم توجه او به گرایشات پدرسالارانه و سلطه‌جویانه در این مواضع ایدئولوژیکی جستجو کرد و آن را تنها در رابطه با مجذوبیت او نسبت به «ایده انقلاب»، بمثابه پدیده‌ای مسیحایی دید.

مسعود همچون بیژن، لحظه تدوین مشی را همانگونه که گفتیم مستقل از استراتژی عمومی قطب‌های جهانی تلقی میکرد. اما آنچه این دو را در رابطه با مبحث دوران در ادبیات مارکسیستی جدا می‌سازد، اساساً در حول و حوش «مفهوم قطب» و مضمون تضاد میان کشورهای سوسیالیستی می‌باشد که اهمیت آن در گشوده شدن افق دموکراسی در ذهنیت نیروهای چپ می‌باشد که تاثیراتش در شکل دادن به مفاهم بنیادین مشی فدائیان خلق بسیار عمیق است. ما به این تاثیر ایده دموکراسی برمفاهیم مشی در مبحث مربوط به دوران بیژن بازخواهیم گشت و در اینجا به همین اشارات کوتاه بسنده میکنیم.

حال قبل از ورود به اختلافات و انتقادات بیژن نسبت به مشی مسعود- پویان، لازم میدانم مفاهیم کلیدی مورد اختلاف که مشی مسعود- پویان، برپایه آنها شکل گرفته را بازگو نمائیم، تا مضمون و عمق اختلاف این دو جریان فکری و بازتاب آن در مفاهیم تاکتیکی و استراتژیکی فدائیان خلق بنحوی روشن‌تر بیان گردد.

مفاهیمی که در شکل‌گیری مشی مسعود- پویان نقش کلیدی بازی می‌کنند عبارت بودند از «مضمون رفرم ارضی و ماهیت رژیم سیاسی» در ایران، «مفهوم شرایط عینی انقلاب»، «مفهوم حزب» (شرایط ذهنی) و بالاخره «مفهوم دوران» در ادبیات مارکسیستی.

دیدیم که چگونه مفاهیم فوق تحت تأثیر تزهای دبره در «انقلاب در انقلاب»، دچار تحولی رادیکال گشت و در تقابل با معنای آنها در ادبیات سنتی مارکسیستی قرار گرفت. همچنین گفتیم که هدف و مضمون این گسست از جریانات سنتی مارکسیستی (حزب توده ایران)، عمدتاً بر اساس نجات «ایده انقلاب» در ایدئولوژیهای چپ و طرد دیدگاههای مکانیکی مبتنی بر جبر تاریخی و نفی انحلال عامل ذهنی در روندهای خودبخودی عینی میباشد.

بنابراین ما اختلافات بیژن را با مشی مسعود- پویان پیرامون مفاهیم فوق جستجو کرده و به پیش می‌بریم.

دیدگاه‌های بیژن جزنی
انتقادات او به مشی مسعود- پویان

بیژن در آخرین اثر خود «نبرد با دیکتاتوری شاه و ...»، اختلاف خود را با هواداران مشی مسعود- پویان در صفوف فدائیان خلق، که به دو اثر «ضرورت مبارزه مسلحانه و رد تئوری بقاء» و «مبارزه مسلحانه، هم استراتژی و هم تاکتیک» همچون انجیل‌های زمانه خود می‌نگریستند، بنیادین و غیرقابل جمع در یک مشی می‌داند: «اینجا در شناخت شرایط اقتصادی- اجتماعی و سیاسی و در ارائه راه حل (یعنی مشی) برای مسائل مبرم و عمده‌ای که در برابر ما قرار دارد، اختلاف وجود دارد و این اختلاف چیزی بیش از اختلافات تاکتیکی است» و «این اختلاف نمی‌تواند منجر به دو مشی نشود» [۱۰]. (ص۴۷). نباید فراموش کرد که مخاطب او در این انتقادات نه مسعود و پویان، بلکه کسانی هستند که پس از مرگ آنها در سال ۵۰، با دگم ساختن مفاهیم کلیدی مشی آنها، راه هرگونه انتقاد و تحولی را در برداشت از این مفاهیم سد کرده بودند و از درک

ایده مرکزی آنان در لحظه گسستشان از ادبیات سنتی مارکسیستی که در حقیقت چیزی نیست بجز بازسازی روحیه انتقادی جهت درهم شکستن دگماتیسم و بازگرداندن پویائی به این ادبیات، ناتوان بودند. بیژن به نگارنده این جستار به این نکته اشاره‌ای بدینگونه داشت: «در صورت ماندگاری این دو استراتژ بزرگ سازمان، یعنی مسعود و پویان، امکان تجدیدنظر و انتقاد آنان نسبت به مفاهیم کلیدی مشی با توجه به استعداد و صداقتی که در آنان سراغ داریم، بسیار بالا بود» (نقل به معنا). او در ادامه صحبت‌هایش می‌گفت: «عدم توجه به عنصر انتقاد، ما را به دگماتیسم مبتلا می‌سازد و این در رابطه با جنبش نوپای فدائیان خلق حالت نوزادی را تداعی می‌کند که در قنداق است اما انواع بیماری‌های زودرس پیری مثل نزدیک‌بینی و سنگینی شنوائی به سراغش آمده‌اند و راه رشد سالم و شکوفائی جسم و جانش را سد کرده‌اند. مبالغه در نظریات این دو و کامل دانستن نظراتشان، خطائی است بزرگ». (نقل بمعنا)

بنابر این مضمون انتقادات او به هواداران مشی مسعود- پویان اساساً متوجه نجات این نوزاد است که در معرض عوارض زودرس پیری، یعنی دگماتیسم قرار گرفته است و در حال از دست دادن استعدادهای انتقادپذیری و انعطاف‌پذیری خود می‌باشد. او در آخرین اثر خود «نبرد با دیکتاتوری شاه ...»، لحن انتقادیش نسبت به رقبای فکریش در صفوف سازمان چریک‌های فدائی خلق در رابطه با دگماتیزه کردن مفاهیم کلیدی مشی مسعود- پویان، آشتی‌ناپذیرتر میشود و مبارزه با دگماتیسم را بمثابه عاجل‌ترین وظیفه سازمان چریک‌های فدائی خلق معرفی می‌کند. او در این زمینه می‌گوید: «باید با دگماتیسم بدون هراس مبارزه شود و امکان داده نشود که جنبش در این آغاز جوانی خود به «عوارض پیری» دچار شود و به این خاطر است که در حال حاضر مبارزه با اپورتونیسم راست (چپ سنتی)، که در بیرون از جنبش کمین کرده است، از کانال مبارزه با اپورتونیسم چپ درون جنبش انقلابی مسلحانه می‌گذرد.. (صفحه۱۰۴)

حال باید دید که بیژن چگونه این وظیفه عاجل، یعنی مصاف انتقادی خود با این دگماتیسم را سامان می‌دهد و چرا مضمون این دگماتیسم را «چپ روی» ارزیابی می‌کند و در نهایت چه مضمون ایدئولوژیکی برای این چپ‌روی قائل

است که آن را بصورت سد و مانعی در به چالش کشیدن و گسست از ادبیات سنتی چپ (حزب توده) می‌بینند.

رویکرد بیژن نسبت به رفرم ارضی
و
رد «وجود شرایط عینی انقلاب»

بیژن فرماسیون اقتصادی- اجتماعی ایران را همچون مسعود متفاوت و متمایز از فرماسیون‌های کلاسیک می‌دانست و بعلت وابستگی به امپریالیسم، از آن بمثابه یک نیمه فرماسیون یاد میکرد که تضادهای اجتماعی آن در مقایسه با اشکال کلاسیک، از ویژگی‌های خاصی برخوردارند. در عین‌حال در تحلیل و برداشت خود از این نیمه فرماسیون‌ها و ویژگی‌های تضادهای اجتماعی نهفته در آن و همچنین نحوه ارتباط و نقش امپریالیسم در آن، دیدگاه بیژن تفاوتی آشکار را با مسعود نشان میدهد. از نظر او در ایران این نیمه فرماسیون حاصل انقلاب مشروطیت و شکست بورژوازی ملی ایران بود که مطالباتش چیزی همسنگ بورژوازی کلاسیک اروپا ارزیابی می‌شود. مهم‌ترین ویژگی این نیمه فرماسیون وابستگی به امپریالیسم است و وزن سنگین این وابستگی است که تضاد اساسی را در این نیمه فرماسیون، برخلاف فرماسیون‌های کلاسیک بورژوائی که میان طبقه کارگر و بورژوازی می‌باشد، به تضادی «پیچیده و مرکب» تبدیل می‌سازد.

بیژن چگونگی تغییر مضمون اجتماعی- اقتصادی این تضاد «پیچیده و مرکب» را در اثر خود تحت عنوان رفرم ارضی چنین توضیح می‌دهد: «در گذشته (قبل از رفرم ارضی)، تضاد اساسی، تضاد مرکبی بوده است که در یکسوی آن، امپریالیسم، فئودالیسم و بورژوازی کمپرادور قرار داشته و در سوی دیگر، مردم یعنی طبقه کارگر، دهقانان، خرده بورژوازی و بورژوازی ملی. در حال حاضر (پس از رفرم ارضی)، از آن سوی تضاد فئودالها حذف شده‌اند و در این سو، بورژوازی ملی تضعیف شده است». (صفحه ۱۶)

بنابراین از نظر بیژن، «انقلاب سفید» و رفرم ارضی از مضمونی بورژوائی برخوردار است، اما این بورژوازی در آستانه رفرم ارضی، بورژوازی وابسته محسوب می‌شود، که توانائی‌های تاریخی خود را برای رشد و توسعه همه جانبه‌ای که تأمین‌کننده منافع عمومی جامعه باشد، از دست داده است و بالاتر از آن برخلاف بورژوازی ملی، نه تنها حساسیتی نسبت به ایده دموکراسی ندارد بلکه در استقرار مناسبات و نهادهای اجتماعی جدید (پس از رفرم) به دیکتاتوری خشن و ایجاد جو خفقان و وحشت نیاز دارد.

بیژن تحول این نیمه فرماسیون که بر پایه تأمین منافع بورژوازی وابسته به امپریالیسم شکل گرفته است را به یک نظام سرمایه‌داری کلاسیک غیرممکن می‌داند و تدوین هرگونه مشی بر مبنای چنین انتظار و باوری را مردود می‌شمارد.

او به این پرسش که «آیا بورژوازی فعلی ایران (پس از رفرم ارضی) می‌تواند به رشد کلاسیک بورژوازی غرب نائل آید؟» پاسخ منفی می‌دهد و استدلال می‌کند که: «بورژوازی ایران بنا بر ماهیت خود چنین هدفی را در مقابل خود قرار نداده است»[۱۱]. (ص۶). بیژن در ادامه، از «بورژوازی ژاپن» به عنوان آخرین نمونه بورژوازی کلاسیک یاد می‌کند. (ص۱۴)

بدین ترتیب، او «ایدئولوژی انقلاب سفید» را در راستای تحقق ایده‌آل‌های انقلاب مشروطیت ایران نمی‌بیند و دیکتاتوری خشن و لجام گسیخته متکی بر «ایدئولوژی انقلاب سفید» را نه ناشی از بقایای فئودالیسم که در رابطه مستقیم با تأمین منافع بورژوازی وابسته ارزیابی می‌کند و آن را سّدی در مقابل

ایده‌آل‌های مدرن انقلاب مشروطیت به شمار می‌آورد. انتقادات بیژن نسبت به این بورژوازی و ایدئولوژی آن، یعنی ایدئولوژی انقلاب سفید، بسیار تهاجمی است و حساسیت خاص او را نسبت به ساختارهای سیاسی مستبدانه در خود بازتاب می‌دهد. او این بورژوازی را «سخت منحط و بی‌شخصیت» (صفحه۷)، ارزیابی می‌کند که «برای گذراندن مراحل رشد، نیاز به دموکراسی بورژوائی ندارد... دیکتاتوری دستگاه حاکمه و فساد اداری نه تنها مغایر زندگی و فعالیت (این) بورژوازی نیست بلکه برعکس شرایط ایده‌آل ادامه حیات اوست». (صفحه۷) و این شرایط ایده‌آل را وجه تمایز آن با بورژوازی کلاسیک می‌داند.

این بورژوازی (وابسته) برخلاف تعریف کلاسیک بورژوازی، مخالف آزادی و طرفدار پر و پا قرص دیکتاتوری و متکی به امپریالیسم است». (صفحه۸). او خصوصیات اخلاقی و چگونگی انباشت سرمایه و ثروت این طبقه را چنین توصیف میکند: «این طبقه نه از طریق تلاش، کوشش و مبارزه سیاسی بر جامعه حاکم شده، بلکه از طریق دلالی، احتکار، سوء استفاده‌های اداری و دریوزگی در آستانه سرمایه خارجی و دستگاه حاکمه صاحب ثروت و سرمایه و مکنت شده است و نتیجه اینست که بورژوازی ایران بی شخصیت و نالایق است». (صفحه ۸)

بدین ترتیب او در مصاف انتقادی خود با ایدئولوگهای «انقلاب سفید»، که انقلاب سفید را در تداوم انقلاب مشروطیت و ایده‌آل‌های آن می‌دانستند، بورژوازی برآمده از رفرم ارضی را فاقد ظرفیت‌های لازم برای بسط و گسترش دموکراسی و آزادیهای فردی و ایجاد فضای رقابتی ارزیابی میکند و امید بستن به این بورژوازی وابسته را جهت تحقق بخشیدن به ارزش‌ها و ایده‌ال‌های راستین انقلاب مشروطیت ایران، امیدی واهی به حساب می‌آورد. بیژن اپوزیسیون چپ و دموکراتیک ایران را به مبارزه‌ای جدی و رادیکال با دیکتاتوری و دفاع از ارزش‌ها و سنت‌های استقلال‌طلبانه و دموکراتیک انقلاب مشروطیت فرا می‌خواند.

بنابراین بیژن همچون مسعود، حیات بورژوازی وابسته برآمده از رفرم ارضی را برخلاف بورژوازی کلاسیک، وابسته به سلطه‌ای خشن و سرکوبگرانه می‌داند، اما

علیرغم تصویر این چهره خشن و ضد دموکراتیک از ایدئولوژی انقلاب سفید، نتایج و بازتاب رفرم ارضی را برخلاف مسعود و پویان نه در تشدید تضادهای اجتماعی و طبقاتی، بلکه در تخفیف این تضادها ارزیابی می‌کند.

بیژن پدیده رفرم ارضی را پدیده‌ای تاریخی میدانست که از رشد تضاد میان بورژوازی وابسته و فئودالیسم نشأت می‌گرفت. او معتقد است که این تضاد در بحران اقتصادی- سیاسی سال‌های ۳۹ تا ۴۲ توانست در غیاب جنبش‌های وسیع توده‌ای و ضعف اپوزیسیون دموکراتیک ایران، به تضاد عمده و حادی تبدیل شود.

از نظر بیژن، دستگاه حاکمه در برابر این بحران به دو جناح محافظه‌کار (فئودال‌های وابسته به انگلیس) و جناح اصلاح‌طلب (بورژوازی وابسته به آمریکا) تقسیم می‌شود. در تحلیل بیژن از پدیده انقلاب سفید، ضعف شدید جناح محافظه‌کار نسبت به جناح اصلاح‌طلب و نبود جنبش نیرومند توده‌ای، سرانجام به رژیم اجازه داد تا این تضاد تاریخی را از طریق انجام رفرم ارضی از بالا به نفع بورژوازی وابسته به شیوه‌ای مسالمت‌آمیز حل کند و بدین ترتیب نظام ارباب و رعیتی در ایران برای همیشه به خاک سپرده شد.

بنابراین از نظر بیژن، تضاد عمده در آستانه رفرم ارضی، برخلاف استنباط مسعود- پویان، نه تضاد میان خلق و امپریالیسم، بلکه تضاد میان دو جناح فوق‌الذکر در دستگاه حاکمه بود. اصولاً در آثار مسعود و پویان مفهومی بنام «تضاد عمده» در تمایز و تفاوت با «تضاد اساسی» که ناظر بر مناسبات اقتصادی در یک فرماسیون اجتماعی است، به چشم نمی‌خورد. این مفهوم و تعریف آن را ما فقط در آثار بیژن می‌بینیم. او این تضاد را در خطوط زیر تعریف می‌کند: «همواره در میان تضادهای یک جامعه، یک تضاد عمده است. تضاد عمده، تضادیست که به درجه‌ای رشد یافته که دیگر تضادها را تحت‌الشعاع خود قرار داده است. در این جا تحت‌الشعاع قرار گرفتن دیگر تضادها به این معنی است که ادامه رشد و حل و فصل آن تضادها از مجرا و کانال این تضادهای عمده میسر است. باین ترتیب لازم نیست با عمده شدن یک تضاد، دیگر تضادها حل شده و یا از حرکت باز بماند... باین ترتیب می‌بینیم که در برابر

تضاد عمده، دیگر تضادها هرقدر هم ریشه‌دار و اساسی باشند، ناچار تحت‌الشعاع قرار می‌گیرند... این تضاد ممکن است تضاد اساسی سیستم بر جامعه، یکی دیگر از تضادهای اصلی سیستم و حتی از بقایا باشد که در موقعیت معین رشد کرده است. مهم این است که تضاد عمده را تشخیص داده و رابطه تضاد اساسی و دیگر تضادهای اصلی جامعه را با آن درک کنیم»[۱۲]. (صفحه۸-۷-۶).

بنابراین حوزه سیاست و مشی، اساساً تحت تأثیر تضاد عمده (در بحران ۴۲-۳۹ بورژوازی وابسته و فئودالیسم) و درک ارتباط دیالکتیکی این تضاد با تضاد اساسی جامعه (امپریالیسم و خلق) می‌باشد. از دیدگاه بیژن، بدون درک تضاد عمده که پرداختن به آن مهمترین وظیفه رهبری جنبش محسوب می‌گردد، امکان تدوین مفاهیم تاکتیکی و استراتژیکی موثر جهت پیشبرد اهداف دموکراتیک و ضد دیکتاتوری جنبش ناممکن است. عدم توجه مسعود به مفهوم تضاد عمده، مفهوم تضاد اساسی جامعه یعنی تضاد میان امپریالیسم و خلق را در حالتی کلی و انتزاعی قرار میدهد و لحظه تشخیص مشی را مستعد نوعی ساده‌انگاری و نارسائی مینماید.

ما رابطه تضاد عمده و تضاد اساسی را که نقشی تعیین‌کننده در دادن ابعادی مشخص به تضاد اساسی بازی می‌کند، کمی دورتر در مبحث اختلاف بیژن با مسعود- پویان در تحلیل‌شان از حاکمیت سیاسی و فرمول‌بندی این تضاد اساسی مطرح خواهیم ساخت. توضیح این مفهوم را در این‌جا لازم دیدیم تا اختلاف دیدگاه بیژن و مسعود- پویان در آستانه رفرم ارضی در زمینه تضادی که نقش عمده را در تحول تاریخی- اجتماعی «انقلاب سفید» بعهده داشت، روشن شود.

این شیوه نگرش بیژن به تضادی که نقش عمده را در رفرم ارضی بازی می‌کرد، برداشت‌های او را از نتایج اجتماعی- اقتصادی و سیاسی این رفرم به طور کامل و روشن از برداشت‌های مسعود و پویان متمایز می‌کند.

از دیدگاه مسعود، رفرم ارضی و الغاء مناسبات ارباب و رعیتی، علیرغم گسترش مناسبات سرمایه‌داری نتوانست تضادهای اجتماعی را در سطح شهر و روستا تخفیف دهد و تنها بر شدت و حدت آنها افزود و با حذف سیستم فئودالی ماهیت

استثمارگرانه و سرکوبگرانه رژیم را نزد توده‌ها شفاف‌تر ساخت. این برداشت مسعود نمی‌تواند بی‌ارتباط باشد با این که او رژیم را نماینده منافع امپریالیسم تعریف می‌کرد و همچنین تضاد عمده را در آستانه رفرم، تضاد خلق و امپریالیسم می‌دانست. از نظر مسعود چهره رژیم بمثابه مدافع منافع امپریالیسم که در پس پرده سیستم فئودالی تا حدودی قابل پوشش بود با رفرم ارضی و استقرار مناسبات سرمایه‌داری وابسته آشکارتر گردید و با شدت‌گیری استثمار و سرکوب، تضادهای اجتماعی هرچه حادتر شد. بیژن اما تضاد عمده را در آستانه رفرم، تضاد میان بورژوازی وابسته و فئودالیسم میدانست که خود را بصورت بحران سیاسی که ریشه‌های اقتصادیش در «تورم اعتباراتی»[۱۳] بود، نشان می‌داد. او این «بحران اعتباراتی» را ناشی از رشد روزافزون بورژوازی وابسته در سالهای پس از کودتای ۲۸ مرداد ارزیابی میکرد و در این رابطه می‌گوید «سود ناشی از فروش کالاهای خارجی متراکم میشد و راهی برای فعالیت می‌جست. در سالهای ۳۸ و ۳۹، شاهد آغاز صنایع مونتاژ هستیم، ایجاد ساختمان‌های بزرگ مستغلاتی، بورس‌بازی زمین بخشی از این سرمایه را بسوی خود می‌خواند ... .در سالهای آخر این دوره، افزایش سریع استخراج نفت متوقف میشود و کمک‌های خارجی نیز قطع می‌شود. اعتبارات بی‌حساب بانکها که ظرفیت واردات را بالا برده و سرعت گردش معاملات را تشدید کرده بود، به عنوان عامل نهائی، بحران را آشکار ساخت، بحرانی که در قاموس اقتصاد سرمایه‌داری، «تورم اعتباری» نام گرفت». (صفحه۵۱ تاریخ ۳۰ ساله سیاسی). اما برای حل این بحران اقتصادی باید «موانع حقوقی و نارسائی‌های اداری» برداشته می‌شد و باید استخراج منابع، چند برابر افزایش می‌یافت و با استثمار نیروی کار توأم میگشت و بازار مصرف گسترش می‌یافت». -. (صفحه۵۲)

بنابراین برون رفت از این بحران یک رفرم اجتماعی در جهت گسترش مناسبات سرمایه‌داری در ایران را به امری ضروری تبدیل ساخته بود. و همانگونه که در صفحات گذشته دیدیم، رژیم با توجه به ضعف اپوزیسیون دموکراتیک و چپ و نبود جنبش‌های وسیع اجتماعی، توانست این رفرم را از بالا و به نفع بورژوازی وابسته شکل دهد.

بدین ترتیب بیژن امکان حل این تضاد را در قالب «ایدئولوژی انقلاب سفید» و بگونه‌ای مسالمت‌آمیز میسر می‌بیند که مضمون‌اش دفن مناسبات کهن ارباب و رعیتی و استقرار مناسبات سرمایه‌داری (وابسته به امپریالیسم) می‌باشد.

در رابطه با چنین برداشتی از رفرم ارضی است که بیژن نتایج این رفرم را بر خلاف مسعود نه در جهت تشدید روند تضادهای طبقاتی و رادیکالیزه شدن آن، بلکه در مجموع در جهت تخفیف آنها ارزیابی مینماید. در گفتمان زیر بیژن این برداشت خود را چنین روایت میکند: «با رفرم‌های دهه اخیر (دهه ۴۰)، نظام فئودالی-کمپرادور که در آن فئودالیسم سیستم تولید غالب بود، جای خود را به نظام سرمایه‌داری وابسته داد... این نظام که محکوم به وابستگی ابدی به انحصارات امپریالیستی است علیرغم این نقص تاریخی خود باین دلیل که سیستم تکامل یافته‌تری نسبت به سیستم قبلی است، خواه و ناخواه، یکدوره شکوفائی اقتصادی بدنبال آورده است. استقرار روابط تولیدی جدید در عین حال به معنی دادن پاسخ‌های مناسب‌تری به نیازهای اقتصادی- اجتماعی است. معذلک از آنجائی که این سیستم وابسته، نارسائی‌های عمده و انکارناپذیر داشته، صرفنظر از تضاد بورژوازی با فئودالیسم، تضادهای دیگر بنیادین جامعه را حل نکرده است، دوره شکوفائی آن کوتاه بوده ... در این دوره شکوفائی این نظام تازه بدوران رسیده، تضادهای درونی سیستم از همزیستی نسبی برخوردارند»[۱۴]. (ص۲۸)

در رابطه با ماهیت اختلافات بیژن با مسعود- پویان، جان مطلب را باید در این عبارت زیر جستجو کرد: «(رفرم ارضی) خواه و ناخواه یکدوره شکوفائی اقتصادی (هرچند کوتاه)، بدنبال آورده است، بنابراین تضادهای درون سیستم از همزیستی نسبی برخوردارند». بنابراین «وجود شرایط عینی انقلاب» که مفهوم کلیدی در مشی مسعود- پویان را تشکیل می‌دهد به محل اختلاف و انکار او تبدیل می‌شود. انکاری که در برداشت مسعود- پویان بمثابه گناه اولیه‌ای محسوب می‌شود که با خود خطر رشد گرایشات ایدئولوژیکی چپ سنتی (رفرمیستی) را که در این مقطع زمانی (دهه ۶۰ میلادی) به نفی ایده انقلاب در ادبیات مارکسیستی می‌پرداخت، هموار می‌سازد.

از نظر بیژن تأثیر الغاء روابط ارباب و رعیتی در روستاها «دهقانان را از صورت یک طبقه خارج ساخته و قشرهای مختلف دهقانان را که در معرض قطبی شدن‌اند، در معرض استثمار بورژوازی کمپرادور قرار داده است» (بنابراین) «برای اینکه دهقانان، دشمن خود را در بورژوازی و رژیم نماینده آن بشناسند، باید پروسه‌های معینی رشد کند ... این تحولات اموری نیستند که یک شبه تکوین یابند». (صفحه ۳۰)

ما در صفحات پیش دیدیم که مسعود برای دست‌یابی دهقانان به آگاهی بر تضادهای جدید اجتماعی و نهادهای اقتصادی برآمده از رفرم هیچ‌گونه ضرورتی به تجربیات تاریخی مشخص و معین از این نظام جدید را ضروری نمی‌دید. او حتی رفرم را باعث عریان‌تر شدن ماهیت رژیم بمثابه نماینده امپریالیسم و شدت گرفتن هرچه بیشتر استثمار و در نتیجه وخیم‌تر شدن زندگی معیشتی دهقانان و توده‌های شهری ارزیابی می‌کرد. اشاره بیژن به این نکته که دهقانان در شرایط اجتماعی پس از رفرم بعلت اینکه «تضادهای سیستم (جدید) از همزیستی برخوردارند» و این که باید ضرورتاً پروسه‌های معینی (از) رشد (سیستم پس از رفرم) را پشت سر بگذارند تا به ماهیت مناسبات جدید اقتصادی و اجتماعی وقوف و آگاهی یابند؛ بیش از پیش او را در تقابل آشکار با پذیرش «وجود شرایط عینی انقلاب» قرار میدهد، که بنیاد مشی مسعود- پویان را تشکیل میدهد.

برداشت بیژن از تأثیرات رفرم بر مناسبات طبقات اجتماعی در شهرها نیز با برداشت‌های مسعود- پویان کاملاً متمایز است. هرچند بیژن نتایج رفرم و بازتاب آن را در شرایط مادی و ذهنی اقشار و طبقات متنوع اجتماعی در شهرها متفاوت از یکدیگر ارزیابی می‌کند، اما در مجموع مرحله رشد تضادهای اجتماعی را در شهرها همچون روستاها بسیار دور از مرحله تحولی رادیکال و انقلابی می‌داند. تحلیل‌های بیژن از نتایج رفرم ارضی، اساساً متوجه رد «وجود شرایط عینی انقلاب» بمثابه پایه‌ای‌ترین مفهوم در مشی سازمان چریک‌های فدائی خلق می‌باشد که پس از مرگ مسعود و پویان به دگم غیرقابل تغییری در صفوف هواداران مسعود- پویان تبدیل شده بود.

بیژن در رابطه با تأثیرات رفرم بر ساختار طبقه کارگر، تحولات زیر را بلحاظ کیفی-کمی در این طبقه مشاهده می‌کند: «(پس از رفرم) طبقه کارگر از رشد کمی بی‌سابقه‌ای برخوردار شد ... اما برای اینکه تبدیل به نیروی انقلابی گردد نیاز به رشد کیفی دارد». (صفحه۲۹). این رشد کیفی از دیدگاه بیژن «محصول مبارزه طبقاتی و گذار از پروسه‌های سازمان یافته انقلابی است» که همروند با رشد کمی صورت نمی‌گیرد. «رشد سریع کمی این طبقه به معنای بی‌تجربه بودن و ناآگاهی بخش عظیمی از طبقه کارگر است» و «بدون فرهنگ‌پردازی، بدون آگاهی طبقاتی و بدون تجربه مبارزاتی، تعریف پرولتاریا بمثابه انقلابی‌ترین طبقه در جامعه ما ناقص و نارسا است»... اکثریت طبقه کارگر (پس از رفرم) ایران بخصوص آندسته از کارگران که به مقتضای سن خود میبایست فعالترین نقش را بعهده داشته باشند، فاقد حداقل آگاهی سیاسی و طبقاتی‌اند». (ص۲۹)

بیژن نسل جوان طبقه کارگر را پس از رفرم ارضی و «تأثیرات» روابط جدید تولیدی (سرمایه‌داری وابسته) و حالت همزیستی نسبی تضادهای درونی سیستم (جدید) اینطور تصویر می‌کند «امید مبهم به آینده داشتن، مبارزه فردی بخاطر زندگی بهتر، روحیه تسلیم و تحمل در مقابل ستم و استثمار، فقدان روحیه اعتراضی و مبارزه جمعی نمودهائی از این تأثیرات است». (صفحه۲۹)

این تصویر از طبقه کارگر در حقیقت همان تصویری است که در ادبیات مارکسیستی از آن بنام «طبقه درخود» یاد میشود که هنوز به نوعی نسبت به نیرو و ظرفیت نهفته در خود برای تغییر شرایط موجود اجتماعی در جهت ایده‌آل‌های جامعه‌ای دموکراتیک و مستقل، بیگانه است. بنابراین، این طبقه همانند دهقانان هنوز در این مرحله از رشد و همزیستی بین تضادهای اجتماعی پس از رفرم، خصلت‌های سیاسی لازم برای شرکت در مبارزات ضد دیکتاتوری و دموکراتیک آن هم در اشکال رادیکال در جنبش عمومی را دارا نمی‌باشد و در نوعی بیگانگی نسبت به قدرت و سرنوشت سیاسی‌اش بسرمیبرد. از این نگاه، این بیگانگی وعدم تمایل آن‌ها به شرکت فعال درسیاست برخلاف نظر مسعود و پویان صرفاً ناشی ازنتایج سیاست‌های سرکوبگرانه رژیم(ترس مطلق) نمیباشد،

بلکه ناشناخته بودن مناسبات جدید اجتماعی نیز در آن نقش موثری را بازی می‌کند.

بیژن در ادامه تحلیل خود از نتایج و تأثیرات رفرم ارضی بر اقشار و طبقات مختلف اجتماعی، توقفی طولانی بر اقشار متفاوت خرده بورژوازی بلحاظ وزن و اهمیت‌شان در مبارزات ضد دیکتاتوری و دموکراتیک می‌کند و آنان را بلحاظ حساسیت و آمادگی‌شان برای شرکت در این مبارزات، بدین گونه به تصویر می‌کشد: «پس از رفرم ارضی، خرده بورژوازی شهر بدو دسته تقسیم شده است، قشرهائی‌که با استقرار نظام سرمایه‌داری وابسته زوال می‌یابند و قشرهائی که با رشد این نظام رشد می‌یابند» (صفحه۳۰). این قشرهای خرده بورژوازی که در بخش سنتی تولید و توزیع فعال می‌باشند، پس از رفرم ارضی «در معرض از دست دادن موقعیت اجتماعی- اقتصادی خود هستند ... بنابراین عجیب نیست در حالی‌که بورژوازی ملی در حال نابودی دست از مقاومت کشیده است، این اقشار خرده بورژوازی دست به تلاش مرگ و زندگی بزنند. این اقشار علیرغم سپری شدن دوران‌شان در حال حاضر جزء نیروی بالفعل مخالف دستگاه حاکمه هستند.» (صفحه۳۰)

بنابراین بخش سنتی خرده بورژوازی برخلاف دهقانان و کارگران حتی در دوران شکوفائی و همزیستی نسبی تضادهای سیستم، از آمادگی بالائی جهت شرکت در مبارزات سیاسی برخوردار است. بخش مدرن خرده بورژوازی شهر یعنی «قشرهای رشد یابنده خرده بورژوازی که عبارتند از: کارمندان ادارات دولتی، کارمندان بنگاههای خصوصی، نظامیان، صاحبان مشاغل آزاد، روشنفکران...» (اما) «در میان این اقشار، دانشجویان، فارغ‌التحصیلان مدارس عالی و دیگر جوانان روشنفکر، بالفعل‌ترین نیروی جنبش محسوب میشوند». این نیروها طی دهه اخیر بیش از دیگران از خود مبارزه‌جوئی نشان داده‌اند و در آغاز جنبش مسلحانه نقش پیشرو و آغازکننده را در این جنبش بعهده دارند» (صفحه۳۱)

بیژن پس از ارائه چنین تابلوئی از نتایج و تأثیرات اجتماعی - سیاسی رفرم، نسبت به «وجود شرایط عینی انقلاب» بمثابه مفهوم کلیدی مشی مسعود- پویان چنین قضاوت می‌کند: «در مجموع قشرهای خرده بورژوازی در این

شرایط (پس از رفرم)، امکان و موقعیت مناسب‌تری برای اعتراض سیاسی دارند... و نتیجه نهائی این پروسه‌ها اینست که در آغاز جنبش مسلحانه، توده‌ها بحالت اعتراضی و تهاجمی نسبت به دستگاه حاکم نیستند و جنبش‌های وسیع اقتصادی و سیاسی به چشم نمی‌خورد و نیروی بالفعل جنبش عمدتاً از روشنفکران و عناصر آگاه خرده‌بورژوازی تشکیل می‌یابد».- (ص۳۱)

بنابراین با چنین تحلیلی از نتایج رفرم ارضی در رابطه با تحول تضادهای طبقاتی و اجتماعی و استقرار مناسبات سرمایه‌داری در ایران، پایه‌های مشی مسعود- پویان بی‌اعتبار میگردد. ما در صفحات گذشته دیدیم که بکارگیری تاکتیک‌های قهرآمیز در مشی مسعود- پویان در رابطه با مفهوم دبریستی «وجود شرایط عینی انقلاب» مشروعیت خود را بدست آورد. بیژن در رابطه با مفهوم «شرایط عینی انقلاب» به همان تعریف کلاسیک مارکسیستی آن وفادار است و به مطلق ساختن عامل ترس و وحشت و میزان و نقش بازدارنده آن در جنبش‌های اجتماعی که تزی دبریستی است باور ندارد. بیژن رکود و خمودی در جنبش‌های اجتماعی را پس از رفرم ارضی بر خلاف مسعود- پویان، تنها به عامل ترس ناشی از سیاست‌های سرکوبگرانه خشن رژیم نسبت نمی‌دهد و همان‌گونه که در فوق دیدیم، به نقش رشد و شکوفائی اقتصادی پس از رفرم در این روحیه عدم تهاجم توده‌ها توجه دارد. بنابر این اگر از دیدگاه مسعود مشروعیت تاکتیک‌های قهرآمیز در رابطه با «وجود شرایط عینی انقلاب» که در پس سد ضعف مطلق (توده‌ها)- قدرت مطلق (رژیم) محبوس گشته است، بدست می‌آید، پس مشروعیت تاکتیک‌های قهرآمیز بیژن که بر پایه رد شرایط عینی انقلاب و ترس مطلق قرار دارد، از چه منبعی تغذیه می‌کند؟ و این تاکتیک‌ها چه مضمون و اهدافی را بطور مشخص دنبال مینماید و چه اشکالی را بخود می‌گیرند؟

برای پاسخ دادن به این پرسش ها ما با دومین مفهوم کلیدی بیژن در اختلافاتش با مسعود- پویان مواجه هستیم که عبارت است از نگاه او به ساختار قدرت و نحوه رابطه امپریالیسم با سایر عناصر تشکیل دهنده قدرت (در ایران) در لحظه تدوین مشی که او را در تقابل با فرمول‌بندی کلی و انتزاعی مسعود- پویان قرار میدهد. حال ببینیم این فرمول‌بندی‌ها از نظر بیژن، چرا کلی و

انتزاعی و نارساست و چگونه شعارها و مضامین تاکتیکی و استراتژیکی جنبش ضد دیکتاتوری را در معرض نوعی از برداشت‌های آوانتوریستی قرار می‌دهد.

رابطه امپریالیسم با قدرت سیاسی در ایران
دو برداشت متفاوت بیژن و مسعود- پویان

از نظر بیژن پس از رفرم ارضی، قدرت سیاسی در ایران از سه عنصر بهم پیوسته یعنی «دستگاه حاکمه»، امپریالیسم و بورژوازی وابسته تشکیل میشود که در رابطه‌ای تنگاتنگ و دیالکتیکی با یکدیگر قرار دارند. این سه عنصر هرچند منافعی مشترک در برابر جنبش‌های مردمی و اپوزیسیون مترقی و دموکراتیک دارند و بمثابه یک کل جهت حفظ نظام برآمده از رفرم ارضی عمل می کنند، اما ازاستقلال نسبی نیز برخوردار می‌باشند و در تضاد و ستیز با یکدیگر نیز قرار دارند. این تضادهای درون حاکمیت حتی در غیاب جنبش‌های نیرومند اجتماعی که قادرند موجودیت کل نظام را تهدید کنند، می‌توانند به تضاد عمده سیاسی تبدیل شوند، یعنی سایر تضادهای موجود در این نظام را تحت‌الشعاع خود قرار داده و بر شکل‌گیری شعار هدایت‌گر جنبش عمومی تأثیر اولیه داشته باشند. ما در صفحات گذشته با مفهوم تضاد عمده در ادبیات سیاسی بیژن و تعریف آن آشنا شدیم و دیدیم که چگونه تضاد میان جناحهای داخلی رژیم یعنی بورژوازی

متکی به آمریکا و فئودال‌های متکی به انگلیس در آستانه رفرم، در نبود جنبش‌های وسیع توده‌ای، سایر تضادهای اجتماعی (ازجمله تضاد اساسی یعنی تضاد میان خلق و امپریالیسم) را تحت‌الشعاع خود قرار داده و خود را بر جنبش عمومی تحمیل کرد. و بدین ترتیب رژیم را قادر ساخت رفرم ارضی را از بالا وبدون دخالت موثر اپوزیسیون دموکراتیک و ترقی‌خواه ایران به اجرا گذارد. به بیان دیگر میتوان گفت صف‌بندی‌ها و آرایش نیروهای اجتماعی و سیاسی نمیتواند همواره تحت تأثیر تضاد اساسی جامعه (خلق و امپریالیسم) شکل گرفته و شعارهای استراتژیکی خود را در رابطه با این تضاد فرموله نماید. مفهوم «تضاد عمده» در حقیقت نشان دهنده این است که صف‌بندی‌های سیاسی، همواره از تضاد اساسی تبعیت نمیکند. بهمین علت بیژن فرمول‌بندی «تضاد خلق با امپریالیسم»[۱۵] (ص۱۴۳) را مانع رؤیت تضاد عمده در لحظه تدوین مشی و شعارهای استراتژیکی جنبش عمومی دانسته و آن را فرمولبندی‌ای «نارسا» (صفحه۱۴۳) ارزیابی می‌کند. در حقیقت تعریف و بکارگیری مفهوم تضاد عمده امکان غالب آمدن بر این نارسائی را ممکن می‌سازد.

همان‌گونه که دیدیم مسعود و پویان، ماهیت قدرت دولتی را تابع و انعکاس مستقیم تضاد خلق با امپریالیسم می‌دانستند و در فرمول‌بندی‌های خود قدرت سیاسی را نماینده یا مدافع مستقیم منافع امپریالیسم ارزیابی می‌کردند. مضمون انتقاد بیژن به این فرمول‌بندی و «نارسا» خواندن آن دقیقاً در رابطه با چنین فرمول‌بندی‌هائی است که در صفوف فدائیان خلق و جنبش عمومی هواداران فراوانی داشت. بیژن بر اساس نگاهش به قدرت که در فوق به آن اشاره داشتیم برداشت خود را از قدرت دولتی پس از رفرم ارضی و نتایج آن بر حاکمیت و تغییر شیوه‌های اعمال قدرت دیکتاتوری فردی شاه چنین بیان می‌کند:

«دستگاه حاکمه ایران مانند همه دستگاه‌های حاکمه علاوه بر داشتن یک قشر اجتماعی مخصوص خود یعنی عناصر و گروههای عالی دستگاه اداری و نظامی، دارای وابستگی طبقاتی است. اساساً دستگاهی که بر جامعه حکومت می‌کند نمی‌تواند بدون پیوند با طبقات حاکمه به حکومت خود ادامه دهد، همچنان که طبقات حاکمه نیز نمی‌توانند بدون دست داشتن در حکومت و تسلط بر آن،

موقعیت و امتیازات طبقاتی خود را حفظ کنند. تا پیش از اصلاحات اخیر دستگاه حاکمه از طرفی نماینده فئودال‌ها و کمپرادورها بود و از طرف دیگر همکار و کارگزار امپریالیسم. ولی پس از اصلاحات، فئودال‌ها نفوذ خود را به سود بورژوازی از دست دادند و در هر حال قشر عالی بوروکراسی با طبقه بورژوازی پیوند متقابل داشته و هر دو از نظر اقتصادی و سیاسی با امپریالیسم جهانی بستگی دارند. قشر مسلط به دستگاه اداری و نظامی، خود دارای منافع و امتیازات اجتماعی بوده و در غارت ثروت جامعه و استثمار زحمتکشان دخالت دارد. وابستگی به یک عامل خارجی، یعنی قدرت اقتصادی- سیاسی امپریالیسم، به قشرعالی بوروکراسی امکان می‌دهد که در قبال طبقات حاکمه داخلی تسلط خود را حفظ کند و در اتخاذ سیاست‌های اداری و نظامی تابع بعضی از آنها نباشد، تا آن حد که بدون درگیری شدید بسود محافل امپریالیستی و به کمک جناح ضعیف‌تر طبقات حاکمه، فئودالیسم ریشه‌دار ایران را مقهور و منکوب و مضمحل سازد. نادیده گرفتن این خصوصیات دستگاه حاکمه، انتظارات بی‌جائی را در ما ایجاد می‌کند که باعث گمراهی ما خواهد شد ... این اشتباه است که دستگاه حاکمه را صرفاً نوکر جیره‌خوار و گوش به فرمان امپریالیسم بشناسیم. این مجموعه اداری ـ سیاسی ضمن داشتن وابستگی‌های طبقاتی، منافع و مصالحی دارد که آن‌ها را به امپریالیسم وابسته کرده است. میدانیم که دستگاه حاکمه ایران به یک قدرت امپریالیستی وابسته نشده است. امپریالیست‌های آمریکائی و انگلیسی همراه دیگر امپریالیست‌ها در دستگاه حاکمه نفوذ داشته و به سهم خود در ایران منافع و مصالحی دارند. دستگاه حاکمه ثبات و بقای خود را در یک بندبازی ماهرانه بین قدرت‌های امپریالیستی حفظ کرده ... دستگاه حاکمه از اوضاع بین‌المللی و کشمکش و جنبش‌های منطقه‌ای در جهت تحکیم و ثبات خود استفاده می‌کند». (صفحه۸) «آنچه یک انقلابی باید بداند».

اندکی دقت در این نقل قول نسبتاً طولانی نشان میدهد که گفتمان بیژن در حول و حوش مفهوم قدرت در ایران تا چه حدی در جهت رها ساختن این مفهوم از قید و بندهای تعاریف کلی و ساده‌بینانه‌ایست که دستگاه حاکمه را در ایران تابع و منعکس کننده محض منافع امپریالیستی میدانند و به استقلال نسبی

آن توجه نداشته و با اتکاء به فرمول‌بندی «نارسای» خود از تضاد اساسی جامعه یعنی «خلق و امپریالیسم» آن را صرفاً نوکر جیره‌خوار و گوش بفرمان امپریالیسم تلقی می‌نماید. مدل ارائه شده از ساختار قدرت از طرف بیژن این امتیاز را دارد که امکان رخنه و شناخت عمیق‌تری را نسبت به تضادهای درونی رژیم و مکانیزم‌های حاکم بر پروسه تصمیم‌گیری‌ها و اتخاذ مشی فراهم میسازد و ما را در یافتن «تضاد عمده» بمثابه عامل تعیین‌کننده اهداف استراتژیکی و تاکتیکی جنبش عمومی یاری میدهد. در این مدل هرگونه انحلال و جذب دستگاه حاکمه در مفاهیم کلی طبقاتی یا امپریالیستی بمثابه گناه اولیه در رابطه با درک «تضاد عمده» و رابطه دیالکتیکی آن با تضاد اساسی جامعه تلقی می‌گردد. بیژن در «جمع‌بندی مبارزات ۳۰ ساله» در باره اهمیت درک تضاد عمده و تأثیر تعیین‌کننده آن در مشی چنین می‌گوید: «به نظر ما یاد کردن از تضاد خلق با امپریالیسم و متحد داخلی آن بدون توجه به شرایطی که عوامل و نیروهای ضدخلقی دارند، بدون تعیین جنبه عمده عوامل ضدخلقی دردی را دوا نمی‌کند... تعیین نکردن این جنبه تضاد به این می‌ماند که ما دشمن عمده خود را نشناسیم و مانند کوران چماق خود را بر سر هر کسی که در روبرو، در کنار و حتی پشت سرماست فرو آوریم». (صفحه۱۳۹)

بنابراین از دیدگاه بیژن لحظه تدوین مشی تابع تضاد عمده است و نه تضاد اساسی و بدون تشخیص این تضاد، اهداف و جهت‌گیری درست اپوزیسیون ناممکن بنظر می‌رسد. تضاد عمده حکم قطب نمائی را دارد که بدون آن پیمودن راه پر پیچ و خم مبارزات سیاسی و کانال‌های موثر ارتباطی با جنبش‌های اجتماعی و جامعه مدنی با ناکامی توأم می‌گردد.

بیژن بر اساس مدل فوق، تضاد عمده را پس از رفرم ارضی در اولین اثر خود در رابطه با فدائیان خلق اینگونه معرفی می‌کند: «سیاست داخلی دستگاه حاکمه عبارتست از تحکیم و تضمین دیکتاتوری و سلب کلیه حقوق اجتماعی و سیاسی ملت. رژیم سلطنتی مستبد، مناسب‌ترین و قاطع‌ترین نامی است که میتوان روی رژیم فعلی بگذاریم»[۱۶]. (صفحه۹) و در جائی دیگر هسته مرکزی رژیم را

«سلطنت مطلقه» می‌نامد و در آخرین آثار خود رژیم سیاسی ایران پس از رفرم را متکی بر «دیکتاتوری فردی شاه» می‌داند.

او در انتقاد به هواداران مشی مسعود- پویان درصفوف فدائیان خلق که از درک و اهمیت «تضاد عمده» یعنی دیکتاتوی فردی شاه باز مانده و همچنان تدوین مشی متکی به فرمول کلی و انتزاعی «تضاد خلق و امپریالیسم» را دنبال می‌کردند می‌گوید: «ممکن است کسانی این تقسیم‌بندی را کم بها داده، اهمیت آنرا در تعیین یک مشی انقلابی به درستی درک نکنند، حال آنکه به نظر ما این مسئله در خور توجه بسیار است. اهمیت مسئله اینست که دیکتاتوری سلطنتی شرایط ویژه‌ای برای جنبش رهائی‌بخش بوجود می‌آورد» [17] (صفحه۱۳۶).

بنابراین آنچه در اینجا مطرح است درک مشخص از این «شرایط ویژه» جنبش عمومی در لحظه تدوین مشی است که تنها در روشنائی ناشی از تشخیص «تضاد عمده» امکان‌پذیر می‌گردد و به تبع آن امکان تعیین اهداف و مضامین تاکتیکی و استراتژیکی روشن و موثر برای جنبش عمومی فراهم میگردد.

به بیان دیگر بدون تشخیص صحیح «تضاد عمده» چنان در قید و بندهای فرمول‌بندی کلی و انتزاعی «تضاد خلق و امپریالیسم» گرفتار می‌آئیم که امکان رؤیت ویژگی‌های جنبش عمومی که نقشی تعیین کننده در تدوین مشی بعهده دارند را از دست می‌دهیم و همچون کورانی می‌شویم «که چماق خود را بر سر هر کس که در روبرو، کنار و حتی پشت سر ماست فرود می‌آوریم.»

بیژن در آخرین آثار خود ویژگی‌های دیکتاتوری فردی شاه و شرایط خاصی که برای جنبش عمومی بوجود آورده را به تصویر می‌کشد و می‌گوید ماهیت رژیم در این نیمه فرماسیون‌های متکی به امپریالیسم اساساً استبدادیست اما نکته در اینست که این دیکتاتوری‌ها همواره به یک شکل ظاهر نمیشوند. در ایران این دیکتاتوری از بعد از انقلاب مشروطیت اساساً خود را در دو شکل دیکتاتوری اشرافیت و یا دیکتاتوری شخص شاه متجلی ساخته است. «دیکتاتوری اشرافیت این ویژگی را دارد که نمایندگان طبقات و عوامل ارتجاع داخلی و خارجی به صورت رجال سیاسی، نظامی مقتدر همراه با دربار و اغلب با حمایت روحانیان بزرگ، خلق را سرکوب کرده‌اند، در این حال دربار و شخص شاه همه قدرت را

نداشته است. میتوان سالهای اول حکومت رضا خان، دیکتاتوری سال‌های ۲۶-۲۸ و دیکتاتوری ۲۸ مرداد تا ۴۲ را دیکتاتوری اشراف و فئودال کمپرادور نامید. در همه این دوره‌ها امپریالیسم متحد و حامی این رژیم‌ها بوده است. برای دیکتاتوری سلطنتی دهه دوم سلطنت رضا خان و دیکتاتوری شاه از سال ۴۲ تا امروز را می‌توان ذکر کرد». (صفحه۱۳۶)

بنابراین تمایز و ویژگی رژیم پس از رفرم ارضی در تمرکز قدرت در شخص شاه و دربار می‌باشد. بیژن این ویژگی‌های تمرکز قدرت در شخص شاه و بازتاب آن را در موقعیت جنبش عمومی بطور فشرده اینگونه ارزیابی میکند: «۱- فوق تمرکز رژیم. شخص شاه و خانواده سلطنتی قدرت خدائی پیدا می‌کند ... جناح‌ها و عناصر سیاسی و نظامی حاکم حق ارتباط مستقیم با قدرت‌های امپریالیستی را (برخلاف دیکتاتوری اشرافی) از دست می‌دهند یا به عبارت دیگر تعیین حدود و ثغور نفوذ و منافع امپریالیست‌ها و میدان عمل وابستگان آنها زیر کنترل شخص شاه و دربار قرار میگیرد». (صفحه۱۳۶) ۲- خشونت و تشدید دیکتاتوری در رابطه با حفظ کل نظام بورژوازی وابسته صورت نگرفته «بلکه تا آنجائیکه منافع شاه و دارودسته حاکم ایجاب می‌کند و حتی تا آن درجه که کوری، کینه‌توزی و سوء سیاست شاه و نزدیکان و همکارانش باعث گردد، رژیم اعمال خشونت می‌کند». حضور این خشونت لجام گسیخته و غیر ضروری تا آنجا پیش میرود «که در شرایط معینی میتواند در راه حفظ موقعیت خود موقعیت استثمارگران خارجی و ارتجاع داخلی را بخطر اندازد». ۳- این تمرکز قدرت در شخص شاه با توجه به حضور قدرتهای متفاوت امپریالیستی به او امکان مانور و حفظ قدرتش را میدهد. اما قادر نیست منافع و مصالح قشرهای مختلف بورژوازی کمپرادور و امپریالیست‌های مختلف را بنحو یکسان در نظر بگیرد». (صفحه۱۳۷) و «نتیجه آنست که شاه به کشمکش امپریالیست‌ها کشیده میشود و گاه با یکی و گاه با دیگری سرشاخ میشود» و بدین ترتیب «تضادهای داخلی و خارجی سیستم حاکم گرد محور دیکتاتوری مقتدر جریان می‌یابد». (صفحه ۱۳۸)

مفهوم تضاد عمده در ادبیات سیاسی بیژن در حقیقت ناظر بر یافتن محلی است که استعداد متمرکز و متجلی ساختن تمامی تضادها و نا رضائی های درونی و بیرونی حاکمیت را بطور مشخص در خود دارد.

او بارها و بارها در آثار خود به این نکته اشاره دارد که لحظه تشخیص مشی و تعیین شعارهای عمومی جنبش باید ظرفیت بازتاب دادن تمامی تضادهای درون حاکمیت و بیرون از حاکمیت یعنی کل سیستم را داشته باشد. مفهوم تضاد عمده در آثار بیژن ناظر بر این دغدغه اولیه اوست. درحالیکه ذهنییت هواداران مشی مسعود- پویان در صفوف فدائیان با اتکاء صرف به تضاد خلق و امپریالیسم از چنین دغدغه‌ای پیرامون تضادهای درون حاکمیت خالی است و بالطبع از رؤیت این تضادها و جذب‌شان در مفاهیم تاکتیکی- استراتژیکی و تعیین شعارهای موثر و درست برای هدایت جنبش عمومی، باز می‌مانند. تشخیص تضاد عمده در حقیقت یافتن «چشم اسفندیار» روئین تن است که بدون تشخیص آن امکان هدف‌یابی جنبش عمومی رهائی‌بخش غیرممکن بنظر می‌رسد.

بیژن در آخرین تحلیل‌های خود پیرامون درک و شناخت از دیکتاتوری فردی شاه در ابعاد مشخص آن بمثابه تضاد عمده، اهمیت آن را برای جنبش عمومی چنین ارزیابی می‌نماید: «این انحصارطلبی و جاه‌طلبی بی حد و حصر شاه و دار و دسته‌اش، این تجلی تضادهای درونی دستگاه حاکم پیرامون دیکتاتوری، این نارضایتی قشرها و گروه‌ها و جناح‌هائی که نه با سیستم سرمایه‌داری وابسته بلکه با دیکتاتوری فردی شاه برخورد دارند برای ما محتوی جدی و با اهمیتی است، مبارزه با دیکتاتوری شاه عمده‌ترین جنبه جنبش رهائی‌بخش در شرایط دیکتاتوری سلطنتی است». (صفحه ۱۳۸)

بر اساس چنین تشخیصی از اهمیت تعیین‌کننده «دیکتاتوری شاه» در جنبش رهائی بخش در سالهای پس از رفرم ارضی است که او شعار «مرگ بر دیکتاتوری شاه» و حامیان امپریالیست آن را در مقابل شعار «مرگ بر امپریالیسم وسگ‌های زنجیریش» مطرح می‌سازد. بیژن در انتقاد از شعار دوم که در جنبش دموکراتیک عمومی و همچنین در صفوف فدائیان خلق از وزن واعتبار زیادی برخوردار بود، می‌گوید این شعار «نشانه اینست که ما هنوز از مهمترین مسائل

خودمان برداشت اصولی و خلاق که بتواند نیروهای ما را در برابر هدف اصلی بسیج کند، نداریم». (صفحه۱۳۹).

بدین ترتیب می‌بینیم که او در یکی از گره‌ای‌ترین مفاهیم استراتژیکی جنبش عمومی یعنی تشخیص تضاد عمده و به تبع آن تعیین شعار استراتژیک جنبش عمومی با هواداران مشی مسعود- پویان در صفوف فدائیان خلق، در تقابلی جدی قرار می‌گیرد. و دقیقاً در این مقطع از گفتمان‌های تحلیلی برای تعریف و یافتن تضاد عمده پس از رفرم ارضی در رابطه با «دیکتاتوری فردی شاه» و رد «وجود شرایط عینی انقلاب» است که ما به مضمون و معنای کاربست تاکتیک‌های قهرآمیز از دید بیژن پی می‌بریم. او بکارگیری تاکتیک‌های قهرآمیز را برخلاف مسعود- پویان نه در رابطه با «وجود شرایط عینی انقلاب» و با هدف تجزیه ماشین سرکوب نظامی رژیم، بلکه اساساً در مخالفت با دیکتاتوری و با سرشتی تبلیغی (سیاسی) سامان میدهد.

بیژن در رابطه با زمینه‌های شکل‌گیری نظرات خود پیرامون بکارگیری تاکتیک‌های قهرآمیز از دیگر سخنگوی بزرگ انقلاب کوبا یاد می‌کند. او در اواخر پائیز سال ۱۳۵۳ به نگارنده این جستار می‌گفت که «من در زمینه بکارگیری تاکتیک‌های قهرآمیز متأثر از تزهای چه گوارا هستم در حالی‌که مسعود بیشتر تحت تأثیر تزهای رژی دبره قرار داشت». (نقل به معنا)

او در آخرین اثر خود «نبرد با دیکتاتوری شاه» با اتکاه به تزهای چه گوارا بکارگیری تاکتیک‌های قهرآمیز در شرایط دیکتاتوری خشن و مطلق را بدین گونه مستدل می‌سازد و مشروعیت می‌بخشد:

«چه گوارا برای بیان حداقل شرایط برای آغاز مبارزه مسلحانه می‌گوید: «مردم باید به وضوح دریابند که برای رسیدن به هدف‌های اجتماعی خود، بیهوده است که مبارزه را در چارچوب و شکل غیرنظامی آن حفظ کنند. هنگامیکه نیروهای سرکوب به آن مرحله می‌رسند که قدرت خود را با زیر پا گذشتن قانون مورد قبول همه (قانون اساسی) حفظ می‌کنند، دیگر صلح نقض شده است. در این شرایط نارضایتی عمومی خود را در اشکال فعالتری نشان میدهد و بالاخره

مقاومت مردم به صورت مبارزه نظامی متراکم شده و طغیان می‌کند». چنین است نقش دیکتاتوری در ضرورت مبارزه مسلحانه»[۱۸] (صفحه۵۵)

بدین ترتیب ما شاهد آنیم که چگونه بیژن، تاکتیک‌های قهرآمیز را از قید و بندهای «وجود شرایط عینی انقلاب» و مضامین نظامی آن رها ساخته و این تاکتیک ها را با هدفی تبلیغی و با مضمونی ضد دیکتاتوری مطرح میسازد.

مشی بیژن براساس چنین برداشتی از قهر است که در اختلافی بنیادین با مشی مسعود- پویان قرار میگیرد. او در مورد دامنه و اهمیت این اختلاف می‌گوید: «محال است با این دو برداشت بتوان یک مشی داشت و به یکسان عمل کرد، فرم و محتوی مبارزه مسلحانه الزاماً در یکدیگر بافته شده و یک استراتژی و تاکتیک معین بوجود میآورد. هدف‌ها و انتظاراتی که از مبارزه مسلحانه داریم، با این دو برداشت تفاوت فاحش می‌کند... این اختلاف چیزی بیش از اختلاف‌های تاکتیکی است. اینجا در شناخت شرایط اقتصادی-اجتماعی و سیاسی و در ادامه، ارائه راه حل برای مسائل مبرم و عمده ای که در برابر ما قرار دارد، اختلاف وجود دارد. این اختلاف نمیتواند منجر به دو مشی نشود». (صفحه۴۷)

حال باید دید که مشی بیژن وظایف محافل نیروهای روشنفکری نسبت به جنبش های خودانگیخته اجتماعی و نحوه گسترش و ارتباط موثر با آنان را در نبود «شرایط عینی انقلاب» و در شرایط استبداد مطلقه رژیم سلطنتی چگونه می‌بیند و از نگاه او چگونه جنبش‌های خودبخودی اجتماعی که در حالت تهاجمی نسبت به حاکمیت نبوده و در اشکالی مسالمت‌آمیز جریان دارند، به ضرورت ایجاد رابطه‌ای ارگانیک با محافل آگاه روشنفکری پی می‌برند و از طبقه‌ای در خود به طبقه‌ای برای خود، یعنی طبقه‌ای با آگاهی سیاسی تبدیل می‌گردند. ما در مبحث مربوط به مسعود- پویان دیدیم که ذهنیت آن‌ها تحت تأثیر تزهای رژی دبره نسبت به «شرایط عینی انقلاب» دچار تحول گشت و بکارگیری تاکتیک‌های قهرآمیز، بمثابه مبرم‌ترین وظیفه روشنفکران، برای درهم شکستن ضعف مطلق و قدرت مطلق از مشروعیت برخوردار شد و بکارگیری سایر تاکتیک‌های مسالمت‌آمیز و قانونی در شرایط دیکتاتوری متکی بر جو «وحشت و خفقان» غیرممکن و غیرمفید خوانده شد.

حال باید دید در مشی بیژن چگونه این برداشت از وظایف مبرم روشنفکران دچار تحول می‌گردد. ما در بحث تأثیرات رفرم ارضی بر تضادهای اجتماعی گفتیم که از دیدگاه بیژن، در سیستم برآمده از رفرم، این تضادها بسمت نوعی همزیستی نسبی متحول گردیدند. و در ارزیابی او از موقعیت و آمادگی طبقات و اقشار متفاوت اجتماعی دیدیم که او تنها «دانشجویان، فارغ التحصیلان مدارس عالی و دیگر جوانان روشنفکر»[۱۹] (صفحه۳۱) را مستعد پذیرش تاکتیک‌های قهرآمیز می‌دانست و سایر طبقات و گروههای اجتماعی را فاقد چنین پتانسیلی معرفی می‌کرد. او نقش «ترس» را بمثابه عاملی تعیین‌کننده و مطلق در جلوگیری از بروز نارضایتی و اعتراضات اجتماعی که در مشی مسعود- پویان مطرح شده بود مردود می‌دانست و می‌گفت: «... رژیم‌ها هر قدر مستبد باشند نمی‌توانند مانع ظهور این جنبش‌ها شوند» (صفحه۹۷)، نبرد با دیکتاتوری شاه.

همان‌گونه که در بالا آمد بیژن ضرورت بکارگیری تاکتیک‌های قهرآمیز را، با اتکاء به تزهای چه گوارا، در رابطه با دیکتاتوری فردی شاه (رژیم مطلقه سلطنتی) و نه کلیت رژیم (بمثابه نماینده منافع امپریالیسم) و در غیاب شرایط عینی انقلاب می‌دید. به همین دلیل است که بیژن مضمون این تاکتیک‌ها را نه نظامی بلکه دارای ماهیتی کاملا تبلیغی- سیاسی در نظر می‌گیرد. بیژن برخلاف مسعود- پویان میگوید: «ما مارکسیست‌ها که مشی مسلحانه را بمثابه مشی انقلابی در جنبش عمومی خلق می‌شناسیم، در معرض دو برداشت متفاوت از این مبارزه هستیم، یک برداشت میگوید هنگامی که جریان های پیشرو دست به مبارزه مسلحانه میزنند، ضروری نیست که موقعیت انقلابی (وجود شرایط عینی انقلاب) فراهم باشد، پیشاهنگ خود در تسریع و فراهم شدن این شرایط فعالانه شرکت می‌کند. بنابراین آغاز مبارزه مسلحانه به منزله آغاز انقلاب نیست، بلکه محتوی این جنبش مبارزه‌ای است ضد دیکتاتوری فردی شاه. مبارزه مسلحانه ترکیبی است از اشکال مسالمت‌آمیز و نظامی مبارزه که شکل نظامی، نقش عمده و محوری را در آن بعهده دارد. اعمال قهر انقلابی در این مرحله سرشتی تبلیغی دارد». (صفحه۴۵، نبرد با دیکتاتوری شاه)

او بارها و بارها در آثار خود این مرحله از اعمال قهر را بصورت مرحله‌ای تدارکاتی یعنی تسریع‌کننده در بوجود آوردن زمینه‌های عینی تحول رادیکال اجتماعی - سیاسی معرفی و تأکید می‌کند که فدائیان خلق باید در این مرحله (تدارکاتی) به دو هدف درمقابله با رژیم دیکتاتوری دست یابد: «اول متحد ساختن عمده‌ترین نیروهای بالفعل در زیر یک شعار و یک مشی انقلابی (یعنی تثبیت مشی)... دوم بسیج توده‌ها که به معنی به حرکت آوردن مردم در برابر رژیم، زیر یک رهبری انقلابی» است. (صفحه۶۸، نبرد با دیکتاتوری). او این دو هدف را در رابطه ای ناگسستنی و دیالکتیکی می‌بیند. بیژن تثبیت مشی فدائیان خلق و درستی آن را در رابطه با ظرفیت این مشی جهت یافتن کانال‌های موثر ارتباط با توده‌ها و بسیج آنان می‌داند. ما دیدیم که بیژن تضادهای اجتماعی را پس از رفرم ارضی در نوعی از مسالمت نسبی تلقی می‌کرد و برخلاف مسعود و پویان، آمادگی توده‌ها را برای پیوستن به تاکتیک‌های قهرآمیز غیرقابل قبول می‌دانست و براین عقیده بود که «مردم اصولا به شیوه‌هائی مسالمت‌آمیز گرایش دارند» (صفحه ۷۰، نبرد با دیکتاتوری)

بیژن می‌گوید بنابر این یک «شبه تضاد در حالت این دو پدیده (فوق) به چشم می‌خورد». (صفحه۷۱) دیدیم که مشی مسعود- پویان با اتکاء به «وجود شرایط عینی انقلاب» با چنین تضادی مواجه نبود و از بدو حرکت فدائیان خلق راه را جهت بسیج جنبش‌های اجتماعی در قالب تاکتیک‌های قهرآمیز آماده می‌دید.

حال باید دید بیژن چگونه تضاد میان تاکتیک‌های قهرآمیز در سطح روشنفکران و تاکتیک‌های مسالمت‌آمیز در سطح توده‌ها را در شرایط دیکتاتوری حل می‌کند. بعبارت دیگر باید دید تاکتیک‌های قهرآمیز با تاکتیک‌های مسالمت‌آمیز چگونه در مشی بیژن در پیوندی متقابل و دیالکتیکی و در خدمت یکدیگر قرار می‌گیرند و چگونه مشی فدائیان خلق در کلیت خود مشروعیت پیدا می‌کند.

هسته‌های سیاسی صنفی
پای سیاسی فدائیان خلق

ما در نقل قول بیژن از چه گوارا دیدیم که او چگونه به رابطه دیالکتیکی تاکتیک‌های قهرآمیز با تاکتیک‌های مسالمت‌آمیز توده‌ها در شرایط دیکتاتوری نگاه می‌کند و معتقد است که توده‌ها در این شرایط آماده بکارگیری اشکال قهرآمیز نیستند و در عین‌حال نسبت به این‌که بتوانند در چارچوب اشکال مسالمت‌آمیز جنبش عمومی را به ابعاد توده‌ای وسیع برسانند ناامید و بی‌باورند.

این ناامیدی و بی‌باوری نقش مهمی در رکود و خمودگی جنبش‌های اجتماعی و عدم حساسیت توده‌ها به سیاست بازی می‌کند. در این ناامیدی و بی‌باوری توده‌ها، تجربه شکست و عدم پایداری احزاب و گروه‌های سنتی (حزب توده و جبهه ملی دوم) در شرایط دیکتاتوری بویژه پس از رفرم ارضی نیز سهم مهمی را برعهده دارند. این‌همه، نوعی گرایش و استعداد پذیرش قهر را در ذهنیت جامعه فراهم میاورد.

بنابراین از نظر بیژن اعمال قدرت از جانب محافل روشنفکری در صورت گسترش و تداوم میتواند قدرقدرتی رژیم راکه باعث ذهنیت منفعل و خمودگی در سطح جامعه شده است، به چالش کشیده و خدشهدار سازد. طنین این اعمال قدرت (تاکتیکهای قهرآمیز) از چنان ویژگی و شدتی برخورداراست که قادر به عبور از تمامی سدهای دیکتاتوری و انعکاس در افکار عمومی میباشد. بدین ترتیب کاربست تاکتیکهای قهرآمیز از نظر بیژن در روند تداوم خود میتواند باعث ایجاد جوی شود که تودهها را دعوت و تشویق به خروج ازحالت انفعال کرده و به بیدار شدن حساسیت مبارزاتی و سیاسی آنها کمکی موثر نماید و زمینههای عاطفی و معنوی لازم جهت نزدیکی و پیوند این محافل روشنفکری با جنبشهای اجتماعی را فراهم آورد. اما بیژن این جلب توجه تودهها به نیروهای روشنفکری و خروج انها از حالت انفعال را بر خلاف مسعود و پویان هرگز به معنای امکان فعال شدن اعتراضات تودهای در قالبهای قهرآمیز نمیبیند و شاید تمام اختلاف او با مسعود و پویان در آن است که مشی بیژن به تاکتیکهای قهرآمیز بسنده نمیکند و متوجه گشودن جبهه سیاسی در جنبش ضددیکتاتوری بمثابه تنها کانال مؤثر ارتباطی با جنبشهای اجتماعی است.

همانگونه که ملاحظه میکنیم از دیدگاه بیژن (در شرایط دیکتاتوری فردی شاه و عدم وجود شرایط عینی انقلاب و ناامیدی و تسلیمطلبی تودهها در مقابله با رژیم) اعمال قدرت از طرف نیروهای روشنفکری زمینه تضعیف ناامیدی را فراهم میآورد و جنبشهای خودانگیخته اجتماعی را در پیگیری مطالباتشان در قالبهایی مسالمتآمیز فعال میکند و همچنین زمینه و جو مثبتی جهت ایجاد رابطه و اعتماد میان نیروهای روشنفکری و تودهها فراهم میآورد. بنابر این از نظر بیژن تاکتیکهای قهرآمیز بلحاظ مضمونی در مرحله نخست جنبهای تبلیغی و تدارکاتی برای انقلاب دارد و در این مرحله به هیچوجه قادر به ایجاد پیوندی مادی ومستقیم با تودهها در اشکالی قهرآمیز نمیباشد. در این مرحله رابطه موثر و ارگانیک با تودهها اساسا از کانال آن جنبشهای اجتماعی میگذرد که محتوای مطالباتی آنها عمدتا اقتصادی و معیشتی بوده و در چارچوبهای مسالمتآمیز جریان دارد. بنابر این از دیدگاه بیژن فدائیان خلق دراین مرحله

تدارکاتی جهت ارتباطی مؤثر با توده ها باید به سنتزی از تاکتیک‌های قهرآمیز و اشکال مسالمت‌آمیز اعتراضات توده‌ای در مشی خود دست یابند.

از دیدگاه بیژن شرکت و مداخله فدائیان خلق دراین اعتراضات مسالمت‌آمیز توده‌ای بمثابه محل واقعی پیوند با مطالبات معیشتی و روزمره مردم امری ضروری و غیرقابل چشم‌پوشی است. توده‌ها دراستفاده از اشکال مسالمت‌آمیز به تجارب و سنت‌های تاریخی و گذشته خود متکی هستند و جامعه مدنی ایران با این اشکال مبارزاتی عمدتاً از طریق فعالیت‌های صنفی و سندیکائی آشنائی دارد. بنابر این ایجاد هسته‌های صنفی- سیاسی (در گروه‌های متنوع اجتماعی جامعه مدنی) از طرف فدائیان خلق جهت در هم آمیختن با انان و گسترش هرچه بیشتر این اشکال در شرایطی که رژیم درشرایط بحرانی نیست و از ثبات برخوردار است، اهمیتی حیاتی و استراتژیک دارد.

این هسته‌های صنفی- سیاسی بلحاظ وظایف و ساختارهای تشکیلاتی خود، از روندها و قواعد مختص به خود و مغایر با هسته‌های سیاسی- نظامی تبعیت می‌کنند. بیژن وظایف این هسته‌ها را اینگونه بازگو می‌کند: «این گروه‌ها (هسته‌ها) باید بر اساس تدارک جریانهای اعتراضی بوجود آیند و فرم خود را بر اساس این محتوی قرار دهند. گروه‌ها و هسته‌های سیاسی- صنفی در هر مرکز کار جمعی و یا در هر صنفی می‌توانند از عناصر آگاه و مبارز تشکیل شوند، دانشگاه‌ها، مدارس، کارخانه‌ها، اصناف کارمندان مثل فرهنگیان، کارمندان بانکها، اصناف، پیشه‌وران، کسبه صنف‌های کارگری سنتی مثل خیاط، کفاش و غیره، زمینه تشکیل این گروه‌ها و هسته‌هاست» (صفحه۲۳ چگونه مبارزه مسلحانه توده‌ای می‌شود). و در جائی دیگر وظیفه اساسی این هسته‌ها را این‌گونه توضیح می‌دهد که این هسته‌ها نباید «فراموش کنند که علت وجودی آنها ایجاد ارتباط وسیع با مردم است» (صفحه۲۳ همانجا) و بار دیگر در رابطه با این هسته‌ها وظیفه آنان را این چنین گوشزد می‌کند: «نباید شیوه مبارزه با پلیس و اصول کار مخفی را از گروه‌های سیاسی- نظامی تقلید کرده، امکان تماس وسیع با صنف خود را از دست بدهند... و نباید از برخورد با پلیس و لو رفتن احتمالی وحشت داشته باشند» (صفحه۲۳ همانجا). و در یک صفحه دورتر

به نکته‌ای دیگر در زمینه وظایف این هسته‌ها اشاره دارد: «این گروه‌ها برای سازماندهی حرکات عمومی باید از همه امکانات قانونی مثل اتحادیه‌های قلابی و ظاهری دستگاه، مذاکره با مقامات دولتی و مانند آن استفاده کنند».(صفحه۲۴ همانجا)

می‌بینیم که از دیگاه بیژن برخلاف باور مسعود- پویان، علیرغم جو خفقان و وحشت در رژیم مطلقه سلطنتی و محدودیت‌های ناشی از آن، امکان حرکات و اعتراضات توده‌ای هرچند محدود در حول و حوش مطالبات اقتصادی- معیشتی وجود دارد و دخالت و شرکت جهت بسط کمی و کیفی آن بوسیله ایجاد هسته‌های صنفی-سیاسی نیز میسر است. چنانچه دراین گفتمان‌ها دیده میشود، بیژن به تز ترس مطلق (توده‌ها) وقدرت مطلق (رژیم) که مفهومی دبریستی است باور ندارد. باور به این تز، درمشی مسعود- پویان، جایی برای امکان شکل‌گیری این هسته‌های سیاسی- صنفی نمی‌گذارد. از نظر بیژن این هسته‌ها می‌توانند و باید بمثابه حلقه‌های واسط و میانجی میان جامعه مدنی و جنبش ضد دیکتاتوری امکان ارتباطی مؤثر و عاطفی را با اهداف و شعارهای استراتژیکی فدائیان خلق فراهم آورند. او نظر خود را در باره‌ی اهمیت استراتژیکی این هسته‌ها چنین بیان می‌دارد:

«اگر گروه‌ها و جریان‌های متشکل سیاسی- نظامی را در شرایط فعلی جایگزین نقش حزب طبقه کارگر فرض کنیم، جریانات متشکل سیاسی- صنفی، نقش اتحادیه‌های واقعی را در مقابل حزب بازی می‌کنند». (صفحه۱۸ همانجا)

مفهوم هسته‌های سیاسی- صنفی در آثار بیژن بمرور با توجه به تجارب فدائیان خلق، که عدم آمادگی مردم را در بکارگیری تاکتیک‌های قهرآمیز با برجستگی خاصی نشان میداد، اهمیت و وزن بیشتری می‌یافت و با توجه به مناظراتی که حول و حوش آن صورت میگرفت، از غنا، انسجام و اعتبار بیشتری برخوردار می‌شد. بیژن در آخرین اثرش (نبرد بادیکتاتوری شاه) از اهمیت و وزن استراتژیکی اشکال مسالمت‌آمیز و ایجاد هسته‌های سیاسی- صنفی در جنبش ضد دیکتاتوری و دموکراتیک مردم، این چنین یاد می‌کند: «برای یک سازمان، ایجاد شاخه‌های مجزا با وظایف معین ضرورت دارد و برای جنبش ایجاد یک

جناح سیاسی، جناحی که بمثابه پای دوم جنبش مسلحانه خواهد بود. در این صورت جنبش بر دو پا حرکت خواهد کرد و به پیش خواهد رفت. کاربرد تاکتیک‌های سیاسی و اقتصادی در جنبش به مراتب چیزی بیشتر از تبلیغات سیاسی توسط یک واحد سیاسی- نظامی است». (صفحه۳۸-۳۹)

این گفتمان بیژن در حول و حوش اشکال و تاکتیک‌های سیاسی و اقتصادی هنگامی به سازمان ارائه میشود که هواداران مشی مسعود- پویان در صفوف فدائیان خلق با دگم کردن ایده‌های مسعود و پویان همچنان بر تزهای دبریستی آن دو اصرار می‌ورزیدند. و بکارگیری این تاکتیک‌ها و ایجاد چنین هسته‌هائی را در شرایط دیکتاتوری در آن سال‌ها غیرممکن می‌دیدند و پیشبرد جنبش ضد دیکتاتوری را تنها در رابطه مستقیم و از طریق بکارگیری تاکتیک‌های قهرآمیز امکان‌پذیر می دیدند. این نیروها بکارگیری اشکالی مانند هسته‌های سیاسی- صنفی را متأثر از بقایای ادبیات نیروهای سنتی چپ درذهنیت نیروهای انقلابی می‌دانستند[۲۰]، و سرشت آن‌ها را رفرمیستی و بمثابه رقیبی غیرقابل تحمل برای تاکتیک‌های قهرآمیز تلقی میکردند. دقیقاً در رابطه با چنین برداشتی است که بیژن مخالفت خود را با آنها چنین بیان میکند: «گروه‌های سیاسی- نظامی باید به اشکال سیاسی و اقتصادی مبارزه نه بعنوان رقیب خود، بلکه بمثابه مهمترین زمینه برای نضج جنبش مسلحانه نگریسته و از کوشش در راه گسترش مبارزات عمومی و ایجاد هسته‌های سیاسی- نظامی باز نمانند». (صفحه۲۱ چگونه مبارزه مسلحانه...)

بیژن «رشد کمی و عضوگیری گروههای سیاسی- نظامی (را) عمدتاً از درون جریانهای مبارزاتی سیاسی- صنفی» می‌داند که «اعضای آن از تمایل مبارزاتی و آگاهی سیاسی» (صفحه ۲۱، چگونه مبارزه مسلحانه...) برخوردارند. بنابراین چنانچه این دو تاکتیک در تلفیق دیالکتیکی درستی قرار گیرند، به یار و مددکار و نه به رقیب یکدیگر تبدیل می‌شوند.

بیژن در آخرین اثر خود (نبرد با دیکتاتوری شاه) با اتکاء به تجارب فدائیان خلق به هواداران مشی مسعود- پویان در صفوف سازمان، که بادگم کردن مفهوم دبریستی شرایط عینی انقلاب و تز ضعف مطلق توده‌ها- قدرت مطلق حاکمیت

سیاسی ضرورت بکارگیری اشکال سیاسی و اقتصادی و امکان ایجاد هسته‌های سیاسی-صنفی را نمی‌پذیرفتند، می‌گوید:
«در شرایط فعلی ما منکر هرگونه امکان کار سیاسی و یا حرکت جمعی نیستیم. این امکانات حتی در شرایط دشوارتر نیز کاملاً قطع نمیشود. آنچه مهم است این است که اختناق پلیسی و نظامی، امکان رشد و تکامل به این حرکات را نمی‌دهد... (اما) این اشکال مسالمت‌آمیز مبارزه که مردم با آنها آشنا هستند و در همین مقیاس محدود، توان بکار بستن آن را دارند، باید زیر رهبری پیشاهنگ که در حال حاضر شکل سیاسی- نظامی دارد، قرار بگیرد.» (صفحه۳۹)
بیژن در مورد اهمیت و نقش حیاتی بکارگیری این اشکال و تلفیق آنها با اشکال سیاسی- نظامی در مرحله‌ای که رشد تضادهای درون سیستم بطور مسالمت‌جویانه‌ای جریان دارد، می‌گوید: «این تلفیق اشکال غیر نظامی با شکل نظامی مبارزه به مراتب اهمیتی بیشتر از نقش کمکی دارد و راهی بشمار می‌رود که می‌توان از آن برای پیوند یافتن مادی توده و پیشاهنگ استفاده کرد و به وسیله آن به غیرفعال بودن مردم در این مرحله از جنبش خاتمه داد.» (صفحه۳۹ همانجا). او در بخش پایانی این گفتمان به فدائیان خلق هشدار میدهد، چنانکه به این اشکال سیاسی و اقتصادی مبارزه بی‌اعتناء بمانند و از آن بمثابه رقیبی رفرمیستی یاد کنند «عملاً دچار پدیده آوانگاردیستی شده و خود را به جدائی از توده و شکست محکوم کرده‌اند.» (صفحه۳۹ همانجا). ما در آخرین صفحه نبرد با دیکتاتوری شاه به این گفته او در رابطه با عدم درک هواداران مشی مسعود- پویا ن از مضمون و اهمیت اسراتژیکی این هسته‌ها در توده‌ای ساختن مشی ضد دیکتاتوری فدائیان خلق چنین می‌خوانیم «وقتی ما از یک جریان پیشگام میشنویم که جنبش هم اکنون توده‌ایست و وجود ما (یعنی نیروی پیشرو) به معنی حضور توده‌ها در این مبارزه است، درمی‌یابیم که اصولا تصور روشنی از مبارزه توده‌ای برای این رفقا وجود ندارد و اهمیت مسئله (ایجاد هسته‌های سیاسی- صنفی) هنوز درک نشده است» (صفحه۱۰۴). در حقیقت انتقاد بیژن در اینجا به مفهوم دبریستی شرایط عینی انقلاب است که به تاکتیک‌های قهرآمیز مضمونی مطلقا نظامی داده، و هرگونه خصلت تدارکی-

تبلیغی را از این تاکتیک‌ها برای توده‌ای کردن مبارزه که در روندی طولانی حاصل میشود، گرفته است. البته نقش گرایشات ایدئولوژیکی مائوئیستی را در این زمینه نباید در هواداران مشی مسعود نادیده گرفت. این گرایشات حامل نوعی توده‌زدگی بود و تمایل به حذف فاصله الیت(نیروهای روشنفکری) وتوده‌ها و انحلال الیت در آن‌ها (بالاخص پس از انقلاب فرهنگی در چین) به نحو روشنی در این گرایشات به چشم میخورد. ما در آخرین سطور «نبرد با دیکتاتوری شاه» دغدغه اولیه و وصیت بیژن را به سازمان نوپای فدائیان خلق در رابطه با خطری که آنان را از درون تهدید میکند و رابطه دیالکتیکی آن با اپورتونیسم کهنه‌کار راست(حزب توده)، این‌گونه می‌خوانیم «(باید) با دگماتیسم بدون هراس مبارزه شود و امکان داده نشود که جنبش در این اغاز جوانی خود به «عوارض پیرانه» دچار شود. و به این خاطر است که درحال حاضر مبارزه با اپورتونیسم راست که در بیرون از جنبش کمین کرده است، از کانال مبارزه با اپورتونیسم چپ درون جنبش انقلابی مسلحانه می‌گذرد» (صفحه۱۰۴)

این هشدار و پیش‌بینی بیژن، آیا بگونه‌ای پیش‌بینی ضربات سنگین سالهای ۵۴ و ۵۵ نبود که اوج آن را فدائیان خلق در ۸ تیرماه ۱۳۵۵ با مرگ حمید اشرف و ۱۱ تن از یارانش تجربه کردند؟ آیا سرنوشت تراژیک سازمان چریک‌های فدائی خلق یعنی گرویدن منشعبین «اکثریت» به حزب توده پس از انقلاب بهمن ۵۷، طنین انتقادات او را بگوش ما نمی‌رساند؟

من تلاش خواهم کرد به این پرسش‌ها در جستار دیگری بپردازم که در رابطه است با حمید اشرف و حمید مؤمنی در سالهای شکوفائی فدائیان خلق (سال های ۱۳۵۳ و ۱۳۵۴). حمید اشرف و حمید مؤمنی نقشی مهم در رهبری این سازمان به عهده داشته‌اند. اما در اینجا در رابطه با برداشت این دو در رابطه بامضمون و اهداف این هسته‌های سیاسی- صنفی تنها به نکاتی اشاره می‌کنم تاروشن شود تا چه حد باور نکردنی آن دو از درک گفتمان‌های بیژن در این زمینه (ایجاد پای سیاسی) ناتوان میباشند. برداشت حمید اشرف از مضمون و قوانین و قواعد حاکم بر هسته‌های سیاسی- صنفی و همچنین وظایف انها اساساً تحت تاثیر مضامین شوک‌آور و هیجان برانگیز تاکتیک‌های قهرآمیز شکل

گرفته بود و در پیاده کردن استراتژی بیژن در زمینه ایجاد پای سیاسی جنبش ضد دیکتاتوری فدائیان خلق علیرغم تلاش‌هایش در این زمینه ناکام ماند. و حمید مؤمنی که دراین سال‌ها (۱۳۵۲-۱۳۵۴) بمثابه تئوریسین و گرداننده اصلی نشریه نبرد خلق محسوب میشود از دید گاه بیژن به کلی دور و بیگانه است. فرستادن افرادی از بخش نظامی و مخفی سازمان به کارخانه‌ها جهت کار در میان کارگران، عدم درک او را نسبت به مضمون و وظایف هسته‌های سیاسی– صنفی به روشنی نشان میدهد. نباید فراموش کرد که حمید مؤمنی شدیداً تحت تاثیر ادبیات مائوئیستی و انقلاب فرهنگی چین بود. بنابراین می‌توان گفت که یکی از اهداف فرستادن این افراد از خانه‌های تیمی به محیط‌های کارگری بایستی در رابطه با آشنایی و در هم آمیختن این افراد بازندگی روزمره و روحیات کارگری باشد تا بدین ترتیب ذهنیت و عواطف این افراد مستعد جذب و پذیرش ایدئولوژی کارگری گردد. حمید مؤمنی در ارزیابی خود از وزن و نقش طبقه کارگر در تحولات اجتماعی در ایران پس از رفرم ارضی نگاهی پوزیتیویستی (کمیت‌گرا) داشت و بوجود گرایشات سوسیالیستی در انقلاب ایران بهایی زیاد می‌داد. این نگاه نمی‌تواند بی‌ارتباط با فرستادن این افراد به میان کارگران و وظایف انها در کارخانه‌ها باشد. بدین ترتیب پروبلماتیک مطرح شده از طرف بیژن در رابطه با جنبش ضد دیکتاتوری یعنی شبه تضاد بوجود امده میان اشکال مسالمت‌امیز توده‌ای مبارزه و اشکال قهرآمیز آن توسط نیروهای روشنفکری، ازطرف فدائیان خلق بی‌پاسخ گذاشته می‌شود و پای نظامی فدائیان نیز با مرگ حمید اشرف خسته می‌شود و از رمق می‌افتد. گرویدن بخش اکثریت فدائیان خلق (پس از انقلاب) به حزب توده و ادبیات پدرسالارانه آن و دفاع تمام عیار از مشی این حزب که مبتنی بر تشویق و حمایت از سیاست‌های سرکوبگرانه رژیم ولایت فقیه بود، روایت دیگری است از درستی پیش‌بینی‌های بیژن نسبت به ضرورت ایجاد پای سیاسی از طرف فدائیان خلق در جامعه مدنی درجهت سد کردن خطر و نفوذ ویرانگر اپورتونیسم راست در جنبش‌های دموکراتیک و ضددیکتاتوری درایران. ما ابعاد فاجعه‌بار گرویدن «اکثریت» به

حزب توده را در جستاری دیگر بازگو خواهیم کرد و در اینجا به همین نکات یاداوری شده بسنده می‌کنیم.

اما بیژن نیز همانند مسعود و پویان برای مشروعیت بخشیدن به مشی خود، بخش وسیعی از تلاشهای فکری‌اش در چالش با مفهوم سنتی حزب و عدم تبعیت از قطب‌های جهانی چپ (شوروی و چین) صرف میشود. زیرا همانگونه که گفتیم در ادبیات مارکسیستی، بکارگیری تاکتیک‌های قهرآمیز در رابطه با جنبش‌های وسیع اجتماعی، پس از عبور از مراحل مبارزات اقتصادی و سیاسی و تأمین اتوریته حزب بر این جنبش‌ها یا به بیانی دیگر، وجود شرایط عینی انقلاب میسر است و منظور از حزب در ادبیات حزب توده و گروههای مائوئیستی در حقیقت همان مدلهایی بود که جنبش‌های چپ در انقلاب روسیه تزاری و چین تجربه و تعریف کرده بودند. و این مدل‌ها در ادبیات چپ ایران به صورت اصلی پذیرفته شده و «مفهومی اسطوره‌ای» درآمده بود. بنابر این باید دید که انتقادات بیژن از مفهوم سنتی حزب از چه مفهومی برخوردار است و اختلافات او در این زمینه با مسعود و پویان چه سرشت و ماهیتی دارد.

مفهوم سنتی حزب
سلسله مراتبی دانستن ساختار مبارزات اجتماعی
مشی متکی بر صبر و انتظار

مضمون اساسی انتقادات بیژن همچون مسعود و پویان در فشرده‌ترین تعریف خود چیزی نیست بجز رها ساختن عامل ذهنی از قید و بندهای تعاریف انتزاعی و دگم شده حزب در ادبیات سنتی مارکسیستی متکی بر اتوریته قطب‌های جهانی چپ.

انتقادات بیژن اساساً متوجه درهم شکستن دگم سلسله مراتبی (مبتنی بر هیرارشی) دانستن اشکال اقتصادی و سیاسی و قهرآمیز در ساختار مبارزات اجتماعی است. بیژن براین باور است که در شرایط دیکتاتوری و جو خفقان و وحشت، روند شکل‌گیری جنبش‌های اجتماعی بمثابه یک واقعیت عینی از چنین ساختار سنتی مرحله‌ای تبعیت نمی‌کند. و اگر چنین مدل از پیش تعریف شده‌ای بر فعالیت‌های محافل روشنفکری ناظر شود، عامل ذهنی در وضعیتی منفعل نسبت به شرایط موجود مبارزاتی قرار می‌گیرد و این محافل را در شرایط استبداد مطلقه، به اتخاذ مشی مبتنی بر صبر و انتظار برای رسیدن لحظه موهوم ظهور

جنبش‌های خودبخودی وسیع اجتماعی، تشویق می‌نماید. از نظر بیژن جنبش‌های خودبخودی در چارچوب وجود استبداد مطلقه، انسجام رژیم سلطنتی و در نبود حداقل شرایط دموکراتیک، قادر به بسط و گسترش خود در ابعاد وسیع نیستند. بنابراین هرگونه توسل به چنین مدل از قبل تعیین شده‌ای با اتکاء به تجارب احزاب کمونیست شوروی وچین، هسته مرکزی و جوهر مفهوم حزب را که عبارتست از وظایف مشخص نیروهای روشنفکری نسبت به شرایط عینی موجود، به فراموشی سپرده و آن را به دست روندهائی مکانیکی یا خودانگیخته وامی‌گذارد. بیژن در رد دیدگاه سنتی حزب توده دراین رابطه که او از آن به عنوان دیدگاه اکونومیستی یاد می‌کند، چنین می‌گوید که از نظر حزب توده «مبارزه طبقه کارگر باید مرحله سه گانه مبارزه اقتصادی، سیاسی و نظامی را در هر شرایطی بدون چون وچرا بپیماید». (صفحه۸۵ نبرد با دیکتاتوری شاه). از نظر بیژن بر اساس این دگم حزب توده، روند تحول در جنبش‌های خود انگیخته اجتماعی را بمثابه واقعیت عینی باید به حال خود واگذارد، زیرا تحولات اجتماعی در هر شرایطی بدون چون و چرا یعنی برپایه جبری موهوم، انتزاعی و کلی در روندی از پیش تعیین شده با ساختاری کاملا سلسله مراتبی شده و هدفمند جریان خواهد یافت تا درنهایت شرایط عینی وذهنی انقلاب را فراهم سازد و بدین ترتیب به نیروهای روشنفکری امکان دهد تا وظایف خود را درجهت تشکیل حزب به انجام رسانند. نکته مرکزی دراین انتقادات بیژن به چپ سنتی متوجه احیای نقش عامل ذهنی است که دراین میانه از نظر دور شده و در خلال این برداشت مکانیکی ازشکل‌گیری واقعیات اجتماعی، در ساختارهای جبرگرایانه و متافیزیکی آن تماما تحلیل رفته است. در حقیقت هدف بیژن از درهم شکستن دگم اسطوره حزب که در ایدئولوژی نیروهای سنتی چپ نقش بس مهمی را در کنارآمدن آنان با وضعیت موجود بازی می‌کرد، چیزی نیست بجز وارد آوردن شوکی بیدار کننده و هشدار دهنده به نیروهای چپ که پایه‌های اعتماد و یقین انها به ایدئولوژهای سنتی چپ بر زمینی سست ولغزنده قرار دارند و هرگونه اتکاء به مفاهیم دگم و اسطوره‌ای شده در آن‌ها ما را به انفعال و سازش با وضعیت موجود هدایت خواهد کرد. ایجاد شک و تردید در مفهوم سنتی حزب و بی‌اعتبار

ساختن پایه‌های تئوریکی آن باعث شد که نیروهای چپ از خواب دگماتیستی خود به ناگهان بیدار شوند و زمین را زیر پای خود سست و لرزان احساس نمایند. این بیداری و احساس عدم اعتماد به مفاهیم دگماتیزه شده و اسطوره‌ای چپ، سرانجام این نیروها را به گسستی رادیکال از ایدئولوژی‌های سنتی پدرسالارانه و دیدگاه‌های مکانیکی و جبرگرایانه آن‌ها کشاند. این بلوغ فکری چپ ایران برای اولین بار از زبان بیژن به بیان آمد: «مشارالیه (بیژن) اصولاً با ایسم مخالف بوده و پیروان ایسم را فاقد عقیده می‌داند وخود را همیشه پیرو آن چیزی می‌داند که بنظرش صحیح برسد.» (نقل ازگزارش ساواک از اظهارات او در بازجوئی‌اش به تاریخ ۱۳۳۹-۱۱-۲۲). مضمون این گفتمان عصیانگرانه بیژن چیزی نیست بجز دعوت و تشویق نیروهای چپ به گسست و عدم تبعیت از ایدئولوژی‌های سنتی پدرسالارانه متکی به اتوریته قطب‌های جهانی چپ که در نیروهای چپ ایرانی نفوذی بس عمیق داشت. گسست از اتوریته قطب‌های جهانی چپ در قالب ایسم‌ها پیش شرط شکل‌گیری واقعی مفهوم انسان مدرن یعنی سوژه یا انسان خودمختاری است که خود را پیرو آن چیزی می‌داند که بنظرش صحیح برسد. درحقیقت او اتکاء به چنین مفهومی از انسان را پیش‌شرط ضروری عبور از درک مکانیکی و جبرگرا از پدیده‌های اجتماعی، و بازسازی نقش و دخالت چالش‌گرانه عامل ذهنی یا عامل انسانی در شکل‌گیری واقعیات و مفاهیم اجتماعی میداند. از این دیدگاه دیالکتیکی عامل ذهنی از استقلالی نسبی و هستی‌شناسانه‌ای (انتولوژیکی) نسبت به عامل عینی برخوردار بوده وغیر قابل فروکاستن به آن است. تلاش بیژن برای جذب عامل ذهنی در روند تحولات اجتماعی به مفاهیم ایدئولوژیکی او باری عاطفی و احساسی می‌دهد و آن‌ها را از مضمونی برانگیزاننده و چالش‌گرانه در رابطه با وضعیت موجود اجتماعی برخوردار میسازد. بدین ترتیب پایه‌های شناخت شناسی (اپیستمولوژیکی) مفاهیم ایدئولوژیکی بیژن نسبت به مفاهیم چپ سنتی دچار دگرگونی اساسی میشود.

مضمون این تحول پیش از هر چیز، گسستی است از بینش‌های جبرگرایانه و چرخشی است بسوی پراتیک و عمل (تضاد با وضعیت اجتماعی موجود و تلاش برای تغییر و عبور از آن) که بمثابه جوهر و تعریف سوژه در معنای مدرن آن

میباشد. بنابر این شور، شوق، فداکاری، شجاعت، خلاقیت، تخیل و دیگر خصائل بزرگ انسانی که در بستر پراتیک مبارزات اجتماعی بوجود میآیند به بخش جدائیناپذیری ازمحتوا و وجوه استتیک (عاطفی- احساسی) مفاهیم ایدئولوژیکی بیژن تبدیل میگردند. او مفاهیم ایدئولوژیکی را با وسواس خاصی از مفاهیم تئوریک و علمی متمایز میسازد و در این زمینه در مقاله «درباره روانشناسی» میگوید «...درحالی که مصالح و منافع اقتصادی طبقات اساس حالات و احساسات تودهها است، تودهها نه در یک حالت تعقل و حسابگری بلکه دریک حالت جذبه و شور به انقلاب کشیده میشوند. پیشاهنگ (سوژه یا عامل ذهنی) نیز نه در یک حالت تحقیق علمی و ازمایشگاهی، بلکه در حالیکه اگاهی او به شور و فداکاری تبدیل شده و او را اماده جانبازی ساخته است به سازماندهی و تدارک انقلاب میپردازد.» (صفحه۸ سایت اتحاد کار، جزنی). اما در تلاشهای او جهت جذب ابعاد روانی سوژه یا عامل ذهنی همچون شور و فداکاری، در مفاهیم ایدئولوژیکی فدائیان خلق، عامل ذهنی همواره در پروسه عمل دررابطه دیالکتیکی با عوامل عینی حدود و ثغور خود را بازمیشناسد. رد «وجود شرایط عینی انقلاب» و تکیه یک جانبه برعنصر شور و فداکاری (ارادهگرایی) در روند پراتیک جنبشهای اجتماعی که در مشی مسعود-پویان بچشم میخورد، نشان دهنده درک عمیق بیژن از رابطه دیالکتیکی پیچیده عوامل ذهنی و عینی در تحولات اجتماعی و سیاسی میباشد. درک و پذیرش این که میان تاکتیکهای قهرآمیز محافل روشنفکری و تاکتیکهای مسالمتامیز تودهای در جنبش ضددیکتاتوری یک شبه تضادی (بطورعینی) وجود دارد که حل انها با اتکاء صرف به شور و فداکاری میسر نیست، بیژن را بیش از پیش به خلق مفهوم هستههای سیاسی- صنفی و جذب آن در استراتژی فدائیان خلق متقاعد ساخت.

بدین ترتیب مضمون وظایف وساختار سازمانی فدائیان خلق میباید تن به دگرگونی بنیادین دهد تا بتواند از کانال ایجاد هستههای سیاسی- صنفی به رفع این شبه تضاد پرداخته و در ارتباطی ارگانیک با جنبشهای اجتماعی قرارگیرد. در حقیقت او به اصل تحزب (به لحاظ محتوی و نه فرم تاریخی و مشخص آن)

در ادبیات سیاسی مدرن و مارکسیستی وفادار است و ایجاد و تشکیل حزب را در رابطه با روشنفکران و در شمار وظایف اولیه آنان قلمداد می‌کند و ضرورت ایجاد آن را بمثابه عامل ذهنی جهت دادن آگاهی‌های همه جانبه سیاسی به جنبش‌های خودانگیخته برای کسب قدرت سیاسی امری ضروری به حساب میاورد. در این رابطه بیژن برخلاف مسعود روند تربیتی کادرهای سیاسی فدائیان خلق را از کانال فعالیت آنان در شاخه سیاسی یعنی هسته‌های سیاسی- صنفی میسر می‌داند و فعالین این شاخه را بمثابه عمده‌ترین منبع عضوگیری سازمان چریک‌های فدائی خلق بحساب میاورد. او خانه‌های تیمی را اصولا فاقد ظرفیت‌های لازم برای تربیت کادرهای سیاسی سازمان میدانست. ما تعریف عضو را در اثار او (برخلاف مسعود) با سلاح نمی‌بینیم. درحقیقت درک او از مفهوم و نقش عامل ذهنی درمعنای مدرن و مارکسیستی آن و میزان وزن و سهم آن در روند تحولات اجتماعی بسیار عمیق‌تر از سایر رقبای فکری‌اش میباشد. و این چیزیست که او را از اراده گرائی و دگماتیسم در لحظه تدوین مشی مصون میدارد.

بدین ترتیب می‌بینیم که او چگونه با اتکاء به تزهای چه‌گوارا به وظایف و مسئولیت روشنفکران محتوا و اشکالی مشخص داد و مشی فدائیان خلق را بر پایه چنین وظایفی تدوین نمود و درک و دید سنتی چپ در رابطه با پروسه تشکیل حزب بر مبنای سلسله مراتبی دانستن ساختار اشکال مبارزاتی اجتماعی و منجمد ساختن رابطه این اشکال و مراحل را در هم شکست و همچون مسعود و پویان موفق به نجات هسته مرکزی و جوهر مفهوم حزب از دیدگاههای مکانیکی و دنباله‌روانه از سیر خودبخودی روند جنبش‌های اجتماعی گردید. بدین ترتیب جزنی دیدگاههای سنتی را هم بلحاظ معرفتی و هم بلحاظ ایدئولوژیکی که «بی‌عملی» و کنار آمدن با وضع موجود را توجیه و تشویق می‌کردند آشکار و بی اعتبار ساخت. هرچند بیژن در رد و بی‌اعتبار ساختن دیدگاههای سنتی حزب توده و گروههای هوادار چین با مسعود و پویان در جبهه واحدی قرار دارد و به کاربست تاکتیک‌های قهرآمیز در غیاب شرایط عینی انقلاب و حزب باور دارد، اما همچنان که در مبحث مربوط به مشی دیدیم، نسبت به ارزیابی آن‌ها از

مفهوم شرایط عینی انقلاب و ماهیت قدرت سیاسی و رابطه آن با امپریالیسم در موضع انتقادی قرار گرفته و در لحظه تدوین مشی به رویاروئی تمام عیار با مضامین و اشکال تاکتیکی آنان میرسد. من در اینجا از تکرار آنچه درصفحات پیشین در زمینه این اختلافات و رویاروئی گفتم خودداری می‌کنم و به عرصه‌ی دیگری تحت عنوان مفهوم دوران و بازتاب اختلاف او در این زمینه با مسعود و پویان در مشی می پردازم. این مفهوم بمثابه مفهومی مستقل و ایدئولوژیکی از وزن و اعتباری در خور توجه در ادبیات سنتی چپ، بویژه حزب توده، برخوردار است و بازتابی نیرومند در شکل‌گیری مفاهیم تاکتیکی و استراتژیکی مشی دارد. پرداختن به گفتمان دوران در آخرین بخش از «جمع‌بندی مبارزات سی ساله اخیر ایران» نشان‌دهنده اهمیتی است که این مفهوم در شکل دادن به مشی فدائیان خلق دارد.

اما چنین مبحثی بطور جداگانه در آثار مسعود و پویان یافت نمی‌شود و در اثر مسعود اشاراتی پراکنده به آن را شاهد هستیم. اختلافات بیژن و مسعود در پیرامون چنین مفهومی از نظر نویسنده این جستار از اهمیتی فراوان، چه در زمینه تدوین مشی و چه در زمینه نحوه گسست آن ها از ایدئولوژی‌های چپ سنتی برخوردار است.

تفاوت دیدگاه بیژن و مسعود در مفهوم دوران ایده دموکراسی و قطب‌های جهانی چپ

بیژن بحث در حول و حوش دوران را تحت عنوان «فهرستی از تضادهای جهان و رابطه آن‌ها با یکدیگر» به پیش می‌برد و در این رابطه از پنج تضاد اصلی متمایز و در عین حال در رابطه‌ای دیالکتیکی با یکدیگر نام می‌برد: «۱- تضاد خلقهای تحت سلطه با امپریالیست‌ها، که بصورت جنبش رهائی‌بخش ضدامپریالیست ظاهر میشود.۲- تضاد دولتهای سوسیالیستی با دولتهای سرمایه‌داری، ۳- تضاد اردوی کارگری و متحدان آن با سرمایه‌داری. ۴- تضاد بین امپریالیست‌ها ۵- تضاد بین کشورهای سوسیالیستی». (صفحه۱۸۱ «جمع بندی مبارزات سی ساله...») این تضادها از دیدگاه بیژن، تضادهائیست که پس از جنگ جهانی دوم، مضمون دوران را می‌سازد. او در ادامه این گفتمان خود می‌گوید: «در جهان نیز مانند یک جامعه، همواره یکی از تضادها عمده شده و دیگر تضادها را تحت‌الشعاع خود قرار میدهد، تضادهای دیگر در این موقع از

طریق این تضاد عمده رشد کرده و به حرکت خود ادامه می‌دهند». (صفحه ۱۸۱ همانجا)

بیژن تضاد عمده دوران پس از جنگ جهانی دوم را با اتکاء به تعریف فوق، تضاد خلق‌های تحت سلطه با امپریالیست‌ها میداند که همزمان بوده است با پایان جنگ کره و تثبیت کشورهای سوسیالیستی و رشد و شکوفائی جنبش‌های ضد استعماری، از جمله جنبش ملی کردن نفت ایران. مسعود برخلاف بیژن در زمینه دوران بحث سیستماتیک و جداگانه‌ای ندارد، اما اشارات پراکنده او همگی دال بر توجه او به تضاد خلق‌های جهان با امپریالیسم بمثابه «تضاد عمده» در سطح جهانی است. ما در صفحات پیش دیدیم که او هنگام تحلیل خود از پروسه تسلط امپریالیسم بر جوامع شرق در رابطه با جهان‌شمولی آن به قضاوت زیرین رسید: که سلطه امپریالیستی «تمام تضادهای درونی جامعه ما را تحت‌الشعاع خود قرار می‌دهد، تضادی که در مقیاس جهانی گسترش دارد: تضاد خلق و امپریالیسم.» (صفحه۷۰ مبارزه مسلحانه هم استراتژی هم تاکتیک). بیژن نسبت به چنین فرمولبندی تضاد خلق و امپریالیسم همچنانکه دیدیم، انتقاد داشته و آنرا نارسا می‌خواند و این فرمولبندی را مزاحم درک درست از ماهیت رژیم سیاسی در ایران و عدم تشخیص نقش دستگاه حاکمه و تضاد عمده در جامعه ایران (دیکتاتوری فردی شاه) می‌داند. اما در مجموع می‌توان گفت که در زمینه تشخیص تضاد عمده جهانی در دوران پس از جنگ جهانی دوم، اختلاف فاحشی میان بیژن و مسعود به چشم نمی‌خورد. آنچه آن دو را در زمینه برداشت‌شان در مبحث دوران از یکدیگر جدا و دور میسازد، اساساً به نحوه برداشت آنان از سرشت و طبیعت اختلافات میان کشورهای سوسیالیستی (چین و شوروی) در دهه‌های ۶۰ و ۷۰ میلادی برمی‌گردد که بیژن از آن بمثابه تضادی نوین همروند با شکل‌گیری و کثرت یافتن کشورهای سوسیالیستی در دوران پس از جنگ جهانی دوم یاد می‌کند. بیژن و مسعود هر دو نسبت به این تضاد که خود را در قالب مناظرات و مجادلات ایدئولوژیکی میان دو قدرت بزرگ کمونیستی نشان میداد، حساسیت خاصی ابراز میدارند. نظر به اعتبار و وزن سنگین این دو حزب در جنبش جهانی چپ، اختلاف آن‌ها نیز در مشی نیروهای

چپ بازتاب حائز اهمیتی داشت. تضاد میان چین و شوروی که در اوائل دهه ۶۰ میلادی به رودررویی خصمانه آن‌ها و به انشعاب حزب کمونیست چین از اردوگاه کشورهای سوسیالیستی منجر شد، موضع‌گیری در برابر آن را به امری ضرور تبدیل کرد. می‌دانیم که پس از این انشعاب احزاب چپ و کشورهای سوسیالیستی عمدتاً به دو بلوک حامیان چین و شوروی تقسیم شدند و مواضعی خصمانه و آنتاگونیستی نسبت به یکدیگر پیدا کردند.

مواضع بیژن و مسعود در مورد ماهیت این اختلافات در جنبش جهانی چپ و چگونگی بازتاب آن در مشی، که در رابطه با مفهوم دوران قرار میگیرد، محل دیگریست جهت توقف و تأمل در زمینه اختلافات ایدئولوژیکی آنان بالاخص نسبت به دو مفهوم «انقلاب» و «دموکراسی» در ادبیات سیاسی مارکسیستی.

مسعود در رابطه با اختلافات ایدئولوژیکی این دو حزب بزرگ در جنبش جهانی چپ یعنی چین و شوروی در دهه ۶۰ و ۷۰ میلادی، قضاوتی دارد که تفاوت دیدگاه او را در این زمینه با بیژن بخوبی آشکار میسازد. او موقعیت نیروهای چپ را در ایران بلحاظ ایدئولوژیکی در اوائل دهه ۶۰ میلادی و انشعاب بزرگ در جنبش جهانی چپ، بسیار نامناسب و ناامیدکننده می‌بیند و مسبب این بی‌اعتباری ایدئولوژیکی نیروهای چپ را مشی حزب توده و همچنین مواضع ایدوئولوژیکی شوروی می‌داند. مسعود از حزب توده به مثابه کاریکاتوری از یک حزب کمونیست یاد می‌کند و همچنین معتقد است که شوروی نیز در دهه ۶۰ به رویزونیسم روی آورده است.

مسعود در اثر خود «مبارزه مسلحانه، هم استراتژی هم تاکتیک»، پس از اشاره به شکست حزب توده در کودتای ۲۸ مرداد و عکس‌العمل‌های منفعل و تسلیم‌طلبانه آن نسبت به کودتا هنگامی‌که که جنبش عمومی در زیر شدیدترین سرکوب‌های رژیم قرار داشت، می‌گوید حاصل این رفتار، ایدئولوژی این حزب را نزد افکار عمومی بی‌اعتبار ساخت. مسعود در ادامه این گفتمان خود نقش اختلافات و انشعاب چین را در جنبش جهانی چپ در رابطه با این بی اعتباری ایدئولوژیکی نیروهای چپ در جنبش عمومی و دموکراتیک ایران چنین ارزیابی می‌کند که: «اگر در همین ایام مرزبندی بین مارکسیسم- لنینیسم از یکطرف و

رویزیونیسم و اپورتونیسم از طرف دیگر در یک مقیاس بین‌المللی شکل نگرفته بود، شاید سلب اعتماد از حزب توده در آغاز تا حدودی موجب سلب اعتماد از کمونیسم هم شده بود. اما اینک (پس از انشعاب چین) بنظر میرسد که مقام مارکسیسم- لنینیسم واقعی خالی است و باید پر شود». (صفحه ۵۳ همانجا)

مسعود این ایدئولوژی واقعی را این‌گونه معرفی می‌کند: «پس مارکسیسم- لنینیسم انقلابی، بمثابه تئوری انقلاب، تنها مرجع پیگیرترین انقلابیون شد ... که حالا با نام و اندیشه‌های رفیق مائو عجین شده است.» (صفحه۵۳)

نباید فراموش کرد که در این اختلافات ایدئولوژیکی، حزب کمونیست چین از تز قهر و نفی همزیستی مسالمت‌آمیز میان دو اردوگاه سوسیالیستی و امپریالیستی دفاع می‌کرد که در این سالهای دهه ۶۰ و ۷۰ بمثابه یکی از مباحث گرهی و داغ محافل روشنفکری چپ در مقیاس جهانی بود، و از جذابیت و گیرائی خاصی نزد روشنفکران ایرانی برخوردار بود و به رادیکالیسم آنان در شرایط دیکتاتوری و ترور و خفقان پاسخی مثبت می‌داد. برداشت خوش‌بینانه مسعود نسبت به نیروهای هوادار چین در آمریکای لاتین و محافل مائوئیستی در ایران ناشی از همین سمپاتی او به اندیشه‌های انقلابی مائو می‌باشد. او در این رابطه موضع دبره را نسبت به اختلافات ایدئولوژیکی چین و شوروی اینگونه مورد انتقاد قرار میدهد: «اما به نظر می‌رسد که رژی دبره از موضع کوبا در جدال پکن و مسکو (که علیرغم تصور دبره نه تنها لفظی که عملی است) تاثیر می‌پذیرد، موضعی که در اغاز از وابستگی شدید اقتصادی کوبا به شوروی سرچشمه می‌گرفت که متاسفانه به نظر میرسد این وابستگی تاکتیکی شکل یک موضع ایدئولوژیکی و سیاسی را بخود گرفته که دراین جمله فیدل «ما به هیچ فرقه‌ای تعلق نداریم» انعکاس یافته است.» (صفحه ۱۲۱). مسعود نسبت به سازمان انقلابی که حاصل انشعاب از حزب توده (در دهه ۶۰ میلادی) و به هواداری و جانبداری از اندیشه های مائو شکل گرفته بود موضعی مثبت دارد. او این سازمان را اینگونه معرفی میکند: "سازمان انقلابی که درست به دلیل اپورتونیسم و رویزیونیسم و خطمشی سازشکارانه حزب توده و به منظور حفظ چشم‌انداز مبارزه مسلحانه از حزب

(توده) جدا شده بود...». مسعود در سطور بعد به گفتمان خود چنین ادامه میدهد: «به نظر آنها (سازمان انقلابی) هرگونه اذعان به تغییر یا تحول (در اثر رفرم ارضی واستقرار نظام سرمایه‌داری در ایران) به منزله خدشه‌دار کردن ضرورت مبارزه مسلحانه و فرار از مبارزه قطعی و اغاز سازشکاری بود. به همین دلیل معتقد بودند که فئودالیسم هنوز پا برجاست و شرایط عینی برای مبارزه مسلحانه موجود. اما این اعتقاد گرچه عنصری ازاصالت انقلابی و اصول انقلابی مارکسیسم- لنینیسم را در خود داشت، با واقعیت مغایر بود.» (ص۵۶ همانجا).

این موضع هوادارانه او نسبت به ایدئولوژی و مشی حزب کمونیست چین در اختلافاتش با حزب کمونیست شوروی وسازمان انقلابی و نیروهای مائوئیست در ایران اساساً با موضع بیژن در این زمینه متمایز است.[۲۱]

توصیه بیژن به فدائیان خلق در این زمینه برخلاف مسعود، داشتن موضعی کاملاً بیطرفانه است نسبت به این اختلافات. این توصیه بیژن با اتکاء به مفهوم دوران که او آن را تحت عنوان «فهرستی از تضادهای جهان و رابطه آنان با یکدیگر» (ص۱۸۱ جمع‌بندی سی ساله...) فرموله کرده است، صورت میگیرد. او در این فهرست همانگونه که دیدیم یکی از پنج تضاد اصلی جهانی در دوران پس از جنگ دوم را «تضاد میان کشورهای سوسیالیستی» می‌دانست و از این تضاد بمثابه «تضاد اجتناب‌ناپذیر» (صفحه۱۹۳همانجا) یاد می‌کرد. بیژن اجتناب‌ناپذیری این تضاد را در بوجود آمدن کشورهای سوسیالیستی متعدد پس از جنگ جهانی دوم می‌بیند و میگوید: «تضاد بین کشورهای سوسیالیستی، تفاوت شرایط ساختمان سوسیالیسم، تفاوت موقعیت جهانی و منطقه‌ای این کشورها و نقش‌های متفاوت آنها در جهان است». (صفحه ۱۹۰ همانجا)

بیژن از این تضاد، بمثابه تضادی با مضمونی نوین در عرصه تاریخی پس از جنگ جهانی دوم یاد میکند که باید براساس ادبیات مارکسیستی از کیفیت و سرشتی مسالمت‌آمیز برخوردار باشد و با تضاد میان کشورهای امپریالیستی بدین لحاظ تفاوتی آشکار داشته باشد. اما اینکه چرا این تضاد در دهه ۶۰ و ۷۰ میلادی خود را بصورتی اشکار و در شکلی انتاگونیستی نشان میدهد، برخلاف مسعود نه در ابعاد ایدئولوژیکی آن، بلکه در مفاهیم استراتژی عمومی پیشبرد

ساختمان سوسیالیسم در این کشورها که در شرایط تاریخی- اجتماعی متفاوت میباشند، جستجو میکند. بنابر این بیژن ما را به منشأ هستیشناسانه (انتولوژیکی) و ریشههای اجتماعی- تاریخی شکلگیری این تضادها راهنمائی مینماید و در این باره میگوید: «واقعیت اینست که نحوه برخورد کشورهای سوسیالیستی با استراتژی عمومی آنها مطابقت دارد. عوامل تعیین کننده این استراتژی در جامعه خودی قرار دارد نه در جامعه بینالمللی، نقش جهانی شوروی و چین، چنانچه آزادانه انتخاب شود، بنا بر مصالح سیاسی و اقتصادی آنهاست». (صفحه۱۹۱همانجا)

بدین ترتیب از نظر بیژن، مشی و مفاهیم استراتژیکی احزاب چین و شوروی در اساس متأثر از مصالح سیاسی و اقتصادی خاص این دو کشور سوسیالیستی شکل گرفته است، و جهانشمول دانستن این مفاهیم و بسط و تعمیم آن به سایر کشورها که در شرایط تاریخی- اجتماعی دیگری بسر میبرند، تعمیمی کاذب و ناممکن است. برخلاف نظر مسعود، ازنگاه بیژن، مشاجرات و مناظرات ایدئولوژیکی چین و شوروی در سالهای دهه ۶۰ و ۷۰ میلادی بلحاظ مضمون متوجه دستیابی به سرکردگی جنبش جهانی چپ برای پیشبرد منافع اقتصادی و سیاسی خاص خود بود. او در ادامه گفتمان فوق میگوید: «حتی اختلاف نظر بر سر مسیر انقلاب یا مسیر ساختمان سوسیالیسم ناشی از مقدرات متفاوت این کشورها و برنامههای اقتصادی متفاوت و استراتژی جهانی آنهاست. بدست گرفتن رهبری کشورهای سوسیالیستی به معنی قدرت بخشیدن به عواملی است که این استراتژی را تقویت می کند. داشتن نقش تعیینکننده در سیاست جهانی به معنی تقویت عواملی است که رشد کشورسوسیالیستی راتسریع میکند. اگر فلان کشور سوسیالیستی نتواند نقش مؤثری در سیاست جهانی و در جنبش رهائی بخش بازی کند، چگونه میتواند استراتژی خود را با این روند هماهنگ سازد، مگر آنکه سادهلوحانه منکر هرگونه اختلافی بین امکانات، برنامهها و مشی کشورهای سوسیالیستی با هم و با جنبشهای رهائیبخش بشویم». (صفحه ۱۹۲همانجا) او درچند سطر بعد به گفتمان خود این گونه ادامه میدهد: «...بنابراین مادامی که این مرزها (مرزهای ملی) وجود دارد مادامی که

دولت‌های مختلف سوسیالیست وجود دارند این تضادها واقعیتی از جهان ما بشمار می‌رود.» (صفحه۱۹۲همانجا).

بیژن برای این تفاوت تاریخی- اجتماعی در این مرحله از تحول جوامع بشری، یعنی تقسیم آنها به دولت- ملت، در رابطه با تدوین مشی مستقل در هر کشوری (خواه در مرحله سوسیالیستی و خواه در مرحله جنبش رهائی‌بخش)، اهمیتی حیاتی قائل است. بیژن جزنی بدین ترتیب راه اتکاء به استراتژی عمومی قطب‌های جهانی چپ و انحلال تفاوت و تمایز مشی در کشورها را می‌بندد و امکان شکل‌گیری مفهوم منحصر به فرد بودن مشی (در هر کشوری) را فراهم می‌آورد. او در فراز دیگری از این گفتمان بروشنی این مفهوم را بازگو میکند:

«جامعه و هر خلقی ناگزیر است در شرایطی متفاوت با خلق دیگر خود را آزاد سازد. این بمعنای راه‌های مختلفی است که انقلاب در کشورهای مختلف و در مراحل تاریخی مختلف می‌پیماید. این راه‌ها که در عامترین قوانین خود از اصول واحدی برخوردارند، در استراتژی و تاکتیک و در مرحله انقلاب با هم اختلاف دارند. هر خلق انقلابی و هر جنبش کارگری در طی انقلاب خود به تجاربی دست می‌یابد که برای دیگر خلق‌ها قابل استفاده است، ولی مطلقاً قابل تقلید نیست. رهبری احزاب کمونیست پیروز شده، پس از پیروزی دیگر نمی‌توانند در شناخت راه‌های تازه برای پیروزی دیگر خلق‌ها نقشی اساسی داشته باشند... ولی گاه این تمایل دیده میشود که دیگر خلق‌ها را به همان راهی که خود داشته‌اند، راهنمائی کنند. البته این پدیده‌ای نادرست است ولی ریشه بسیاری از اختلافات بر سر تعیین مشی از این ناشی میشود. اگر رهبران پیروز شده، رسماً نقش رهبری جنبش جهانی یا منطقه‌ای را به دست داشته باشند، این گرایش میتواند به انحراف و حتی شکست جنبش‌های تحت سلطه آن رهبری منجر گردد». (صفحه ۱۹۰ همانجا)

بیژن رد پای این تمایل به سرکردگی و روحیه سلطه‌گری و نادیده گرفتن مفهوم منحصر بفرد بودن مشی در هر کشوری را در مفهوم قطب جهانی میبیند که ریشه در ایدئولوژی پدرسالارانه (استالینیسم) دوران پیش از جنگ جهانی دوّم دارد. یعنی در دورانی که شوروی تنها کشور سوسیالیستی محسوب میگشت و

استالین نقش پدر را برای تمامی احزاب چپ بازی می‌کرد. مفهوم قطب جهانی که بیژن از آن به نام «مفهومی اسطوره‌ای» یاد می‌کند، نقشی کلیدی در لحظه تدوین مشی نیروهای سنتی چپ بازی می‌کند و این نیروها را به تبعیت و تقلید کورکورانه‌ای از استراتژی عمومی این قطب بمثابه تأمین‌کننده منافع کارگران بمثابه یک طبقه یکدست و همسان در سطح جهانی تشویق می‌کند. در حقیقت این ترفند ایدئولوژیکی همسان سازی منافع کارگران درتمام کشورها چیزی نیست بجز منحل ساختن تفاوت موقعیت تاریخی- اجتماعی و منافع کارگران و اقشار دموکراتیک سایر کشورها در منافع استراتژیکی قطب‌های جهانی چپ. بیژن همانگونه که از گفتمان فوق برمی‌آید با چنین تعبیر و تفسیری از استراتژی عمومی این قطب‌ها که در تقابل رادیکالی با مفهوم منحصر بفرد بودن مشی درهر کشوری می‌باشد، قرار می‌گیرد. از نگاه بیژن این مفهوم که در ادبیات سنتی چپ خود را در هاله‌ای از تقدس پوشانده و بمثابه مفهومی اسطوره‌ای غیرقابل انتقاد معرفی شده بود، نه تنها بر پایه‌های معرفت شناسی (اپیستمولوژیکی) نادرستی قرار گرفته است، بلکه با نگاهی به تاریخ شکل‌گیری آن میتوان به ابعاد ایدئولوژیکی‌اش در رابطه با گرایش به تسلط جوئی قطب‌ها در مناسبات‌شان با کشورهای سوسیالیستی و جنبش‌های رهائی‌بخش چپ نیز پی برد. بیژن شکل‌گیری این مفهوم و ماهیت آن را در بستر تاریخی جنبش‌های چپ این‌گونه به روایت می‌کشد: «مادامی‌که اتحاد شوروی تنها کشور سوسیالیستی بود، چنین تضادی وجود نداشت. جنبش خلق‌های دیگر کشورهای جهان گاه و بیگاه با استراتژی جهانی یا منطقه‌ای شوروی تضادهائی پیدا می‌کردند. این تضادها گاهی به برخوردهائی منجر میشد، ولی رویهمرفته بصورت مسالمت‌آمیز حل میشد. با آزاد شدن خلق‌های اروپای شرقی و خلق‌های چین و کره و سپس ویتنام، دولت‌های دیگری تحت رهبری احزاب کارگری در جهان پیدا شدند. معهذا مادامی‌که این کشورها مانند کل جنبش کارگری جهان زیر یک رهبری واحد عمل میکردند و به عبارت دیگر شوروی، رقیب و مدعی نداشت، تضاد این کشورها بدون سروصدا و یا کشمکش‌های بین‌المللی آنها، حل و فصل میشد». (صفحه۱۸۹ همانجا)

بنابراین در شکل‌گیری مفهوم قطب از همان ابتداء ما شاهد وجود تضادهائی هستیم میان منافع و چگونگی راهبرد جنبش ملی رهائی‌بخش و استراتژی عمومی شوروی بمثابه «قطب جهانی» چپ. هرچند این تضاد و تنش در دورانی که شوروی بمثابه تنها کشور سوسیالیستی رقیبی نداشت، با اتکاء به مفهوم قطب، قابل کنترل در چارچوب مسالمت‌آمیز بود و سروصدا و بازتابی خارجی نداشت، اما از نظر بیژن در دوران پس از جنگ جهانی دوم، دیگر تنظیم روابط کشورهای سوسیالیستی و جنبش‌های رهائی‌بخش در کادر این مفهوم غیرممکن است. بیژن در ادامه گفتمان خود پیرامون مفهوم قطب که از دیدگاه او بر ایدئولوژی پدرسالارانه استوار است، مضامین انتقادی خود را به این ایدئولوژی اینگونه بیان می‌دارد: «نقش پدرسالارانه شوروی نه تنها به یافتن صحیح‌ترین اشکال مبارزه در جنبش خلقهای مختلف آسیب میرساند، بلکه در روابط اقتصادی و سیاسی، این نابرابری باعث نوعی سوء استفاده می‌شد. رابطه شوروی بعد از جنگ جهانی دوم با ملل اروپای شرقی، نمونه‌هائی از این گرایشهای نادرست را نشان می‌دهد. درخواست نفت از ایران نیز از جمله این گرایشهاست. به این ترتیب اتحاد شوروی از موضع برتر خود در میان کشورهای سوسیالیستی و نقش رهبری بین‌المللی طبقه کارگر، به سود پیشبرد استراتژی جهانی و پیشرفت برنامه‌های اقتصادی خود کمک می‌گرفت. این نحوه استفاده از عوامل مورد بحث حتی از جانب احزاب کارگری و رهبری آن‌ها مجاز شناخته می‌شد و آن را با روابط انترناسیونالیستی پرولتری توجیه میکردند». (صفحه۱۸۹ همانجا)

بنابراین مضمون انتقادات بیژن حامل بعدی ایدئولوژیکی و تهاجمی در رابطه با ادبیات پدرسالارانه، می‌باشد. او در این زمینه می‌گوید: نمی‌توان «تضاد کشورهای سوسیالیستی را صرفاً در حد تئوری و شناخت آنها از پدیده‌ها تلقی کنیم» (صفحه ۱۹۱همانجا). در حقیقت هسته مرکزی انتقادات او به مفهوم سنتی قطب‌های جهانی چپ که مبتنی بر ایدئولوژی پدرسالارانه (استالینیسم) می‌باشد، برملاء ساختن این میل و گرایش به «سوء استفاده» از جنبش‌های رهائی‌بخش و دیگر کشورهای سوسیالیستی با استفاده از موقعیت سرکردگی و به نفع استراتژی عمومی خود است.

کسانی که با ادبیات مارکسیستی آشنائی داشته باشند، می‌دانند که مفهوم منافع انترناسیونالیستی پرولتاریا بمثابه مفهوم کلیدی، لحظه شکل‌گیری مشی در جنبش‌های چپ و کشورهای سوسیالیستی را تا چه حدی تحت تأثیر قرار میداد و آنان را بلحاظ ایدئولوژیکی ملزم به رعایت آن میکرد. دفاع از منافع انترناسیونالیستی پرولتاریا در ادبیات سیاسی چپ از جایگاهی بس ویژه برخوردار بود. در حقیقت رعایت منافع انترناسیونالیستی پرولتاریا در تنظیم روابط میان جنبش‌های چپ و شوروی سوسیالیستی نقش تعیین‌کننده داشت و این منافع بنا بر ایدئولوژی‌های سنتی چپ همان‌گونه که در نقل قول فوق بچشم می‌خورد در استراتژی عمومی قطب‌ها یعنی شوروی، و سپس شوروی و چین تبلور می‌یافت. بیژن اختلافات و اخراج تیتو (یوگسلاوی سابق) و انشعاب چین را بمثابه بحران در مفهوم قطب‌های جهانی متکی بر ایدئولوژی پدرسالارانه استالینیزم می‌داند و ریشه این بحران را غیردموکراتیک بودن محتوای این مفهوم و عدم رعایت استقلال سایر کشورهای سوسیالیستی و جنبش‌های چپ در رابطه با استراتژی عمومی شوروی در سطح بین‌المللی ارزیابی میکرد.

همان‌گونه که گفتیم بیژن متقاعد شده بود که عوامل تعیین کننده استراتژی عمومی قطب‌های جهانی چین و شوروی «در جامعه خودی قرار دارد نه در جامعه بین‌المللی. نقش جهانی شوروی و چین چنانچه آزادانه انتخاب شود، بنا بر مصالح سیاسی-اقتصادی آنهاست». و بدست گرفتن رهبری کشورهای سوسیالیستی به معنی قدرت بخشیدن به این عواملی است که این استراتژی را تقویت می‌کند». (صفحه ۱۹۱ همانجا).

بنابراین جانبداری مسعود ازاندیشه‌های مائو در این بحران ایدئولوژیکی سال‌های ۶۰ و ۷۰، نشان‌دهنده عدم آشنائی عمیق او با مضمون و سیر تحول تاریخی مفهوم قطب، در ادبیات سیاسی سنتی چپ می‌باشد. شاید متوقف شدن او بر جنبه‌های صرفاً ایدئولوژیکی مناظرات حزب کمونیست چین و شوروی و مجذوبیت او به ایده «انقلاب» و «قهر» و لحن رادیکال حزب کمونیست چین، علت عدم توجه او به مضمون واقعی و ریشه تاریخی این مناظرات باشد. ما نمی‌توانیم این مناظرات را همانگونه که بیژن می‌گوید: «صرفاً در حد تئوری و

شناخت آنها از پدیدهها تلقی کنیم» (صفحه۱۹۱)، یا به بیان دیگر، آنها را به مباحثاتی ایدئولوژیکی محدود نمائیم. از نظر بیژن انشعاب و موضع حزب کمونیست چین تا آنجائیکه به ایده قطبهای جهانی چپ مربوط میشود، در همان چارچوب سنتی ایدئولوژیهای پدرسالارانه و غیر دمکراتیک میباشد و قادر به حل و فصل این بحران نیست.

به باور بیژن هر دو قطب جهانی چپ یعنی چین و شوروی در این سالهای بحرانی دهه ۶۰ با اتکاء به ایدئولوژی پدرسالارانه شکل گرفته بودند و تلاش داشتند روابط خود را با سایر جنبشهای چپ و کشورهای سوسیالیستی بر اساس این ادبیات پدرسالارانه تنظیم نمایند. بنابر این از نظر بیژن جان مشاجرات ایدئولوژیکی میان آنها را، که در حال ساختمان سوسیالیسم (باتوجه به شرایط تاریخی- اجتماعی متفاوت) درکشورهای خود میباشند، باید عمدتاً پیرامون تامین منافع خاص اقتصادی— سیاسی این دو کشوردر عرصه بینالمللی جستجو کرد نه همچون مسعود در نجات «ایده انقلاب» و «ایده قهر». مطابق برداشت بیژن از این مشاجرات لفظی میان چین و شوروی، هر دوی این کشورها به دنبال سلطهجوئی بر جنبشهای چپ در سایرکشورها میباشند و از این لحاظ هیچگونه تفاوتی با یکدیگر ندارند.

حساسیت بیش از حد بیژن به مفهوم قطبهای جهانی چپ، که او آن را میراث دوران تسلط استالینیسم درجنبشهای جهانی چپ میدانست، باید در دو اصل مستتر در ایده قطب، یعنی اصل خطاناپذیری پدر و تبعیت کورکورانه از پدر یعنی شخص استالین یافت که از نظر او لطمات جبرانناپذیری بر جنبش ملی کردن نفت در ایران وارد کرد و شکلگیری استراتژی عمومی متکی بر دفاع از منافع عمومی جامعه ایران و تشکیل جبههی واحدی از نیروهای چپ و دموکراتیک را جهت پیشبرد این استراتژی ناممکن ساخت. بیژن تأثیرات و بازتاب مهلک مفهوم قطب را در مشی حزب توده در جریان ملی شدن نفت که در تبعیت کامل از استراتژی عمومی شوروی در سطح جهانی شکل گرفته بود، در تقابلی رادیکال با مشی جبهه ملی به رهبری مصدق میدید. بیژن شکلگیری مشی جبهه ملی را برپایه بهرهبرداری از تضاد آمریکا و انگلیس میدانست که بمثابه تضاد عمده

پس از جنگ جهانی دوم در جامعه ایرانی درآمده بود. او تشخیص این تضاد و اتکاء به آن را از طرف مصدق در جریان ملی شدن نفت، ناشی از هوشمندی و تجارب تاریخی او میدید که در رابطه مستقیم با حفظ و دفاع از منافع عمومی جامعه ایرانی قرار داشت.

از نظر بیژن، حزب توده مشی خود را در دوران ملی شدن صنعت نفت در تبعیت کورکورانه از استراتژی عمومی شوروی پس از جنگ جهانی دوم یعنی ضدیت با آمریکا بمثابه دشمن اولیه جنبش‌های رهائی‌بخش و کشورهای سوسیالیستی قرار داده بود که نیروهای چپ را در ایران به تقابل و ضدیت با استراتژی عمومی ملی شدن صنعت نفت از طرف جبهه ملی کشاند که سرانجامی تلخ و تراژیک را بر جنبش ملی شدن نفت تحمیل کرد و بی‌اعتمادی عمیقی را نسبت به نیروهای چپ در جنبش عمومی باعث گردید. و بدین ترتیب شانسی را که تاریخ در جریان جنبش ملی شدن نفت برای استقرار نهادهای دموکراتیک و مدرنیزه کردن ساختارهای سیاسی به جامعه ایران داده بود یکسره از میان برد. بیژن هیچ گاه چنین اشتباه استراتژیکی را به رهبران حزب توده نبخشید و باعزمی راسخ در صدد بی‌اعتبار کردن اسطوره قطب‌های جهانی برامد.

چنانچه می‌بینیم اشاره بیژن در «سوء استفاده» استالین در جریان نفت در ایران، دقیقاً اشاره به نادرست بودن «اصل خطاناپذیری» قطب‌های جهانی چپ و عقل کل دانستن آنهاست،که معنای واقعی آن جایگزین ساختن تضاد شوروی با امپریالیسم امریکا (بخوان منافع شوروی) با تضاد عمده در ایران (بخوان منافع ایران) است که برپایه آن باید مفاهیم استراتژیکی و تاکتیکی مشی در ایران تدوین گردد. و بالاتر از آن اشاره بیژن باین نکته است که مفهوم ایدئولوژیکی قطب می‌تواند زمینه‌های رشد گرایشات سوءاستفاده‌جویانه و سلطه‌جویانه را در روابط قطب‌های جهانی با جنبش‌های چپ و کل کشورهای سوسیالیستی بوجود آورده و به سر منشاء تضادهای آنتاگونیستی میان آنها منجر گردد. بر پایه این برداشت و با اتکاء به تجارب تاریخی بویژه تجربه ملی شدن نفت در ایران است که بیژن گسست از ایدئولوژی‌های سنتی چپ را امری ضروری و تاریخی برای نیروهای چپ و در جهت حفظ منافع جامعه ایرانی می‌داند. می‌توان گفت که

هیچ مفهوم دیگری حساسیت او را تا این اندازه در رابطه با ایدئولوژی نیروهای سنتی چپ یعنی حزب توده و نیروهای وابسته به چین برنیانگیخته باشد. بازتاب این حساسیت او در آثارش تا مرز عصیانگری به چشم میخورد. ما اولین نشانههای عصیانگری او را در گزارش ساواک در باره او شاهد هستیم:

«مشارالیه (بیژن) ضمن اعترافات، اظهار داشت که اصولاً با ایسم مخالف بوده و پیروان ایسم را فاقد عقیده میداند و خود را همیشه پیرو آن چیزی میداند که بنظرش صحیح برسد». (بتاریخ ۱۳۳۹/۱۱/۲۲). اودر جای دیگری این حساسیت عصیانگرانه خود را اینگونه بیان میدارد: «لکن برخورد مکانیکی(حزب توده) با مناسبات بینالمللی، پائین اوردن این مناسبات تا سطح استاد و شاگردی (اگر نه ارباب ورعیتی)، و بالاخره اعتقاد به اسطوره دیگری به نام «قطب جهانی» میبایست پایان پذیرد.» (ص۵۷ نبرد با دیکتاتوری شاه).

او همواره نسبت به این پرنسیپ عصیانگرانه در جهت رهائی از قید و بند ایدئولوژیهای پدرسالارانه و بسته چپ سنتی تحت هر عنوانی، خواه استالینیسم یا مائوئیسم، وفادار ماند. بیژن در رابطه با مواضع شوروی نسبت به سرکوبهای خونین پس از رفرم ارضی رژیم، و انتقادات خود باین مواضع به نتیجه عصیانگرانه زیر میرسد:

«این بار نیز این تحولات (در روابط دو کشور) بدون ارتباط با جنبش خلق انجام مییافت. یعنی درست هنگامی که رژیم به سرکوب شدید مردم و تحکیم دیکتاتوری خود پرداخته بود، ماه عسل مناسبات ایران و شوروی اغاز شد. این بار دیگر اثبات کرد که جنبش انقلابی ایران باید مسیر خود را مستقل از مشی و سیاست شوروی و هر قدرت خارجی دیگر پیریزی کرده و با اتکاء به نیروی خلق به راه خود ادامه دهد، چنانکه شوروی و دیگر قدرتها و جریانهای جهان نیز بدون توجه به منافع و مصالح جنبش ما، مناسبات خود را با ایران تنظیم میکنند». (صفحه۶۲ همانجا)

«توجه به منافع و مصالح جنبش ما» را میتوان بمثابه دغدغه اولیه او بحساب آورد. حفظ و دفاع از چنین منافعی است که او را به انتقاد از مفهوم قطبهای جهانی و از «ایسم»ها میکشاند و گسست او از ایدئولوژیهای سنتی را جهت

اتخاذ یک مشی مستقل از مشی شوروی و هر قدرت خارجی دیگر و «با اتکاء به نیروی خلق» موجب می‌گردد.

بنابراین از نظر بیژن، توجه به منافع و مصالح جنبش عمومی در ایران همانگونه که در مثال جنبش ملی شدن نفت در ایران به آن اشاره داشتیم، در تحلیل نهائی در اصطکاک و تنش با مفهوم قطب‌های جهانی چپ قرار میگیرد که در صورت عدم طرد این مفهوم در مناسبات احزاب چپ و کشورهای سوسیالیستی میتواند روابط این احزاب و کشورها را بسمت نوعی تضادهای آنتاگونیستی سوق دهد و راه را برهرگونه هماهنگی‌های انترناسیونالیستی میان آنها سد نماید.

انتقادات بیژن نسبت به ایدئولوژی‌های پدرسالارانه چپ سنتی یعنی حزب توده و مائوئیست‌ها، اساساً در بی‌اعتمادی عمیق او نسبت به انتزاعی و کلی بودن مفاهیم ایدئولوژیکی در این جریانات سنتی بازتاب می‌یابد. در این تفکر سنتی که برپایه پذیرش اصل خطاناپذیری قطب‌های جهانی چپ و اتوریته پدرانه آنها در نیروهای چپ شکل گرفته و به حیات خود ادامه می‌داد، نزدیک شدن به ساختارهای اجتماعی و سیاسی جامعه ایرانی و منعکس ساختن آنها در قالب مفاهیمی مشخص جهت دفاع از منافع و مصالح جنبش‌های عمومی، غیرممکن بنظر میرسد. در عوض، این ساختارهای تاریخی- اجتماعی و سیاسی بودند که باید بدون اعتناء به منافع و مصالح جامعه ایرانی چنان دستکاری می‌شدند و تغییر شکل می‌دادند تا با استراتژی عمومی قطب‌های جهانی متناسب و همسو درآیند، مشابه همان وضعیتی که در جنبش ملی شدن نفت دیده شد.

بنابراین تلاش‌های انتقادی بیژن برای دستیابی به تحلیلی مشخص از واقعیات اجتماعی و سیاسی جامعه ایران، به عبور از این مفاهیم انتزاعی و کلی که درمحتوی عمدتاً دفاع از منافع خاص کشور قطب رابعهده داشت، جنبه کاملا ایدئولوژیکی و بنیادی می‌دهد. هدف غائی او از عبور از مفهوم اسطوره قطب جهانی در ادبیات سنتی چپ در حقیقت برملا ساختن و به رسمیت شناختن تضاد میان کشورهای سوسیالیستی بمثابه تضادی نوین در دوران پس از جنگ جهانی دوم می‌باشد، که دیگرکنترل آن در چارچوب مفهوم سنتی سانترالیسم پدرسالارانه (جهت تنظیم روابط میان کشورهای سوسیالیستی و تامین هماهنگی

این کشورها در عرصه بین‌المللی) غیرممکن بوده و به نوبه خود به علت گرایشات سلطه‌گرایانه نهفته در مفهوم قطب‌ها، منشاء نوعی بحران سیاسی درجهان چپ می‌شود. بیژن بحران دهه ۶۰ و ۷۰ میلادی در جنبش جهانی چپ را نتیجه اعمال چنین سانترالیسم سنتی یکجانبه و آمرانه شکل گرفته در دوران استالین محسوب می‌دارد.

او قضاوت خود را نسبت به تلاش‌های شوروی و چین برای در دست گرفتن رهبری جنبش جهانی چپ بر پایه ایدئولوژی پدرسالارانه استالینیسم این‌گونه فرموله میکند: «دوره تک رهبری پایان یافته و غیرقابل بازگشت است». (صفحه ۱۹۲)

بعبارت دیگر بیژن تلاش چین و شوروی را برای احیاء ایدئولوژی پدرسالارانه عبث و غیردموکراتیک میداند و راه برون‌رفت از چنین بحرانی را در عبور از مفهوم قطب‌های جهانی متکی به ایدئولوژی‌های پدرسالارانه و جایگزینی آن با تفکر و ایدئولوژی مبتنی بر ایده دموکراسی جستجو می‌کند. اتکاء بیژن به ایده دموکراسی و اصرار او بر جذب و پذیرش آن بمثابه ضرورتی تاریخی در ایدئولوژی نیروهای چپ، لحظه گسست او را از ادبیات پدرسالارانه نیروهای سنتی چپ به نحو بارزی نسبت به رقبای فکریش در دههای ۶۰ و ۷۰ میلادی متمایز میسازد. ایده دمکراسی در آثار او نه تنها در ارتباط با توجه به تفاوت‌ها و ویژگی‌های طبقات و اقشار اجتماعی متنوع در ایران می‌باشد[۲۲]، که خود را در همکاری سیاسی جبهه‌ای برعلیه دیکتاتوری فردی شاه نشان میدهد، بلکه خود را برای اولین بار در ایدئولوژی نیروهای چپ انقلابی ایران (بر پایه درک او از مفهوم دوران) بصورت استقلال در مقابل قطب‌های جهانی چپ در لحظه تدوین مشی بازتاب داده و به شکلی مشخص در ساختار مفاهیم استراتژیکی و تاکتیکی مشی ارائه شده از جانب او به فدائیان خلق بچشم می‌خورد.

تلاش بیژن در جهت دموکراتیزه کردن تفکر چپ، او را متقاعد میسازد که مفهوم انقلاب سوسیالیستی و در بیانی کلی‌تر، مفهوم انقلاب را باید از چارچوب مفاهیم مسیحائی و رمانتیکی آن خارج ساخته و ذهنیت روشنفکران چپ را با اتکاء به تجارب تاریخی بدست آمده در این زمینه بالاخص در رابطه با تاریخ

تجربیات چپ در ایران مورد بازبینی قرار داد. در حقیقت ایده دموکراسی که در بستر انتقادات او به مفهوم قطب‌های جهانی چپ (چین و شوروی) در مبحث دوران خود را بصورت ضرورتی تاریخی بطوری برجسته نشان میدهد، حاصل توجه و تامل او به این تجارب تاریخی و بن‌بستی است که جنبش‌های رهایی‌بخش و کشورهای سوسیالیستی با آن مواجه بودند.

بیژن خروج از چنین بن بستی را در گرو درهم شکستن دیدگاه‌های رمانتیکی و مسیحائی چپ جوان از انقلاب سوسیالیستی می‌داند. از نظر بیژن این نیروها از درک ریشه‌های تاریخی- اجتماعی شکل‌گیری تضاد میان کشورهای سوسیالیستی در دوران پس از جنگ جهانی دوم بازمانده و به موضع ایدئولوژیکی جانب‌دارانه از یک بلوک (چین) در مقابل بلوک دیگری (شوروی) از کشورهای سوسیالیستی قرار گرفتند. بیژن این بحران درجنبش جهانی چپ را فرصتی مناسب جهت رهایی از اسطوره مفهوم قطب جهانی چپ (در دهه ۶۰ و ۷۰) که حامل برداشت رمانتیکی و مسیحائی نسبت به پدیده انقلاب است تلقی میکند. در این سال‌ها، رادیکالیسم حزب کمونیست چین نسبت به حق آزادی انتخاب برای تدوین مشی در هر کشوری حساسیتی نشان نمی‌دهد و تضاد خود با شوروی را به مثابه تضادی بین دو کشور سوسیالیستی به رسمیت نمی‌شناسد. و این در حالی است که با سوسیال امپریالیستی خواندن شوروی در صدد بیرون راندن این کشور از جامعه جهانی چپ و تامین هژمونی پدرانه خود بر کشورهای سوسیالیستی و جنبش‌های رهائی بخش است. به همین علت است که بیژن ایدئولوژی حزب کمونیست چین را عمدتاً در خدمت احیاء اسطوره قطب مبتنی بر ادبیات پدرسالارانه می‌بیند تا هر چیز دیگری. در این رابطه مناظرات میان بیژن که به پذیرش تضاد میان کشورهای سوسیالیستی و ایده دموکراسی به مثابه ضرورتی تاریخی برای خروج از بحران جهانی معتقد بود، با مسعود و پویان که به گفتمان‌های ایدئولوژیکی رادیکال حزب کمونیست چین مجذوبیت نشان می‌دادند، از اهمیت و وزن بالائی برخوردار است و مکث و تامل بیشتری را طلب می کند.

ایده دموکراسی بمثابه تنها آلترناتیو ممکن برای خروج از بحران جهانی چپ و بازتاب آن در مشی فدائیان خلق

بیژن اختلافات چین و شوروی را که از سالهای ۱۹۵۶ شروع شده و در اوائل دهه ۶۰ میلادی باعث بحران و انشعاب در جنبش جهانی چپ و کشورهای سوسیالیستی گردید، حاصل آن شرایط نوین اجتماعی- تاریخی میدید که در دوران پس از جنگ جهانی دوم بوجود آمده بود. پس از جنگ جهانی دوم ما شاهد بوجود امدن و ظهور کشورهای سوسیالیستی میباشیم که در کنار شوروی بمثابه اولین و تنها کشور سوسیالیستی پیش از جنگ جهانی دوم در صحنه بین‌المللی ظاهر شدند. از نظر بیژن هر یک از این کشورها بلحاظ بافت تاریخی-اجتماعی خود با دیگر کشورهای سوسیالیستی متفاوت و متمایز بود و همین اختلاف (تاریخی- اجتماعی) مشی منحصر بفردی را جهت ساختمان

سوسیالیسم متناسب با امکانات ویژه تاریخی هر کشوری می‌طلبید، که در نتیجه استراتژی عمومی این کشورها را درعرصه جهانی در درجه اول تابع این ضرورت‌های خاص می‌گردانید. از دیدگاه هستی‌شناسانه (انتولوژیکی) بیژن، این ویژگی‌ها نقشی تعیین‌کننده در شکل دادن به مفاهیم استراتژیکی (خواه در مرحله مبارزات رهائی‌بخش و خواه در ساختمان سوسیالیسم) در هر کشور دارد. اصرار و تأکید او بر «مفهوم منحصر بفرد بودن» مشی در هر کشوری با اتکاء به چنین دیدگاه هستی‌شناسانه‌ایست که صورت می‌گیرد. این مشی همانگونه که دیدیم چنانکه در شرایط آزادانه‌ای شکل بگیرد لاجرم در رابطه مستقیم با منافع اقتصادی- سیاسی خاص آن کشور صورت گرفته و در نتیجه مفاهیم استراتژیکی و تاکتیکی در مشی آن کشورنباید چیزی بجز بازتاب این منافع باشد. از نظر بیژن صلاحیت اتخاذ مشی در هر کشوری اساساً بعهده رهبری جنبش‌های اجتماعی و سیاسی در آن کشور است. این رهبری‌ها هستند که از پیچیدگی‌های خاص و ویژگی‌های ساختارهای اقتصادی- اجتماعی و فرهنگی و روانی جامعه خود بیش از هر مرجع دیگری آگاه هستند. در حقیقت مفهوم رهبری از دیگاه بیژن در رابطه با تشخیص این ویژگی‌ها جهت جذب و بازتاب دادن‌شان در مشی و شعارهای استراتژیکی جنبش، تعریف میشود. این تعریف از وظایف رهبری که به ویژگی‌ها یا تفاوت‌های ساختارهای اجتماعی- تاریخی در هر کشوری اعتباری هستی شناسانه می‌بخشد، بیژن را در تقابلی آشکار و آشتی‌ناپذیر با مفهوم قطب‌ها که وظایف رهبری را درتبعیت از استراتژی عمومی قطب‌ها در عرصه جهانی میدانست، قرار میداد. بیژن در اثار خود با اشاره مکرر به جنبش ملی شدن نفت درحقیقت تلاش دارد با اتکاء به این تجربه تاریخی زنده جامعه ایران به ایده منحصر بفرد بودن مشی در هر کشوری جنبه‌ای اثباتی دهد. در زمان جنبش ملی شدن صنعت نفت استراتژی عمومی شوروی (براساس نیازهای خاص این کشور درعرصه بین‌المللی) بر مبنای تضاد با آمریکا شکل گرفته بود و با استراتژی جبهه ملی ایران که تضاد عمده را در ایران با انگلیس و نه امریکا میدانست درتضادی بس اشکار قرار داشت. بیژن استراتژی مصدق در جریان ملی شدن صنعت نفت را بر اساس تشخیص درست از ویژگی‌های جامعه ایران و

در رعایت و دفاع از منافع اقتصادی- سیاسی خاص این کشور می‌دانست. بنابر این مصدق در پیشبرد استراتژی خود می‌بایست به هماهنگی و بگونه‌ای به ائتلاف با آمریکا و جناح هوادارش در ایران برعلیه منافع انگلیس در ایران، تن میداد. در صورتی‌که مشی حزب توده بر پایه اصل خطاناپذیری حزب کمونیست شوروی ضرورتاً باید در تبعیت وهماهنگی کامل با استراتژی عمومی شوروی و در ضدیت با امریکا و مشی دولت مصدق قرار می‌گرفت.[۲۳] بیژن نتایج این مشی را که مبتنی بر دنباله‌روی کورکورانه از استراتژی شوروی‌ست برای ایجاد جبهه‌ای از نیروهای چپ و دموکراتیک در ایران مرگ‌آور می‌خواند.

بیژن در آثارش بر اساس این تجربه تاریخی، نه تنها اصل خطاناپذیری حزب کمونیست شوروی (ایده قطب) را بلحاظ تئوریک بی‌اعتبار می‌داند، بلکه بیش از آن، این فرمول‌بندی را تابع ملاحظاتی از نوع ایدئولوژیکی- استراتژیکی ارزیابی میکند. او به سوء استفاده شوروی در جهت پیشبرد منافع اقتصادی- سیاسی خاص خود در جریان ملی شدن نفت اینگونه اشاره دارد: «رهبری شوروی (در این سال‌های پیش از جنگ جهانی دوم)از انحراف واشتباه خالی نبود. چه در مورد جنبش‌ها و چه در مورد کشورها. نقش پدرسالارانه شوروی نه تنها به یافتن صحیح‌ترین اشکال مبارزه در جنبش‌های خلق‌های مختلف آسیب می‌رساند، بلکه در روابط اقتصادی و سیاسی این نابرابری باعث نوعی سوء استفاده میشد. رابطه شوروی باملل اروپای شرقی نمونه‌هائی از این گرایش‌های نادرست را نشان میدهد. درخواست نفت از جانب شوروی در ایران نیز، ازجمله این گرایش‌هاست. به این ترتیب اتحاد شوروی از موضع برتر خود در میان کشورهای سوسیالیستی ونقش رهبری جنبش بین‌المللی طبقه کارگر، به سود پیشبرد استراتژی جهانی و پیشرفت برنامه‌های اقتصادی خودکمک می‌گرفت.» (ص۱۸۹).

بی‌گمان تجربه نتایج فاجعه‌بار مشی مبتنی بر ادبیات سنتی پدرسالارانه حزب توده (که درتمام دوران حیات سیاسی‌اش به آن وفادار ماند) در سال‌های ملی شدن صنعت نفت در ایران، نقشی تعیین‌کننده در بی‌اعتبار ساختن مفهوم قطب (ایدئولوژی پدرسالارانه) در ذهنیت بیژن داشته است. بنابر این از نظر بیژن این

ادعای چپ سنتی (حزب توده و مائوئیست‌ها) که استراتژی عمومی قطب‌ها می‌تواند تأمین کننده منافع استراتژیکی کلیه کشورهای سوسیالیستی و جنبش‌های رهائی‌بخش باشد، نه فقط به لحاظ معرفت‌شناسی بی‌اعتبار می‌باشد، بلکه بیش از آن با منافع خاص اقتصادی- سیاسی این کشورها درتضاد قرار می‌گیرد. از دیدگاه بیژن همین تضاد میان منافع خاص کشورهای سوسیالیستی است که زمینه‌های بحران جهانی چپ را بعلت سنت‌های پدرسالارانه استالینیستی در هدایت و رهبری جنبش جهانی چپ در چارچوب تحمیل استراتژی عمومی دولت شوروی بوجود آورده و استعداد تبدیل شدن آن را به تضادی آنتاگونیستی درآستانه دهه ۶۰ میلادی فراهم آورده است.

بیژن در باره تضاد میان کشورهای سوسیالیستی با توجه به ریشه‌های هستی شناسانه آن (تفاوت در شرایط تاریخی- اجتماعی این کشورها) می‌گوید: «این تضاد اجتناب‌ناپذیر است» (صفحه۱۹۳ جمع‌بندی مبارزات سی ساله.....)، یا به بیانی دیگر، این تضاد تا زمانی که تفاوت‌های تاریخی- اجتماعی در چارچوب مفهوم دولت- ملت به حیات خود ادامه می‌دهد، حتی با انقلاب سوسیالیستی هم قابل حذف و یا نادیده گرفتن نیست. بیژن با توجه به چنین شناختی از ریشه‌های تاریخی- اجتماعی این تضاد و بحران ناشی از آن، مواضع احزاب کمونیست چین و شوروی و هواداران آنها در ایران را غیرقابل قبول میداند. او تلاش‌های این دو کشور بزرگ سوسیالیستی را در بدست گرفتن رهبری جنبش جهانی چپ که بر پایه ایدئولوژی پدرسالارانه دوران استالین قرار داشت، نسبت به واقعیات تاریخی دوران پس از جنگ جهانی دوم، نامتناسب و غیرممکن می‌دید و احیاء مفهوم قطب جهانی چپ را که مضمون آن در بی‌اعتنائی کامل به تفاوت منافع خاص دیگر کشورهای سوسیالیستی و جنبش‌های رهائی‌بخش شکل گرفته را تلاش عبث و غیردموکراتیک ارزیابی می‌کند و همان‌گونه که گفتیم اعلام می دارد که "دوره تک رهبری پایان یافته و غیرقابل بازگشت است». (صفحه۱۹۲)

ما به کرات از قول بیژن به این نکته پر اهمیت اشاره داشتیم که او در ایده قطب‌ها نوعی استعداد و گرایش به سلطه‌جوئی می‌دید. بیژن پایه‌های

معرفت‌شناسی مفهوم قطب را در نفی تفاوت‌های تاریخی و اجتماعی سایر کشورهای سوسیالیستی و جنبش‌های رهائی‌بخش با کشور قطب می‌دانست. تامل و توقف بر این پایه‌ای معرفت‌شناسی است که سرانجام او را به بی‌اعتمادی کامل به استراتژی عمومی قطب‌ها می کشاند و ادعای هرگونه جهان‌شمول بودن آن را بی اعتبار می‌سازد.

از نظر بیژن پایه‌های هستی شناسانه چنین دیدگاهی که برپایه هموژنیزه کردن و نادیده گرفتن موقعیت تاریخی متفاوت طبقه کارگر در هر کشوری است، جنبه‌ای کاملاً ایدئولوژیکی دارد و در رابطه با گرایش سلطه‌جوئی این قطب‌هاست که اگر با معیارهای دموکراتیک مورد اصلاح و بازسازی قرار نگیرد، تضادهای موجود میان کشورهای سوسیالیستی ناگزیر به تضادهائی آنتاگونیستی تبدیل میشوند و بحران موجود (در جنبش جهانی چپ) را وخیم‌تر می‌گرداند.

بیژن برخلاف مسعود، در یافتن راهی جهت برون‌رفت از این بحران، هیچگونه گرایش مثبتی به تلاش‌های ایدئولوژیکی حزب کمونیست چین نشان نمی‌دهد و در اندیشه‌های مائو، هیچ زمینه مثبت و واقع‌بینانه‌ای برای خروج از این بحران و نجات «ایده انقلاب» نمی‌بیند. بالعکس هر دو حزب کمونیست چین و شوروی را به خاطر کشانده شدن تضاد میان کشورهای سوسیالیستی به مرحله‌ای آنتاگونیستی و بحرانی کردن آن مسؤل می‌شناسد. بیژن در ضمن اشاره به مواضع این دو حزب بزرگ سوسیالیستی که در ایجاد بحران در روابط کشورهای سوسیالیستی و جنبش چپ جهانی نقش تعیین کننده‌ای داشتند، می‌گوید: "تضاد میان کشورهای سوسیالیستی اجتناب‌ناپذیر است، ولی کشاندن تضاد به آنتاگونیسم دلیل آشکاری است از حل نادرست آن. البته دولت‌های سوسیالیستی با ذخیره‌ای که از مارکسیسم- لنینیسم دارند، این مسئله را درک می‌کنند که تضاد میان دو کشور سوسیالیست، تضاد میان دو خلق یا دو حزب کارگری نمی‌بایست به آنتاگونیسم بکشد، ولی برای توجیه این راه‌حل‌های نادرست اعلام می‌کنند که دیگری نه اینکه انحراف و یا اشتباهاتی دارد بلکه اساساً تغییر ماهیت داده و دیگر یک کشور سوسیالیستی یا دموکراتیک محسوب نمی‌شود. و بنابراین قتلش واجب است، عجیب نیست که ما به یاد جنگهای شیعی و سنی بیافتیم که

با مجوز مذهبی مسلمانان «یکدیگر را کافر شناخته، قتل‌عام میکردند». (صفحه ۱۹۳همانجا). آنچه در بالا آمد نشان می‌دهد که موضع بیژن با موضع فیدل کاسترو که در مورد اختلافات ایدئولوژیکی چین و شوروی گفته بود «ما به هیچ فرقه‌ای تعلق نداریم» هماهنگی دارد، در حالی که مسعود به این گفته فیدل کاسترو با دیدی انتقادی نگاه می‌کرد.

در گفتمان فوق ما شاهد بیان دیدگاه‌های بیژن نسبت به یکی از تضادهای پر اهمیت دوران پس از جنگ جهانی دوم و نگاه و برداشت واقع‌بینانه از آن می‌باشیم که با برداشت‌های رمانتیکی و مسیحائی نیروهای چپ جوان متمایز است. از دیدگاه بیژن پذیرش تضاد منافع اقتصادی- سیاسی بین کشورهای سوسیالیستی که ناشی از تفاوت تاریخی- اجتماعی انها در دوران پس از جنگ جهانی دوم میباشد، باید بمثابه امری غیرقابل اجتناب تلقی گردد. او بر این باور است که نادیده گرفتن این تفاوت‌ها به منظور تامین استراتژی عمومی واحدی در سطح بین‌المللی برای نیروهای چپ غیرممکن و فاجعه‌اور است. تلاش‌های او شاید اولین تلاش‌های جدی در تاریخ چپ ایران باشد که جهت رها ساختن «ایده انقلاب» از چارچوب‌های رمانتیکی و مسیحایی صورت گرفته است. «ایده انقلاب سوسیالیستی» هرگز نمی‌تواند حداقل تا زمانیکه جوامع بشری در قالب «دولت- ملت» با مرزهای مشخص جغرافیایی خود بسر میبرند، از قید و بندهای زمینی (تاریخی- اجتماعی) یعنی تضاد منافع و تفاوت در استراتژی عمومی هر کشور سوسیالیستی با سایر کشورهای سوسیالیستی فارغ شود. هرگونه انکار این تضادها و ناچیز شمردن تفاوت منافع خاص کشورهای سوسیالیستی نسبت به یکدیگر، ما را به برداشت‌های رمانتیکی و مسیحایی از انقلاب سوسیالیستی و بن‌بستی کامل در زمینه حل این تضادها و آنتاگونیستی کردن آن‌ها هدایت خواهد کرد. و آنان را بسمت نوعی فرقه‌گرائی‌های قرون وسطائی میکشاند که در آن حقیقت مطلق (بخوانید منافع پرولتاریای جهانی بمثابه منافع عمومی بشریت) تنها در دستان یک فرقه یعنی یک کشور سوسیالیستی بمثابه قطب جهانی قرار دارد. این تز «حقیقت مطلق بر اساس اصلی موهوم بنام «اصل خطاناپذیری حزب کمونیست شوروی» وپس از آن حزب کمونیست چین شکل

گرفت و از میراث دوران استالین می‌باشد. البته لازم به یاداوری است که هدف بیژن از مقایسه و تشبیه اختلافات و بحران در جنبش جهانی چپ با اختلافات فرقه‌ای مبتنی بر جهان‌بینی دینی هرگز بمعنای یکسان دانستن ماهیت این دو جهان بینی با یکدیگر نیست، بلکه قصد او با بکارگیری چنین مفاهیم استعاره‌ای همچون «فرقه»، «شیعه و سنی»، «کافر»، «واجب بودن قتل کافر»، روشنائی بخشیدن هرچه بیشتر به نادرست بودن مفهوم قطب‌هاست که بر پایه اصل خطاناپذیری پدر هر گونه تفاوت و اختلافی را (میان کشورهای سوسیالیستی) به تضادی آنتاگونیستی تبدیل کرده و خشونت بر پایه حذف دیگری را بمثابه تنها راه حل برون‌رفت از این اختلاف می‌داند. در صورتی‌که همانگونه که دیدیم از دیدگاه بیژن این اختلافات اجتناب‌ناپذیر بوده و ریشه‌های تاریخی- اجتماعی دارد که رعایت و پذیرش آنها بر اساس حقوق برابر در بین کشورهای سوسیالیستی و جنبشهای رهایی‌بخش تنها راه برون رفت از بحران جهانی چپ و شرط ضروری شکوفائی ایدئولوژیهای سوسیالیستی می‌باشد.

بیژن دوران پس از جنگ جهانی دوم را دوران کثرت‌گرائی در مشی کشورهای سوسیالیستی میداند که بر اساس تفاوت شرایط تاریخی- اجتماعی این کشورها خود را بنحو اجتناب‌ناپذیری در قالب یک مشی منحصر بفرد بیان می‌کنند. این مفهوم منحصر بفرد نقشی کلیدی دررابطه با ایده دموکراسی در ادبیات سیاسی بیژن بازی میکند. بر اساس این مفهوم، صلاحیت تدوین مشی در هر کشوری تنها و تنها دراختیار و انتخاب رهبران سیاسی این کشورهاست. در حقیقت مفهوم منحصر بفرد بودن مشی در هر کشوری، که در رابطه دیالکتیکی و تعیین‌کننده‌ای با ویژگی‌های تاریخی- اجتماعی آن کشور قرار دارند و بنا بر تعریف این ویژگی‌ها به دور از دسترس قطب‌های جهانی چپ است، راه را بر شکل‌گیری «اصل خطاناپذیری» و عقل کل دانستن کشور قطب سد می‌کند. با اتکاء به چنین مفهومی است که او راه برون‌رفت از بحران دهه ۶۰ میلادی را نه در بازگشت به ایده قطب‌ها، بلکه در پیوند یافتن با ایده دموکراسی می‌بیند، که خود را بصورت ضرورتی تاریخی و عاجل (در دوران پس از جنگ جهانی دوم) بر نیروهای چپ تحمیل کرده است.

بنابراین از نظر بیژن آنچه در این انقلاب و بحران جهانی چپ مطرح است نه «نجات رمانتیسم انقلابی» با اتکاء به اندیشه مائو، بلکه پذیرش تضاد میان کشورهای سوسیالیستی و گسست از ایدئولوژی‌های پدرسالارانه با اتکاء به ایده دموکراسی می‌باشد.

بیژن در گفتمان زیر، راه برون رفت از بحران در ایدئولوژی‌های پدرسالارانه (استالینیسم) را به روشنی بیان میدارد: «... در شرایطی که (بعلت قطب‌گرائی دوران استالین) روابط بین‌المللی جنبش کارگری و کشورهای سوسیالیستی مدت‌ها دچار انحرافی جدی بوده است، سرانجام پس از بروز این اختلاف‌هاست که جنبش کارگری و کشورهای سوسیالیستی اسلوب صحیح‌تری برای همبستگی خود پیدا می‌کنند و به سلطه یک حزب بر همه و رهبری یک کشور بر همه کشورها، خاتمه داده میشود و ناگزیر راه برای تساوی برادرانه حقوق باز خواهد شد». (صفحه ۱۹۱ جمع بندی ۳۰ ساله ...)

مطابق این برداشت بیژن از ماهیت و سرشت این اختلافات و بحران جنبش جهانی چپ در اوائل دهه ۶۰، راه برون‌رفت از این بحران نه در گرویدن به اندیشه‌های مائو جهت فائق آمدن بر بی‌اعتباری ادبیات مارکسیستی در محافل روشنفکری چپ، بلکه در پذیرش «تساوی برادرانه حقوقی» (و نه صوری و تبلیغاتی آن) برای دموکراتیزه کردن مناسبات میان کشورهای سوسیالیستی و جنبش‌های رهائی‌بخش میباشد. از نظر بیژن استراتژی عمومی حزب کمونیست چین که برپایه اصل خطاناپذیری رهبری این حزب شکل گرفته است، در اساس همان استالینیسم است و با ایده دموکراسی (تساوی حقوقی) در ستیز و بیگانگی قرار دارد و پذیرش آن را از طرف بخشی از جنبش چپ در ایران (مائوئیست‌ها) با توجه به تجربیات تاریخی جنبش، زمینه تکرار همان اشتباهات حزب توده (استالینیسم) می‌داند. بیژن مائوئیست‌ها را نیروهائی می‌داند که: «در برخورد با مسائل بین‌المللی ... دنباله‌روی بی چون و چرای سیاست و شعارهای حزب کمونیست چین‌اند. این‌ها عملاً تمام مناسبات احزاب کمونیست را با حزب کمونیست شوروی در زمان استالین صحه می‌گذارند و امروز همان رسالت را برای حزب کمونیست چین و رهبران آن قائلند. عجیب این است که این

سرسپردگی غیر مارکسیستی در جنبش خلق ما با تمام خصوصیات مضحک آن باید تکرار شود. این پروسه‌ها در برخورد با مسائل داخلی حزب کمونیست چین بدون قید وشرط از «جریان حاکم» تبعیت میکنند. هنگامیکه لین پیائو کتاب سرخ را همچون آیات منزل و یا اوراد و طلسمات برای رفع هرگونه اپورتونیسم وکشف راه حل هر مساله سیاسی، اقتصادی و اجتماعی عرضه میکند، اینان نیز در اینجا این عبارات را از بر می‌کنند و هنگامی‌که اعلام می‌شود لین پیائو خائن بوده و سال‌ها چهره خود را پنهان کرده است این حکم را تکرار می‌کنند. اینان چشم خود را بر نارسائی‌ها واشتباهات دولت توده‌ای چین در برخورد با مسائل جهانی بسته‌اند. اینان انقلاب کوبا را قبول ندارند زیرا پروسه‌ای که این انقلاب طی کرده با نتیجه چینی انقلاب عیناً مطابقت ندارد.» (صفحه۹۰ نبرد با دیکتاتوری شاه). موضع این جریانات مائوئیستی را در این گفتمان بیژن در چند سطر بعد در رابطه با تغییر سیاست خارجی چین نسبت به رژیم ایران، این‌گونه می‌خوانیم: «...خلاصه پس از آن‌که چین توده‌ای در لاس زدن با رژیم مخوف دیکتاتوری ایران گوی سبقت را از شوروی سوسیالیستی ربود، این پروسه‌ها دچار دردسر شدند و برای تفسیر این پدیده‌ها به دست و پا افتادند. این‌ها برای توجیه سیاست جدید چین در منطقه سعی کردند به «خطر وحشتناک سوسیال امپریالیسم» متوسل شوند.» (صفحه ۹۰ همانجا). تز سوسیال امپریالیست بودن شوروی (در اواخر دهه ۶۰ و اوایل ۷۰) برساخته چین بود و مضمونی کاملاً ایدئولوژیکی داشت. بیژن این مضمون را اینگونه استنباط میکند: «دولت چین به خاطر مصالح خود و رقابت با شوروی، رقابتی که به دشمنی کشیده شده است، در این منطقه می‌خواهد ولو با کمک امپریالیست‌ها و متحدان انها در منطقه از نفوذ شوروی و «پیشروی ان» جلوگیری کند.» (صفحه ۹۱ همانجا). بنابراین تدوین مشی بر اساس استراتژی عمومی چین یعنی قربانی کردن منافع جامعه ایران برای تامین منافع استراتژیکی دولت چین. بیژن این پرسش اساسی در رابطه با مشی را در برابر جریانات مائوئیستی قرار می‌دهد: «ایا ما (در ایران) در زیر ستم «سوسیال امپریالیسم» به سر می‌بریم یا در زیر سلطه امپریالیسم امریکا وانگلیس و دیگران؟» (ص۹۱همانجا). او پاسخ خود را به این پرسش کلیدی

اینگونه بیان می‌کند: «مصالح جنبش انقلابی ایجاب می‌کند که ما با سیاست نادرست هر کشور سوسیالیستی، خواه چین باشد یا شوروی درکشورمان مخالفت ورزیم. این در عین حال کوششی است در تصحیح سیاست نادرست این دولت‌ها.» (ص۹۱ همانجا). بیژن ماهیت انحرافی این جریانات مائوئیستی را درعبارات زیر بیان میکند: «فقدان تشخیص انقلابی و بی‌ریشگی ایدئولوژیکی در این پروسه‌ها باعث شده که نتوانند درک درستی ازاصل «عدم مجذوبیت به قطب‌ها» که ما سال‌هاست بر آن تاکید می کنیم، داشته باشند.» (صفحه ۹۱ همانجا).

مطابق این گفتمان، بیژن در اندیشه‌های مائو حداقل تا آنجائی که به استراتژی عمومی چین در سطح بین‌المللی برمی‌گردد، همان گرایشات سلطه‌گرایانه شوروی را می‌بیند و هر گونه عدم توجه به آن را برای منافع جامعه ایرانی فاجعه‌بار تلقی می‌کند. البته همان‌گونه که بارها در طول این جستار تکرار کرده‌ایم، او هیچگاه مسعود را همردیف مائوئیست‌ها و در تبعیت از استراتژی عمومی حزب کمونیست چین قرار نمی‌دهد.

مضمون انتقادات بیژن به مسعود را باید در عدم توجه کافی مسعود به ماهیت بحران در جنبش جهانی چپ در رابطه با مفهوم قطب‌های جهانی چپ جستجو کرد. مجذوبیت مسعود نسبت به اندیشه‌های مائو که او محتوای آن را نجات «ایده انقلاب» درتقابل با تزهای رویزیونیستی شوروی تلقی میکرد، نشان‌دهنده عدم آشنائی او با روند تاریخی شکل‌گیری این مفهوم و عدم درک درست از مفهوم دوران پس از جنگ جهانی دوم است. خوشبینی او به مائوئیست‌های ایرانی عمیقاً تحت تاثیر گفتمان ایدئولوژیکی آن‌ها در تکرار اندیشه‌های مائو در رابطه با «نجات ایده انقلاب» قرار دارد. مسعود چنان مجذوب «نجات ایده انقلاب» شده بود که نتوانست رابطه مفاهیم ایدئولوژیکی مورد مناقشه چین و شوروی را با استراتژی عمومی (منافع سیاسی- اقتصادی خاص) آن‌ها ببیند. و با پذیرش تزهای دبره در زمینه مفهوم شرایط عینی انقلاب درک او از پدیده انقلاب هرچه بیشتر رنگی رومانتیکی ومسیحایی می‌گیرد. متاسفانه او در همان سال اول شروع فعالیت فدائیان خلق به جوخه اعدام سپرده شد و (براساس گفته

بیژن به نویسنده این جستار) فرصت تجربه و تصحیح نظراتش در این زمینه را پیدا نکرد. همانگونه که در صفحات پیش گفتیم هواداران مسعود در صفوف سازمان چریک‌های فدائی خلق با دگم ساختن نظرات او تلاش داشتند، راه را بر هرگونه تحولی در مشی این سازمان از جمله نسبت به ماهیت و ریشه تاریخی-اجتماعی بحران در نیروهای چپ، سد نمایند. نظرات حمید مؤمنی دیگر تئوریسین فدائیان خلق و هواداری او از اندیشه‌های مائو و استالینیسم نشان دهنده عدم درک بخش‌های وسیعی از فدائیان خلق از ماهیت مشاجرات ایدئولوژیکی چین و شوروی و ادبیات پدرسالارانه نیروهای چپ سنتی می‌باشد.
مسعود از برسمیت شناختن تضادی بنام تضاد میان کشورهای سوسیالیستی سرباز می‌زند. و این سر باز زدن را نباید با برداشت او از پدیده انقلاب بمثابه پدیده‌ای رومانتیکی ومسیحایی بی‌ارتباط دانست. عدم توجه او به ایده دموکراسی و نقش کلیدی آن در برون رفت از بحران جهانی چپ را باید در همین نگاه رومانتیکی او به پدیده انقلاب جستجو کرد. بیژن با اینکه هر دو جریان پروچینی و پروشوروی را از یک جنس می‌داند اما آن‌ها را بشکل زیر از یکدیگر متمایز می‌سازد: «روشنفکر جوان خارج از کشور (این دو جریان فعالیت‌های‌شان دردهه‌های ۶۰ و۷۰ میلادی اساسا درخارج از کشور بود) که داعیه مبارزه دارد یا طعمه راه و رسم حزب توده میشود و یا به سازمان‌هائی که وجودشان مبتنی بر دفاع از چین است می‌پیوندد. در صورت اول زندگی‌اش در بوروکراسی یک سازمان جامد می‌گذرد و در صورت دوم به موضع‌گیری در مقابل حزب توده و هیاهوی انقلابی‌نمائی وقت می‌گذراند.» (ص۲۵ «آنچه یک انقلابی باید بداند»)َ. می‌بینیم که بیژن در این گفتمان در رابطه با مفهوم عمل، یعنی پرنسیپ ایدئولوژیکی متمایز کننده فدائیان خلق، تا چه حدی از درکی روشن‌تر و عمیق‌تر نسبت به مسعود برخوردار است. اگر بپذیریم که مفهوم عمل در ادبیات فدائیان خلق بر شرکت آزادانه و موثر عامل ذهنی در روند تغییر و تحولات اجتماعی دلالت می‌کند، پس این مفهوم به خودی خود در ستیزی سرنوشت‌ساز با مفهوم قطب قرار می‌گیرد و اصالت محتوائی مفهوم عمل درمیزان موفقیتش در عبور از ایدئولوژی‌های پدرسالارانه (اسطوره قطب) معنا

پیدا می‌کند، که تجربیات محدود مسعود اجازه موفقیت کاملی را در این زمینه به او نمی‌داد.

همان‌گونه که دیدیم بیژن ریشه بحران درچپ جهانی را در دوران پس از جنگ دوم در ایدئولوژی پدرسالارانه (استالینیسم) می‌دید و عبور از آن را امری ضروری و تنها با اتکاء به ایده دموکراسی میسر می‌دانست. همین برداشت است که او را به مواضعی کاملاً متفاوت با مسعود نسبت به اختلافات و مناظرات ایدئولوژیکی میان چین و شوروی می‌رساند. بیژن برخلاف مسعود که جذب طنین گفتمان‌های رادیکال و انقلابی حزب کمونیست چین شده و به جانبداری از اندیشه‌های مائو می‌پردازد، بر اساس ایده دموکراسی، موضعی غیرجانبدارانه نسبت به هردو قطب جهانی چپ را برمی‌گزیند و آن را چنین توضیح می‌دهد: «اما وظیفه این جنبش (رهائی‌بخش) در مقابل تضاد این دولت‌ها (دولت‌های سوسیالیستی) چیست؟ جنبش‌های رهائی‌بخش قدرت و حق حل و فصل این تضاد را ندارند. آنها میتوانند برای کاهش تضادها در سوق دادن آن به مسیر اصولی حل و فصل، کوشش‌هائی بکنند. ولی حل و فصل تضادها در دست آن‌ها نیست. آن‌ها باید به وظایف انقلابی خود در جهت رهائی خلق خود ادامه دهند. آنها باید از کشورهای سوسیالیستی بخواهند که در هر مرحله به جنبش رهائی‌بخش کمک کنند، صرفنظر کردن از نقش کشورهای سوسیالیستی در جنبش رهائی بخش غیر ممکن است. تنها باید از دامن زدن به تضاد دولت‌های سوسیالیستی و فرصت‌طلبی در این مورد خودداری کرد. باید شرایطی را بوجود آورد که دولت های سوسیالیستی علیرغم تضاد خود به حداکثر وظایف خود در قبال جنبش‌های رهائی‌بخش عمل کنند. مشی‌ای که بنظر ما رهبری خلق ویتنام برگزید و آن را با موفقیت بکاربست، تجلی چنین سیاستی است». (صفحه۱۹۳ جمع‌بندی ۳۰ ساله...)

متبلور شدن مواضع بیژن در مدل «مشی رهبری خلق ویتنام» که مبتنی بر عدم جانبداری از مواضع ایدئولوژیکی و استراتژیکی عمومی دولت‌های سوسیالیستی چین و شوروی می‌باشد، نشان دهنده درک عمیق او از ریشه‌های تاریخی بحران دهه ۶۰ میلادی در جنبش جهانی چپ است. او با صراحت پایان یافتن

«اسطوره قطب جهانی» را این‌گونه اعلام می‌کند: «درشرایطی (دوران پس از جنگ جهانی دوم) که دوره تک رهبری پایان یافته و غیرقابل بازگشت است» (صفحه ۱۹۲)، و هر گونه تلاشی برای احیاء این مفهوم را ناممکن ارزیابی می‌کند. بیژن با مدل قرار دادن «مشی رهبری ویتنام»، سعی میکند مواضع خود را از یک طرف با نیروهای سنتی چپ (حزب توده و هواداران مائو) و از طرف دیگر با مواضع هواداران مسعود در صفوف سازمان چریک‌های فدائی خلق، که با دگم کردن گرایش جانبدارانه مسعود از اندیشه‌های مائو، مشی فدائیان خلق را در معرض نوعی سکتاریسم قرارداده بودند، کاملاً متمایز سازد. گفتمان فوق او اساساً گفتمانی استراتژیکی است که تلاش دارد لحظه تدوین مشی را بر پایه واقعیات موجود دوران پس از جنگ دوم و بدور از حساسیت‌های رمانتیکی و مسیحایی نسبت به مفهوم انقلاب درمناظرات ایدئولوژیکی میان چین و شوروی، قرار دهد. ایده دموکراسی (برابری حقوق) درگفتمان‌های بیژن برپایه پذیرش اصل تفاوت شرایط تاریخی- اجتماعی و ایده «منحصر بفرد بودن مشی در هر کشوری» قرار دارد. مفاهیم استراتژیکی در این مشی (منحصر بفرد در هر کشوری) اساساً در جهت دفاع و حفظ منافع اقتصادی-سیاسی خاص هرکشوری (خواه سوسیالیستی و خواه در مرحله رهائی بخش) شکل گرفته و تعریف میشود. بنابراین دیدگاه بیژن در رابطه با پدیده انقلاب در تقابلی جدی با دیدگاه مسعود و چپ‌های جوان، که محبوس در چارچوب‌های رمانتیکی ومسیحائی انقلاب سوسیالیستی بودند، قرار میگیرد. این دیدگاه رومانتیکی و مسیحایی از انقلاب وجود تضاد (منافع اقتصادی- سیاسی خاص) میان کشورهای سوسیالیستی را (بر اساس چنین برداشتی از انقلاب سوسیالیستی) غیر قابل تصور ومغایر با ایدئولوژی مارکسیستی تلقی میکند. در این دیدگاه در تحلیل نهایی منافع اقتصادی- سیاسی خاص این کشورها بنا به تعریف انها از انقلاب سوسیالیستی باید در هارمونی (هماهنگی) و آشتی با استراتژی عمومی (وظایف انترناسیونالیستی) انها درسطح بین المللی باشد. این ذهنیت قادر به دیدن اهمیت این واقعیت تاریخی نیست که جوامع بشری در دوران ما در چارچوب دولت- ملت‌های متفاوت به لحاظ شرایط تاریخی- اجتماعی به زندگی خود ادامه

می‌دهند. و این چارچوب (دولت- ملت) مشی عمومی هر کشور سوسیالیستی را، «چنانکه آزادانه انتخاب شود» تحت تاثیر منافع خاص آن کشور قرار میدهد. بنابر این مناسبات میان کشورهای سوسیالیستی بر اساس چنین تضادی (میان وظایف خاص و عام این کشورها) شکل می‌گیرد و ماهیتاً با نوعی تنش و رقابت همراه است. بیژن در رابطه با تضاد میان دو کشور سوسیالیستی چین و شوروی و نمود آن در عرصه بین‌المللی به مثال زیر متوسل میشود: «درشرایطی که شوروی به عنوان یکی ازمؤسسین سازمان ملل در کنار نماینده چیانکایچک در سازمان ملل می‌نشیند و این امری غیرعادی نیست، چین هنوز راه به سازمان ملل ندارد و در هیچ شرایطی حاضر به پذیرفتن چیانکایچک نیست. این فقط نمونه‌ای از موقعیت‌های مختلفی است که کشورهای سوسیالیست را به برخوردهای متفاوت با مسائل جهانی می‌کشاند.» (صفحه ۱۹۰ همانجا). در حقیقت بیژن با ذکر چنین نمونه‌ای قصد دارد به ماهوی و عینی بودن این تضاد در مناسبات کشورهای سوسیالیستی ابعادی ملموس و مشخص دهد و نگاه چپ جوان را به پدیده انقلاب درکشورهای سوسیالیستی از حالت رمانتیکی ومسیحایی آن خارج ساخته و آن را تابع سختگیری‌های زمینی سازد. او راه برون‌رفت از بحران حاصل از تضاد میان استراتژی عمومی کشورهای سوسیالیستی در عرصه جهانی را، در رابطه با تشخیص درست از تضاد عمده جهانی در چارچوبی رقابتی و دمکراتیک و تطبیق مشی عمومی انها با آن می‌بیند، و در این باره این چنین می‌گوید: «در شرایطی که دوره تک رهبری (مفهوم قطب) پایان یافته و غیرقابل بازگشت است، آن حزب و آن کشوری می‌تواند زمینه بیشتری برای استراتژی خود در جهان بیابد که با واقعیت‌های جهان و عمده‌ترین واقعیت،که در حال حاضر تضاد خلقهای تحت سلطه با امپریالیسم است، برخورد صحیح‌تری بکند. به عبارت دیگر هر کشور سوسیالیستی که بتواند شناخت کامل‌تری از پروسه‌های جهان استعمارزده داشته باشد و استراتژی خود را با این پروسه‌ها هماهنگ سازد، هر کشوری که نیازهای جنبشهای رهائی‌بخش را درک کرده و به انها بهتر پاسخ بگوید، از شرایط بهتری برای کامیابی سیاسی برخوردار خواهد شد. این نه تنها در رابطه با تضاد عمده

امروز جهان، بلکه در رابطه با تضاد عمده بطور کلی، در جهان و یک کشور، صادق است». (صفحه۱۹۲ همانجا)

بدین ترتیب بیژن هرگونه همبستگی‌های انترناسیونالیستی میان کشورهای سوسیالیستی و جنبش‌های رهائی‌بخش را بر اساس هموژنیزه کردن موقعیت‌های خاص تاریخی- اجتماعی کشورهای سوسیالیستی و این جنبش‌ها غیرممکن می‌داند و اصالت را به همبستگی‌هائی می‌دهد که متکی بر به رسمیت شناختن تضاد (میان وظایف خاص و عام) این کشورها باشد. او اختلافات و تنش‌های ناشی از این تضاد (میان این کشورها) را تنها برپایه دموکراتیزه و عقلانی کردن نهادهای ناظر بر مناسبات انها، و نه با توسل به نگاهی رمانتیکی و مسیحائی (نفی این تضاد) از مفهوم انقلاب، میسر می‌داند.

بیژن بر اساس چنین برداشتی از پدیده انقلاب، در ادامه گفتمان فوق که در حول و حوش مواضع و وظایف رهبری جنبش‌های رهائی‌بخش نسبت به تضاد میان کشورهای سوسیالیستی جریان دارد، میگوید: «طبیعی است جنبش رهائی‌بخش در قبال طفره رفتن این دولت‌ها از انجام وظایف خود (وظایف انترناسیونالیستی) حق انتقاد و در صورت ادامه آن حق افشاگری خواهد داشت. معذالک همین حرکت باید با مصالح جنبش انقلابی هماهنگ باشد والا نتیجه منفی بیشتری خواهد داد». (صفحه۱۹۳همانجا)

می‌بینیم که گفتمان‌های فوق او که برای تعیین موضع جنبش چپ نسبت باین تضاد نوظهور (میان کشورهای سوسیالیستی در دوران پس از جنگ جهانی دوم) صورت میگیرد تا چه حدی متکی به دیدگاهی رئالیستی و دموکراتیک و در جهت تأمین حقوق برابر جنبش رهائی‌بخش (یعنی حق انتقاد و حتی افشاگری) نسبت به قطب‌های جهانی چپ (بر زمینه شرایط تاریخی پس از جنگ جهانی دوم) می‌باشد. آزادی حق انتقاد در این گفتمان بیژن نسبت به کشورهای سوسیالیستی تنها در جائی غیرمجاز شناخته میشود که با مصالح جنبش ضد دیکتاتوری نتواند در هماهنگی قرار گیرد و مغایر با پیشبرد مصالح و منافع جامعه ایرانی باشد.

اگر بیژن در آثارش بندرت به انتقاد از ساختارهای سیاسی درون کشورهای سوسیالیستی و توسعه نیافتگی آنها در رابطه با ایده دموکراسی می‌پردازد، انرا نباید به عدم درک و توجهش باین نارسائی‌ها در ساختارهای سیاسی کشورهای سوسیالیستی نسبت داد. گفتمان فوق در حقیقت موضع رئالیستی او را در این زمینه نشان میدهد. بنظر نویسنده این سطور، نبود انتقاداتی آشکار و سیستماتیک به ساختارهای غیردمکراتیک سیاسی در درون این کشورها در آثار بیژن را باید در نگاه رئالیستی او نسبت به چالش‌های ایدئولوژیکی‌اش جستجو کرد. او وزن جنبش چپ در ایران را بسیار کمتر و ناچیز تر از آن میدانست که بتواند بنحوی موثر در چالشی ایدئولوژیکی، توجه کشورهای سوسیالیستی را به چنین مسائلی جلب نماید. او همانگونه که دیدیم مهمترین وظیفه نیروهای چپ در ایران راجدال برسر بازپس‌گیری لحظه تدوین مشی از قطب‌های جهانی چپ میدید، و بحران در جنبش جهانی چپ را فرصتی تاریخی برای بازپس‌گیری این لحظه (مشی) از کانال دموکراتیزه کردن مناسبات میان کشورهای سوسیالیستی ارزیابی میکرد. او همچنین ذهنیت نیروهای چپ ایرانی را با توجه به تجارب تاریخی و زنده آنها در رابطه با سیاست‌های حزب توده بالاخص در رابطه با جنبش ملی شدن نفت که مبتنی بر مفهوم قطب بود، در آمادگی بیشتری جهت درک و جذب ایده‌های دموکراتیک‌اش می‌دید. ما در تمام انتقادات او به مفهوم قطب در ایدئولوژیهای پدرسالارانه، شاهد جدال بی پایان و خستگی‌ناپذیر او جهت بازپس‌گیری لحظه تشخیص مشی و حفظ استقلال و آزادی جنبش چپ ایران نسبت به قطب‌های جهانی چپ می‌باشیم. دیدیم که این لحظه از نظر بیژن خود را بصورت منحصربفرد و در رابطه با منافع عمومی جامعه ایرانی نشان می‌دهد. ما اشاره کردیم که بیژن به این منافع عمومی برپایه تفاوت در شرایط تاریخی- اجتماعی در هر کشوری ابعادی انتولوژیک (هستی شناسانه) داد، و آن را غیرقابل انحلال و جذب در استراتژی عمومی قطب‌های جهانی چپ دانست، و صلاحیت تشخیص آن را تنها برای رهبری جنبش‌های رهائی‌بخش در هر کشوری قائل شد. بنابر این ایده دموکراسی که خود را در ایده استقلال نسبت به استراتژی عمومی قطب‌ها بیان می‌دارد، از پایه‌های انتولوژیکی برخوردار میباشد

که استعداد و ظرفیت‌های لازم را نسبت به جذب مفهوم تفاوت وکثرت‌گرائی، برای ایجاد هماهنگی میان نیروهای چپ درسطح جهانی از خود نشان میدهد.
انتقادات بیژن به مفهوم قطب‌ها و مشی حزب توده در نهایت همواره به انتقاد از عملکرد و رفتار غیردمکراتیک وغیر واقع‌بینانه این حزب، نسبت به سایر نیروهای دموکراتیک و مترقی جامعه (ایرانی)، در جهت ایجاد هماهنگی با آنها در جبهه‌ای واحد در جنبش عمومی منجر میگردد. این مشی و رفتار غیردمکراتیک و غیر مسئولانه حزب توده و مائوئیست‌ها، که در حقیقت از اتکاء انها به «اصل خطاناپذیری» قطب‌های جهانی چپ و تبعیت کورکورانه انها از استراتژی عمومی این قطب‌ها ناشی میشد، خود را بصورت مانعی جدی برای دموکراتیزه کردن ذهنیت نیروهای چپ، چه در روابطشان با کشورهای سوسیالیستی (عدم تبعیت کورکورانه) و چه در روابطشان نسبت به نیروهای مترقی و ملی جامعه ایرانی نشان میدهد. در واقعیت بیژن با طرح ایده استقلال در مقابل قطب‌های جهانی چپ، بنحوی دیالکتیکی و متقاعد کننده به ضرورت دموکراتیزه کردن ایدئولوژهای چپ در جامعه ایران بمثابه امری حیاتی در ایجاد هماهنگی میان نیروهای دموکراتیک و چپ در جنبش عمومی در ایران می‌رسد.[۲۴]
از نظر بیژن این نیروهای اجتماعی داخلی به لحاظ خاستگاه و مطالبات تاریخی‌شان از یکدیگر متمایز و متفاوت می‌باشند و در جنبش عمومی (بطور نمونه در جنبش ملی کردن نفت میان جبهه ملی و حزب توده) همواره درجهت تأمین هژمونی و منافع خود با یکدیگر به رقابت برمی‌خیزند. بنابراین از دیدگاه او ایجاد شرایطی دموکراتیک، برای بوجود آوردن چنین رقابت اجتناب‌ناپذیری میان این نیروهای اجتماعی متفاوت و همچنین کنترل تنش‌های ناشی از این رقابت در جهت حفظ یکپارچگی و هماهنگی آنها در جنبش عمومی، به امری ناگزیر تبدیل میشود.
بدین ترتیب با کنارگذاشتن «اصل خطاناپذیری» قطب‌های جهانی چپ (حقیقت مطلق)، نیروهای چپ بایستی بناچار برای تأمین هژمونی(مشی) خود در جنبش عمومی وارد رقابتی جدی بر اساس معیارهائی دموکراتیک با سایر نیروهای اجتماعی گردند. از نظر بیژن هیچ پیش‌شرطی بمثابه ضرورتی تاریخی

(ماتریالیسم تاریخی) که بتواند ضامن موفقیت نیروهای چپ در این رقابت خود با نیروهای ملی و دموکراتیک در زمینه در دست گرفتن رهبری در جنبش‌های عمومی باشد، وجود ندارد. تنها پیش شرط لازم در این رقابت دموکراتیک، تشخیص درست تضاد عمده در هر مرحله از مبارزات اجتماعی و ظرفیت بسیج و هدایت اقشار و طبقات متفاوت اجتماعی در حول شعارهای عمومی درست میباشد. از نگاه بیژن تشخیص درست شعارهای جنبش عمومی یا به بیانی دیگر تضاد عمده در هر مرحله از روند مبارزات اجتماعی ابژه‌ایست (موضوعی است) که در رابطه با آن رهبری جنبش عمومی تعریف می‌گردد، نه پیش‌شرط‌هائی بر اساس ضرورت‌های انتزاعی و متافیزیکی نهفته در دل تاریخ که تنها قطب‌های جهانی چپ به آن‌ها دسترسی دارند. تمام روایت‌های او از تاریخ سیاسی از انقلاب مشروطه به بعد در حول و حوش کشاندن توجه نیروهای چپ به این واقعیت تاریخی است، که در مجموع در عرصه رقابتی نیروهای بورژوازی (ملی) ایران نسبت به نیروهای چپ که همواره متکی به ایده‌هائی انتزاعی و متافیزیکی متکی به اتوریته «خطاناپذیری» قطب‌های جهانی چپ بوده‌اند، از دیدگاه‌ها و مشی واقع‌بینانه‌تری نسبت به طرح مطالبات جنبش عمومی برخوردار بوده‌اند. از نظر بیژن در رقابت میان نیروهای متفاوت سیاسی چیزی که مطرح است تشخیص درست تضاد عمده (طرح شعارهای درست برای جنبش عمومی) می‌باشد و این تشخیص درست در انحصار هیچ یک از نیروهای سیاسی نیست و هیچ ایدئولوژی (از جمله مارکسیسم) نمی‌تواند به صرف ادعای داشتن حقانیت بیشتر، از پیش نتیجه این رقابت را پیش‌بینی کرده و دیگران را دعوت به تبعیت از خود نماید.[۲۵]

رهبری جنبش عمومی باید بر بستر مبارزات عملی و با اتکاء به معیارهای دموکراتیک مشخص شود. بدیهی است از چنین دیدگاهی هر نیرویی که شایستگی بیشتری درطرح شعارهای عمومی درست و پیشبرد عملی انها داشته باشد از شانس بالاتری برای رهبری جنبش برخوردار است. او نمونه روشن آن را در مبارزات ملی شدن صنعت نفت به رهبری شخص مصدق می‌بینند.

بدین ترتیب می‌بینیم که ایده دموکراسی نه درقالبی انتزاعی و کلی (متافیزیکی)، بلکه همچون ضرورتی مشخص (درشرایط تاریخی پس از جنگ جهانی دوم) که حاصل انتقادات او به ایدئولوژی‌های پدرسالارانه قطب‌های جهانی چپ می‌باشد، او را نسبت به سایر رقبای فکری‌اش در درون جنبش چپ ایران متمایز و متفاوت میسازد.

او با اینکه انتقادات خود را بنابر دلایلی که در فوق دیدیم صرفاً در چارچوب استراتژی عمومی قطب‌های جهانی چپ درعرصه بین المللی محدود کرده است و از دخول در کاستی‌های درونی این قطب‌ها بنا به ملاحظات سیاسی و منافع جنبش عمومی ضد دیکتاتوری جامعه ایرانی خودداری می‌ورزد، اما لحظاتی این محدودیت‌ها شکسته میشود. این لحظات، اساساً لحظاتی است که وظایف این قطب‌ها (چین و شوروی) نسبت به نیروهای چپ و دموکراتیک ایرانی در کادری مشخص مطرح است.

او در یکی از انتقادات خود نسبت به کشورهای سوسیالیستی تا آنجائی‌که ضعف‌های سیستم‌های سوسیالیستی در رابطه با ایده دموکراسی را نشان می‌دهد، این‌گونه بیان میدارد: «ما می‌خواهیم که محافل اجتماعی کشورهای سوسیالیستی مانند محافل اجتماعی اروپای غربی به جنایات رژیم ایران اعتراض کنند و افکار عمومی این کشورها از آنچه در ایران می‌گذرد، آگاه گردند». (صفحه ۱۲۲ همانجا).

آیا این انتقادات او که در رابطه با وظایف کشورهای سوسیالیستی نسبت به جنبش عمومی ضد دیکتاتوری در ایران می‌باشد، منعکس کننده حساسیت او نسبت به ایده دموکراسی و انتقاد به غیبت آن در این سیستم ها در مقایسه با جوامع غربی نیست؟ بی‌تردید پاسخ مثبت است. نمی توان باور داشت که او از عدم وجود جامعه مدنی در کشورهای سوسیالیستی که از الزامات آزادی‌های فردی و اجتماعی است، بی‌اطلاع بوده باشد. بنابراین اشاره او به مفاهیمی همچون «محافل اجتماعی» کشورهای سوسیالیستی و مفهوم «افکار عمومی» آن‌هم در مقایسه و همانندی آنها با جامعه مدنی غرب انتقادی است غیرمستقیم به ایدئولوژی‌های پدرسالارانه (استالینیسم)، که در نفی جامعه مدنی تعریف

میشوند. ایده دموکراسی را می‌توان به حق ایده هدایت‌گر بیژن در تمامی انتقاداتش نسبت به ایدئولوژی‌های سنتی پدرسالارانه و بقایای بجای مانده از آن در مشی مسعود به حساب آورد. ما در بخش‌های پیش این جستار دیدیم که او چگونه برخلاف مسعود و پویان در تقویت و تشویق فعالیت‌های مدنی و سازمان دادن به این فعالیت‌ها کوشا بود و این فعالیت‌ها را بمثابه امری ضروری و بمثابه پای دوم جنبش عمومی ضد دیکتاتوری محسوب میداشت. او دربازتاب دادن این فعالیت‌ها و نقش استراتژیکی انها در مشی ضد دیکتاتوری فدائیان خلق اصرار داشت.

ما می‌توانیم حساسیت بیژن رانسبت به ایده دموکراسی در تعریف او از وظایف هسته‌های سیاسی- صنفی بروشنی ببینیم. او در آثارش همان‌گونه که در صفحات قبلی به آن اشاره داشتیم از نقش هسته‌های سیاسی- صنفی در شرایط دیکتاتوری و جو خفقان و ترور بمثابه همان نقش سندیکاها در نظام‌های دموکراتیک یاد کرده و نقش این هسته‌ها را در رابطه با بسیج توده‌ها در حول مطالبات روزمره آنان در استراتژی مبارزات عمومی ضددیکتاتوری نیروهای اپوزیسیون غیرقابل گذشت میداند. بیژن بسط و گسترش این اشکال سنتی مبارزاتی را از آنجائی که جامعه مدنی ایران از آنها تجربیات زنده و مستقیمی بلحاظ تاریخی دارد، کانال‌های مؤثری جهت پایان دادن به انفعال و تماشاچی بودن آنها نسبت به مبارزات عمومی ضد دیکتاتوری می‌داند. در حقیقت بیژن مضمون و سرشت مطالبات مدنی را که بطوری خودجوش در رابطه با مشکلات روزمره و معیشتی مردم بوجود میآید، از جنس دیگری نسبت به جامعه سیاسی و دولتی ارزیابی می‌کند که برای بیان و بروز خود بایستی نسبت به ساختارهای دولتی و حزبی مستقل و متمایز باشد. اهداف این هسته‌ها در آثار بیژن همان‌گونه که درعملکرد انها در مشی او دیدیم، مطلقاً در وابسته کردن تشکل‌های مدنی به سازمان چریک‌های فدائی خلق نمی‌باشد. اهداف این هسته‌ها (بنا بر گفتمان‌های بیژن) اساساً در رابطه با بسط و اعتلای مطالبات مطرح شده در این جنبش‌هاست، که در رابطه مستقیم با مسائل معیشتی و زندگی روزمره مردم قرار دارد. بنابراین، این هسته‌ها چه به لحاظ ساختار

سازمانی و چه بلحاظ وظایف و اهدافی که دنبال میکنند باید نسبت به گروه‌های سیاسی- نظامی در سازمان چریک‌های فدائی خلق ازاستقلال برخوردار باشند. ما در مبحث هسته‌های سیاسی- صنفی از ارتباط دیالکتیکی این هسته‌ها با بخش سیاسی- نظامی این سازمان و استقلال هر یک از این دو بخش از یکدیگربطور مفصل صحبت کردیم و در اینجا از تکرار آن‌ها خودداری می‌ورزیم. چنین استنباطی از جامعه مدنی در رابطه با ایده دموکراسی را در جنبش فدائیان خلق و چپ ایران، ما مدیون انتقادات بیژن میباشیم. همانگونه که درصفحات پیش گفتیم نقش جامعه مدنی و اهمیت ایجاد هسته‌های سیاسی- صنفی بمثابه پای دوم سازمان چریک‌های فدائی خلق هرگز بدرستی از طرف رهبری این سازمان درک نشد. وظایف این هسته‌های سیاسی- صنفی حتی در محیط‌های دانشجوئی که از خود آمادگی بیشتری نشان میدادند، از مضمون واقعی خود که در رابطه با خواست و مطالبات دانشجویان میباید شکل میگرفت، کاملاً خالی شده و در نهایت تحت تأثیر دیدگاه‌های مسعود قرار میگیرد.[۲۶] و بدین ترتیب این هسته‌ها هرگونه استقلال و تمایز خود را نسبت به تاکتیک‌های قهرآمیز از دست داده و بوسیله این تاکتیک‌ها بلعیده میشوند و در نتیجه این هسته‌ها در ایفای نقش اساسی خود که گسترش و تشویق فعالیت‌های مدنی و اگاه ساختن توده‌ها از پیوند مبارزات روزمره‌شان با جنبش ضد دیکتاتوری عمومی است، باز می‌مانند. او در آخرین اثر خود در سال ۱۳۵۳، پس از دیدن نتایج و تأثیرات مشی متکی بر تاکتیک‌های سیاسی- نظامی فدائیان خلق و عدم موفقیت آنان در بسیج و ارتباط با جامعه مدنی در چارچوب اشکال قهرآمیز، آنان را تشویق به ایجاد هسته‌های سیاسی- صنفی بمثابه امری عاجل و اجتناب‌ناپذیر میکند و از آن بمثابه پای سیاسی یا پای دوم جنبش ضد دیکتاتوری یاد می‌کند که بدون آن جنبش ضد دیکتاتوری با اتکاء صرف به تاکتیک‌های سیاسی- نظامی در نهایت خسته و فرسوده و از پای درخواهد آمد.

عدم موفقیت سازمان چریک‌های فدائی خلق در درک گفتمان‌های بیژن در زمینه اهمیت استراتژیک و عاجل ایجاد این پای دوم سیاسی و وظایف و مضمون هسته‌های سیاسی- صنفی، بلاتردید سهم بسیار مهمی در ضربات

سنگین و جبران ناپذیر ۸ تیر سال ۱۳۵۵به عهده دارد. در این ضربات حمید اشرف، چهره افسانه‌ای این سازمان و تقریباً تمامی کادرهای رهبری فدائیان جان باختند. و «اپورتونیستم راست» که درادبیات سیاسی بیژن نام دیگر حزب توده محسوب میشود، توانست پس از این ضربات سر از لاک خود بیرون آورده و با اندرزگوئی ملال آور خود با لحنی پدرانه به نسل جوان به تبلیغ و ترویج ایدئولوژی خود بپردازد. بی‌سبب نبود که بیژن آخرین اثر خود را، با چنین هشداری به فدائیان خلق به پایان میرساند. «... در حال حاضر مبارزه با اپورتونیسم راست که در بیرون از جنبش مسلحانه کمین کرده است، از کانال مبارزه با اپورتونیسم چپ (مشی مسعود- پویان) درون جنبش انقلابی مسلحانه می‌گذرد». (صفحه۱۰۴)

نباید فراموش کرد که استراتژی انحلال در حزب توده که از طرف شاخه اکثریت این سازمان پس از انقلاب بهمن سال ۱۳۵۷ دنبال میشد، بر پایه رد مواضع ایدئولوژیکی بیژن در زمینه تئوری قطب‌های جهانی چپ و ایده دموکراسی و تغذیه مستقیم از شکست مشی مسعود- پویان، شکل گرفته بود. ورود در این بحث چون بیرون از چارچوب این جستار قرار دارد، باید در موقعیت دیگری مورد بررسی و تحلیل واقع شود.

ما در اینجا بحث خود در زمینه اختلافات ایدئولوژیکی میان بیژن از یک سو و مسعود- پویان از سوی دیگر و بازتاب آن در مشی آن‌ها را به پایان می بریم و بررسی شخصیت حمید اشرف و ایدئولوگ دیگر این سازمان حمید مؤمنی که در سرنوشت سیاسی فدائیان خلق نقش مهمی بازی کرده‌اند را به جستار دیگری وامی‌گذاریم.

حال در پایان این جستار میتوان نکات امده در آن را درمورد اختلافات بیژن با مسعود- پویان در زمینه مفاهیم بنیادین مشی سیاسی سازمان چریک‌های فدائی خلق این‌گونه بازگو کرد. بیژن انتقادات خود را نسبت به هواداران مسعود- پویان در صفوف فدائیان خلق که در صدد دگم ساختن تزهای آمده در «مبارزه مسلحانه، هم استراتژی و هم تاکتیک» و «مبارزه مسلحانه و رد تئوری بقاء» پویان برآمده بودند این‌گونه سامان میدهد: ۱- رد تز دبریستی آنان از «مفهوم

شرایط عینی انقلاب» و به تبع آن «وجود شرایط عینی انقلاب» در شرایط پس از رفرم ارضی و نقش شتاب دهنده این رفرم در بوجود آوردن چنین شرایطی، ۲- رد برداشت آنان از نتایج رفرم ارضی که مبتنی بر شدت دادن تضادهای اجتماعی در شهر و روستا و رادیکالیزه کردن این تضادهاست. برداشت بیژن از نتایج رفرم در تقابلی آشکار با برداشت آنان در این زمینه قرار دارد.

او فرماسیون برآمده از رفرم ارضی را سیستمی از مناسبات اقتصادی- اجتماعی می‌بیند که در سال‌های اولیه پس از استقرارش نوعی همزیستی مسالمت‌آمیز تضادهای اجتماعی در شهر و روستا را به همراه آورده است و شدت‌گیری و رادیکالیزه شدن این تضادها را که از کیفیتی سرمایه‌دارانه (وابسته) و نوین نسبت به سیستم نیمه فئودالی نیمه امپریالیستی برخوردار می‌باشد را، مستلزم گذشت زمان و بحران در این مناسبات جدید اجتماعی میداند.

۳- سومین نکته‌ای که در انتقادات او دیده میشود در زمینه ماهیت قدرت سیاسی در ایران است. بیژن اساساً با برداشت مسعود- پویان از اینکه قدرت سیاسی نماینده امپریالیسم میباشد مخالفتی رادیکال دارد. بیژن با فاصله‌گذاری میان دستگاه حاکمه (کادرهای عالی اداری- نظامی) و برسمیت شناختن استقلال نسبی آن نسبت به عامل امپریالیسم و پایگاه‌های اجتماعی داخلی این قدرت، موفق به درک مشخص‌تری از مکانیزم‌های اعمال قدرت سیاسی در ایران می‌گردد. او فرمول‌بندی مسعود- پویان را در مورد تضاد خلق با امپریالیسم که حاصل تعریف آن دو از قدرت سیاسی است رد میکند، و تلاش می‌کند فرمول‌بندی دیگری را ارائه دهد. او هر چند به یک فرمول‌بندی قطعی نمی‌رسد اما مضمون این تضاد را در تقابل با برداشت مسعود و پویان اینگونه بیان میدارد: «این مفهوم (تضاد خلق و امپریالیسم)، تضاد خلق با ارتجاع و حامیان خارجی امپریالیستی آن است. تضادی که به طور خلاصه و شاید نارسا، تضاد خلق و امپریالیسم نامیده میشود». (صفحه۱۴۳ جمع‌بندی سی ساله...)، آنچه در این برداشت انتقادی او نسبت به هواداران مسعود- پویان بچشم میخورد، در حقیقت همین فاصله‌گذاری و استقلال نسبی وتضاد دستگاه حاکمه با عامل امپریالیسم علیرغم اتحاد با آن (در قدرت سیاسی) است. این مدل انالیز قدرت سیاسی به او

امکان رؤیت تضاد عمده (دیکتاتوری فردی شاه) را میدهد. در حقیقت او با اتکاء به چنین استقلال نسبی دستگاه حاکمه نسبت به عوامل امپریالیستی و پایگاه طبقاتی‌اش (بورژوازی وابسته) توانست کانون واقعی قدرت را در شرایط اجتماعی – سیاسی پس از ۱۵ خرداد ۱۳۴۲ در دربار و شخص شاه ببیند و تضادهای موجود در درون رژیم را در چنین رژیمی آشکار ساخته و هدف استراتژیکی جنبش عمومی را در آن مرحله از رشد و تحول تضادهای اجتماعی درسال‌های پس از رفرم ارضی، نه در رابطه با امپریالیسم که در رابطه با دیکتاتوری شاه ارزیابی نماید. این نگاه بیژن به ساختار قدرت سیاسی امکان بهره‌برداری از تضادهای درون رژیم را هرچه بیشتر فراهم آورد و به جنبش عمومی در یافتن چشم اسفندیار رژیم یاری فراوان رساند. بدین طریق او توانست از ریسک مطلق کردن عامل امپریالیسم، که همواره باعث عدم حساسیت جنبش‌های رهائی‌بخش به ایده دموکراسی میشود، تا حد ممکن بکاهد.

شکل‌گیری مفهوم تضاد عمده در ذهنیت بیژن و اصرار او در متمایزکردن چنین مفهومی از تضاد اساسی جامعه که ناظر بر تضادهای ناشی از مناسبات اقتصادی و تولیدی است، اساساً نشان‌دهنده تلاش‌های او است برای دادن استقلال به حوزه سیاست و درک رابطه دیالکتیکی و مشخص آن با عوامل زیربنائی (تضاد اساسی در یک فرماسیون اجتماعی). تشخیص تضاد عمده همچون کانونی است که امکان بسیج و همگرائی تمام تضادها (نیروها) را خواه در بالا و خواه در پائین برعلیه رژیم فراهم میسازد. ما چنین مفهومی (تضاد عمده) را در آثار مسعود و پویان مشاهده نمی‌کنیم. عدم توجه به چنین مفهومی است که مسعود را به طرح شعار «حاکمیت خلق» به مثابه شعار استراتژیکی برای جنبش عمومی هدایت میکند. این شعار و یا شعار مرگ بر «امپریالیسم و سگ‌های زنجیریش»، قادر به در برگرفتن و بهره‌برداری از تمام تضادهای موجود در سیستم نبوده و به بیان دیگر با انحلال دستگاه حاکمه در قدرت امپریالیستی، مفهوم تضاد عمده را به مفهوم تضاد اساسی جامعه تقلیل داده و در نتیجه حامیان این شعار از درک

سرشت دیکتاتوری در سالهای پس از رفرم ارضی که همانا دیکتاتوری فردی شاه و دربار میباشد، باز میمانند.

بنابراین اختلافات بیژن با مسعود- پویان در زمینه تضاد عمده و تفاوت آن با تضاد اساسی جامعه و رابطه دیالکتیکی آن دو با یکدیگر از اهمیت خاص استراتژیکی برخوردار است که در نهایت خود را در شعار استراتژیکی جنبش عمومی بصورت «نبرد با دیکتاتوری شاه بمثابه عمدهترین دشمن خلق» در مقابل شعار «مرگ بر امپریالیسم و سگهای زنجیریش» بیان میدارد.

۴ - چهارمین مفهومی که اختلافات بیژن و رقبای فکریش را بیان میدارد، مفهوم دوران میباشد. تفاوت دیدگاههای بیژن و مسعود در این زمینه تا آنجائیکه به بازتاب مفهوم دوران در مشی برمیگردد، عمدتاً در حول و حوش ماهیت بحران جهانی در جنبشهای چپ و کشورهای سوسیالیستی در اوائل دهه ۶۰ میلادی و موضع جنبش چپ در ایران نسبت به این بحران، جریان مییابد. بیژن یکی از مشخصههای شرایط تاریخی پس از جنگ جهانی دوم را حاصل تکثر کشورهای سوسیالیستی میداند که در شرایط متفاوت تاریخی- اجتماعی مبادرت به ساختمان سوسیالیسم در کشورهای خود مینمایند واین شرایط متفاوت ضرورتا مشی منحصر بفردی را در هر کشور ایجاب میکند. اما ازنظر او مفهوم قطبهای جهانی چپ متکی بر ایدئولوژی پدرسالارانه (استالینیسم)، اجازه و امکان شکلگیری چنین کثرتگرائی را در زمینه اتخاذ مشی برپایه تفاوت و ویژگیهای تاریخی- اجتماعی هر کشوری نمیدهد. او در گفتمان خود پیرامون دوران پس از جنگ جهانی دوم، ریشه این بحران را در تضاد میان این ضرورت تاریخی (کثرتگرائی در مشی) و مفهوم قطبهای جهانی چپ (استالینیسم) میبیند، و در نتیجه راه برونرفت از چنین بحرانی را در به رسمیت شناختن تضاد میان کشورهای سوسیالیستی و حق آزادانه انتخاب مشی در هر کشوری، خواه سوسیالیستی و خواه در مرحله جنبش رهائیبخش، میداند. هسته مرکزی استدلالات بیژن بلحاظ ایدئولوژیکی در این است که انقلاب سوسیالیستی نمیباید و نمیتواند منافع خاص اقتصادی- سیاسی هر کشوری را از بین برده و آن را در استراتژی عمومی قطبهای جهانی چپ که

خود را بازتاب دهنده منافع تمامی کشورهای سوسیالیستی و جنبش‌های رهائی‌بخش معرفی می‌کنند، منحل نماید. از نظر بیژن، استراتژی عمومی این قطب‌ها در رابطه با منافع خاص اقتصادی- سیاسی آنان شکل گرفته و قادر به بازتاب دادن منافع خاص و متفاوت دیگر کشورها و جنبش‌ها و هماهنگ کردن کلیه این منافع متکثر نمی‌باشد.

بنابر این باید به ایده دموکراسی در آثار بیژن بمثابه بدیلی در تقابل با ایده‌های پدرسالارانه برای خروج از بحران جنبش جهانی چپ متکی شده و به آن در دوران پس از جنگ جهانی دوم، همچون ضرورتی تاریخی و ناگریز نگاه کرد. بر اساس این نگاه است که بیژن برخلاف مسعود موضعی جانبدارانه نسبت به چین و شوروی اتخاذ نکرده و موضع جانبدارانه مسعود را نسبت به چین غیرقابل قبول می‌داند، و این موضع را بالاخص در تضاد با منافع جنبش چپ و جنبش عمومی ضد دیکتاتوری ارزیابی می‌کند. بیژن در گفتمان‌های خود درباره دوران، تلاش می‌کند توجه هواداران مشی مسعود- پویان را در صفوف فدائیان خلق به ضرورت ایده دموکراسی و ضرورت گسست از ایدئولوژی‌های پدرسالارانه دو قطب بزرگ جهان سوسیالیستی (چین و شوروی)، بمثابه ضرورتی تاریخی و عاجل، جهت پایان دادن به بحران در جهان چپ، جلب نماید و بدین ترتیب لحظه تدوین مشی را از گرایشات رمانتیکی و مسیحائی مفهوم انقلاب دور ساخته و آن را در رابطه و در پیوند با دیدگاه‌های رئالیستی قرار دهد که تابع سختگیری‌های قوانین و قواعد زمینی می‌باشند. شاید بتوان هسته مرکزی انتقادات بیژن را از خلال اختلافات او با مفاهیم بنیادین مشی مسعود اینگونه بیان داشت که دوران پس از جنگ جهانی دوم، دوران تکثرگرائی (مشی منحصر بفرد در هر کشوری) در جنبش‌های جهانی چپ و گسست از ایدئولوژی‌های پدرسالارانه (استالینیسم) بمثابه ضرورتی تاریخی می‌باشد و این گسست باید با هدف بازسازی ایدئولوژی‌های مارکسیستی با اتکاء به ایده دموکراسی صورت گیرد.

بنابراین اگر هسته مرکزی تلاش‌های فکری بیژن را در درک و جذب ایده دموکراسی بمثابه امری تاریخی و ضروری ببینیم، این ایده در نهایت در تقابلی

آشتی‌ناپذیر با برداشت‌های رمانتیکی و مسیحائی از مفهوم انقلاب قرار می‌گیرد که هواداران مسعود- پویان در آن سال‌ها آن را در مشی ماجراجویانه خود منعکس و متبلور ساخته بودند. ایده دموکراسی اساساً در رابطه با دیدگاه‌ها و ارزیابی‌هائی رئالیستی از «ایده انقلاب» و در مصاف با چنین دیدگاه‌های رمانتیکی و مسیحائی از انقلاب، خود را تعریف می‌نماید. ایده رمانتیکی از «انقلاب»، از آن جهت با ایده دموکراسی در تضاد قرار میگیرد که از رؤیت تفاوت منافع خاص اقتصادی- سیاسی هر کشوری در پروسه ساختمان سوسیالیستی بازمانده و هرگونه اختلاف و تضادی میان کشورهای سوسیالیستی و جنبش‌های آزادیبخش را در بیگانگی با ایدئولوژی‌های انقلابی مبتنی بر ادبیات مارکسیستی تلقی می‌کند. بدین ترتیب در ایده دموکراسی که مبتنی بر دیدگاهی کاملاً رئالیستی است (پذیرش تضاد و پلورالیسم در مشی میان کشورهای سوسیالیستی)، ما شاهد مناسباتی کاملاً هماهنگ (هارمونیک) و بدور از تنش و اختلاف میان آن‌ها نیستیم. در این برداشت رئالیستی از انقلاب برسمیت شناختن تضاد میان کشورهای سوسیالیستی در دوران پس از جنگ جهانی دوم، که ریشه درتضاد میان وظایف عام (استراتژی عمومی در سطح بین‌المللی) این کشورها و وظایف خاص آن‌ها (منافع خاص اقتصادی- سیاسی آن‌ها) دارد، به ضرورتی تاریخی تبدیل شده است. بیژن بر اساس چنین برداشتی راه خروج از بحران جهانی چپ را نه در مجذوبیت به اندیشه‌های مائو برای نجات ایده انقلاب، بلکه در دموکراتیزه کردن مناسبات میان کشورهای سوسیالیستی می‌داند. و اتخاذ موضعی بیطرفانه را نسبت به دو قطب جهانی چپ به فدائیان خلق توصیه می‌نماید. شاید بتوان گفت ایده دموکراسی، که در آثار او همواره در رابطه دیالکتیکی با ایده استقلال ضرورت تاریخی خود را مطرح میکند، مهمترین دستاورد فکری او باشد. این ایده در آثار بیژن حامل محدودیت‌های تاریخی خود میباشد، اما از آنجائی‌که بیژن مفهوم تفاوت (پلورالیسم) در شرایط تاریخی- اجتماعی میان کشورها را در شکل و محتوی منحصر بفرد خود می‌بیند، بنابر این میتوان ادعا داشت که در ادبیات سیاسی بیژن ایده دموکراسی از پایه‌ای آنتولوژیکی برخوردار بوده و غیرقابل تقلیل میباشد.

از نظر نویسنده این جستار ضعف بزرگ بیژن در زمینه ایده دموکراسی عدم برخورد روشن و مشخص او نسبت به تز ماتریالیسم تاریخی در ایدئولوژی‌های سنتی چپ (استالینیسم) میباشد. در این تز، تحولات تاریخی جامعه بشری باید در روندی قانونمند و مرحله‌بندی شده از پنج فرماسیون اجتماعی کمون اولیه، برده‌داری، فئودالیسم و سرمایه‌داری عبور کرده و سرانجام به هدف غائی و از پیش تعیین شده خود یعنی جامعه سوسیالیستی برسد. این تز استالینیستی حامل نوعی جبرگرائی در تحولات اجتماعی و نادیده گرفتن نقش عامل ذهنی، بمثابه عاملی مستقل نسبت به عامل عینی، در این تحولات است. هرگاه به این تز «اصل خطاناپذیری» قطب‌های جهانی چپ را در شناخت علمی از این تحولات تاریخی اضافه نمائیم آنگاه متوجه میشویم که جائی در تفکر چپ برای عامل ذهنی (اکسیون خلاق) و ایده دمکراسی باقی نمی‌ماند. برای نویسنده این جستار روشن نیست آیا به دلیل ملاحظات سیاسی در رابطه با قطب‌های جهانی چپ است که او ترجیح داده است ایده دموکراسی را با اتکاء به مفهوم منحصر بفرد بودن مشی در هر کشوری، که کمتر حساسیت برانگیز بود، مطرح سازد، و یا این‌که دلیل آن را باید در محدودیت‌های تاریخی فکری خود او جستجو کرد. اما در مجموع می‌توان ادعا داشت که بیژن با عبور از ایدئولوژی سنتی پدرسالارانه توانست حساسیت نیروهای چپ را نسبت به ایده دموکراسی برانگیخته و در تلاش‌های فکریش در جذب آن در ایدئولوژهای چپ موفق باشد.

۵- وظایف نیروهای روشنفکری که خود را در تأثیرگذاری و هدایت جنبش‌های خودانگیخته و ایجاد تشکل‌های حزبی نشان می‌دهد، از مفاهیم بنیادین دیگری است که اختلاف بیژن با مسعود و پویان را به‌گونه‌ای چشمگیر منعکس می‌کند. هرچند بیژن در گسست از مفهوم سنتی حزب در ادبیات مارکسیستی جهت مشروعیت بخشیدن به کاربست تاکتیک‌های قهرآمیز در شرایط خفقان و ترور ناشی از رژیم دیکتاتوری، با مسعود و پویان همداستان و هم آواست، اما بلحاظ مضمون و اهداف این تاکتیک‌ها در ناهماهنگی کامل با آنان قرار می‌گیرد. از نظر مسعود- پویان، مضمون این تاکتیک‌ها در رابطه با «وجود شرایط عینی انقلاب» و عمدتاً در خرد کردن ماشین دولتی و ستون فقرات آن یعنی ارتش

شکل میگیرد. هدف از بکارگیری چنین تاکتیک‌هائی از دید آن‌ها خدشه‌دار کردن ضعف مطلق (توده‌ها)-قدرت مطلق (رژیم) در ذهنیت توده‌ها بمثابه عامل اولیه بازدارنده جنبش‌های خودبخودی و گسترش سریع آنهاست.

از دیدگاه بیژن، مضمون تاکتیک‌های قهرآمیز، نه در رابطه با وجود شرایط عینی انقلاب، بلکه اساساً در رابطه با دیکتاتوری فردی شاه و در دوران همزیستی مسالمت‌آمیز تضادهای اجتماعی پس از رفرم ارضی میباشد. بنابر این تأثیرات و نتایج آن بر جنبش‌های خودبخودی اجتماعی را نباید در گسترش آن‌ها در اشکال رادیکال و بکارگیری تاکتیک‌های قهرآمیز بلکه در بسط دامنه این جنبش‌ها در قالب اشکال سنتی و مسالمت‌آمیز (عمدتاً اقتصادی) انتظار کشید. از نظر بیژن ایجاد هسته‌های سیاسی- صنفی در جامعه مدنی (که او از آن بمثابه پای سیاسی فدائیان خلق یاد میکند)، بعدی استراتژیکی دارد که بدون اتکاء به تلفیق آن با تاکتیک‌های قهرآمیز، پیشرفت جنبش ضددیکتاتوری امکان‌پذیر نخواهد بود. بدین ترتیب می‌بینیم که نظرات بیژن چه در زمینه انگیزه و اهداف بکارگیری تاکتیک‌های قهرآمیز و چه بلحاظ نتایج این تاکتیک‌ها با دیدگاه‌های مسعود- پویان تمایزی بنیادین دارد. این تمایز تا آنجائی است که بیژن هواداران مسعود- پویان را به پیروی از یک مشی ماجراجویانه (آوانتوریستی) متهم میسازد و اتکاء بیش از حد آنان را به فداکاری و شجاعت در روند تحولات اجتماعی، اغراق درنقش عامل ذهنی ارزیابی کرده و آنان را تشویق به ترک مواضع ماجراجویانه و گسست از ایده‌های اراده‌گرایانه و رمانتیکی خود مینماید، که سرانجامی بجز شکست برای آنان به ارمغان نمی آورد. شاید بتوان حاصل انتقادات بیژن را به هواداران مشی مسعود- پویان در بیانی فشرده اینگونه مطرح کرد.

هسته مرکزی این انتقادات از یک‌سو متوجه عبور ناموفق مسعود از اسطوره قطب‌های جهانی مبتنی بر ایدئولوژی پدرسالارانه نیروهای سنتی چپ است، و از سوی دیگر، این انتقادات عبور از برداشت‌های رمانتیکی و مسیحائی چپ‌های جوان از پدیده انقلاب را در مد نظر دارد. ایده هدایت‌گر بیژن درانتقاداتش در هر دو مورد مفهوم دموکراسی است که همواره در ادبیات سیاسی او در رابطه دیالکتیکی و تنگاتنگ با مفهوم استقلال (فردی و اجتماعی) قرار دارد. کسانی‌که

این رابطه دیالکتیکی را نادیده میگیرند و تنها به ایده استقلال در دستاوردهای فکری او اکتفا میکنند، عدم درکشان را نسبت به ادبیات سیاسی بیژن نشان می‌دهند. جذب حساسیت به ایده دموکراسی در نیروهای چپ را باید دستاورد بزرگ ایدئولوژیکی بیژن به حساب اورد.

ما امروز فاصله زمانی زیادی با دوران فعالیت فدائیان خلق داریم. جامعه ایران در این فاصله با پشت سر گذاشتن تجربه انقلاب بهمن ۱۳۵۷، فروپاشی بلوک شرق و شتاب گرفتن پدیده جهانی شدن اقتصاد وغیره بکلی دگرگون شده است. محافل روشنفکری درایران امروز نسبت به محافل روشنفکری دهه‌های چهل و پنجاه خورشیدی با پروبلماتیک‌ها و وظایف تاریخی مشخص دیگری مواجه هستند. بنابر این هدف نویسنده این جستار احیاء مفاهیم استراتژیکی و تاکتیکی مشی فدائیان خلق نیست، بلکه هدف اساساً تلاشی است برای شناخت بیشتر این جریان سیاسی و دسترسی پیداکردن به میراث فکری آنها جهت جذب عناصر مثبت آن در ایدئولوژی نیروهای چپ و دموکراتیک ایران امروز. اگر بتوان دموکراسی را در این مرحله از رشد جنبش عمومی ضد استبدادی (جنبش سبز) بمثابه خواست و شعار محوری این جنبش بحساب آورد، می‌توان گفت که میراث بجای مانده از فدائیان خلق در این زمینه را بایستی در تلاش‌های بیژن در رد ادبیات پدرسالارانه با هدف جذب ایده دموکراسی در ایدئولوژی نیروهای چپ و دموکراتیک ایران جستجو کرد. اگر بپذیریم که جنبش سبز در شرایط کنونی با به چالش کشیدن رژیم استبدادی مبتنی بر ایدئولوژی ولایت فقیه (تئوکراسی شیعه = نوعی ایدئولوژی پدرسالارانه از جنس دینی آن) و طرح ایده دموکراسی بمثابه بدیلی درمقابل آن، در پی متحقق کردن این ایده بجای مانده از انقلاب مشروطیت می‌باشد، بنابراین نیروهای چپ و دموکراتیک میتوانند به تلاش‌های فکری بیژن برای عبور از ایدئولوژی پدرسالارانه همچون میراث تاریخی بجای مانده از فدائیان خلق نگاه کرده و دراین چالش بزرگ امروز مردم ایران جهت دستیابی به دموکراسی از آن بهره گیرند. این نیروها با توجه به گفتمان‌های بیژن که در ارتباط با رابطه دیالکتیکی دموکراسی با ایده استقلال صورت گرفته است، بایستی درلحظه تدوین مشی خود، از هر گونه متوسل شدن

به تز اتکاء به نیروی نظامی قدرت‌های جهانی جهت متحقق کردن دموکراسی در ایران بپرهیزند. این تز (صدور دموکراسی با توسل به نیروی نظامی غرب) که هم اکنون در بین بخشی از روشنفکران ایرانی طرفدارانی دارد از اساس با ایده دموکراسی درتضاد است. این تز (استراتژیکی) برساخته نئومحافظه‌کاران امریکایی پس از فروپاشی بلوک شرق (۱۹۹۱ میلادی) است. هدف استراتژیکی دخالت‌های نظامی نئومحافظه‌کاران امریکا را در منطقه خاورمیانه اساسا باید درجهت حفظ و گسترش منافع دولت امریکا و متحدان منطقه‌ای و غربی‌اش مورد تفسیر و ارزیابی قرار داد، نه در رابطه با بسط و گسترش دموکراسی در این منطقه.

ساختار دولت- ملت در این مرحله از تحول جوامع بشری، علیرغم شتاب‌گیری جهانی شدن اقتصاد، هنوز هم لحظه تدوین استراتژی عمومی این جوامع را درسطح بین‌المللی تابع منافع خاص اقتصادی ـ سیاسی آن کشور میکند. تجربه چپ ایران (از کانال آثار بیژن) در این زمینه (یعنی مضمون استراتژی عمومی هرکشوری همواره تحت تاثیر منافع خاص آن کشورشکل میگیرد) بمثابه میراثی تاریخی، بسیار غنی و متقاعد کننده است. بنابراین تجربه تاریخی، هر گونه تلاش ایدئولوژیکی (تحت عنوان دخالت‌های بشردوستانه) برای پوشاندن این منافع خاص در استراتژی عمومی نئومحافظه‌کاران قدرت‌های غربی و رنگ و لعابی اومانیستی زدن به آن‌ها، چیزی نیست بجز مشروعیت بخشیدن به دخالت‌های نظامی این کشورها در جهت تامین منافع نامشروع و استثمارگرانه‌شان درمنطقه خاورمیانه.[۲۷]

بدیهی است که ورود در چنین بحثی، یعنی میراث فدائیان خلق و رابطه آن با جنبش‌های اجتماعی و سیاسی در ایران امروز در کادر این جستار نمی‌گنجد و نمی‌توان آن را به اشارات کوتاه فوق و آن‌هم در رابطه صرف با ایده دموکراسی تقلیل داد. اشارات فوق تنها برای نشان دادن اهمیت رابطه دیالکتیکی این میراث با این جنبش‌هاست.

سپتامبر ۲۰۱۳

توضیحات و زیرنویس‌ها

---

[۱]- نیهلیسم: بیژن هرچند از این مفهوم استفاده نکرده است، اما مضمون انتقادات او به ارزش‌های اجتماعی- فرهنگی بورژوازی (وابسته) پس از رفرم ارضی، روایت از چنین مفهومی دارد. او از این ارزش‌ها بنام ارزش‌های جامعه مصرف یاد می‌کند و در معرفی مضمون آن‌ها می‌گوید:" (این ارزش‌ها) زندگی بی‌هدف و برده وار جامعه اقلیت مصرف کننده، بمثابه جزیی از یک ماشین عظیم، دور تولید و مصرف را میسّر می‌گرداند. این همان چیزی است که از نظر اقتصادی-اجتماعی و سیاسی دلخواه بورژوازی وابسته و دستگاه حاکمه است "(صفحه۸)،" آنچه یک انقلابی باید بداند". (سایت اتحاد فدائیان خلق، بیژن جزنی). بیژن و دیگر بنیان‌گزاران فدائیان خلق، مضمون ارزش‌های اجتماعی و فرهنگی ناشی از انقلاب سفید را در رابطه با تشویق جامعه، بالاخص نسل جوان در بی‌اعتنائی به مسائل اجتماعی و سیاسی ارزیابی می‌کنند. در حقیقت آنان این ارزش‌ها را دعوت به سازش با وضعیت موجود (زندگی بی‌هدف و برده‌وار جامعه اقلیت درجامعه مصرفی) تلقی می‌نمایند.

[۲]- این شناخت و توصیف زنده‌ی بیژن از جهان بینی و ارزش‌های اجتماعی بورژوازی (وابسته) ایران که پس از انقلاب سفید به صورت یک طبقه‌ی اجتماعی مسلط در جامعه‌ی ایران ظاهر می‌شود نباید بی‌ارتباط با بیوگرافی او باشد. در جُـنگ "در باره زندگی و آثار بیژن جزنی" در قسمتی از خاطرات میهن، همسر بیژن تحت عنوان "بیژن و کار" می‌خوانیم که بیژن " در سن هجده سالگی اولین کار خود را با نام "کانون آگهی پرسپولیس" در خیابان شاه‌آباد و در یک استودیوی کوچک شروع کرد.... و آخرین کار اقتصادی بیژن تاسیس شرکت "تبلی فیلم" (پخش فیلم‌های تبلیغاتی در ایران) بود. او یکی از سهام‌داران و همچنین مدیر عامل این شرکت بود". (صفحه ۲۲)

میهن در همین قسمت از خاطرات خود از دوران خردسالی بیژن چنین یاد می‌کند: "بیش از دوازده سال نداشت که تابستان نزد یکی از دوستان خانوادگی‌اش به بازار رفت. چک سفید از حجره‌ای به حجره‌ای و یا از شرکتی به شرکتی دیگر می‌برد." (همان‌جا - صفحه ۲۲)

بیژن در پائیز سال ۱۳۵۳ در زندان کمیته در زمینه‌ی ورشکستگی و اضمحلال کارگاه‌های سنتی که در رابطه با بسط و گسترش فعالیت صنایع وابسته و مونتاژ از اواخر دهه‌ی ۳۰ شتاب

گرفته بود، نام کارگاه‌ها و صاحبانش را به طور دقیقی ذکر می‌کرد که متاسفانه این قلم به یاد نمی‌آورد. همین اشاره‌ی کوتاه به بیوگرافی کاری و شغلی بیژن نشان‌دهنده‌ی شناخت مشخص او از مکانیسم‌های حاکم بر روند انباشت سرمایه و تجربه‌ی زنده‌ی او از روند شکل‌گیری جهان‌بینی و خصوصیات اخلاقی و فرهنگی این طبقه‌ی اجتماعی می‌باشد. بنابر این قضاوت‌های او در باره‌ی این طبقه را هنگامی که جهان‌بینی آن را متاثر از نوعی نیهیلیسم برآمده از جامعه‌ی مصرف دانسته و ارزش‌های اجتماعی و فرهنگی‌اش را غیردموکراتیک معرفی می‌کند، نباید قضاوت‌های یک روشنفکر آکادمیک و کتابی به حساب آورد. بیژن با اتکاء به تجربیات زنده‌اش از این طبقه آن را چنین توصیف می‌کند: "این طبقه نه از طریق تلاش و کوشش و مبارزه‌ی سیاسی بر جامعه‌ی ما حاکم شده، بلکه از طریق دلالی، احتکار، سوء استفاده‌های اداری و دریوزگی در آستان سرمایه‌های خارجی و دستگاه حاکمه، صاحب سرمایه و ثروت و مکنت شده است. نتیجه این است که بورژوازی ایران بی شخصیت و نالایق است. نه فقط شخصیت سرمایه‌داران غرب را ندارد، بلکه از کلیه سرکشی‌ها و اشراف‌منشی‌های فئودالیسم ایران که با دستگاه اداری و نظامی متمرکز مقابله می‌کرد نیز بی‌بهره است. این است آن طبقه‌ی منحط و فاسدی که سد راه ترقی و رهائی ملت ایران شده است." (صفحه ۸ — آنچه یک انقلابی باید بداند)

اساساً متدولوژی بیژن در بررسی از طبقات اجتماعی همان‌گونه که ما در ادامه‌ی این جستار خواهیم دید در انتقاد به هرگونه فروکاستن تعریف طبقه به مفهومی پوزیتیویستی و تقلیل آن به موقعیتش در مناسبات تولیدی و اقتصادی شکل گرفته است. از دیدگاه بیژن، جوهر و ماهیت هر طبقه اجتماعی در بستر پر تحول و پیچیده‌ی پراتیک اجتماعی و سیاسی شکل گرفته و تعریف می‌گردد. در این دیدگاه، جوهر و ماهیت طبقات اجتماعی را نمی‌توان از پیش در قالب مفاهیمی ایستا، پوزیتیویستی و متافیزیکی تعریف کرد.

این تعاریف که در ادبیات مارکسیستی سنتی ایران عمدتاً از درکی اکونومیستی از طبقات اجتماعی ناشی می‌شوند، از نظر بیژن قادر نیستند سایر ابعاد مداخله کننده در تعریف طبقه را که اساساً بر بستر مبارزات اجتماعی و سیاسی طبقات بوجود می‌آیند، درک و جذب کنند و در خود بازتاب دهند. او در انتقاد خود به چنین دیدگاهی از حزب توده این‌گونه یاد می‌کند: "حزب توده علیرغم تجارب طولانی جنبش کارگری، نسبت به رابطه‌ی این جنبش با جنبش رهائی‌بخش هنوز دچار یک نوع یکجانبه‌نگری طبقاتی است و نوعی اکونومیسم بر حزب مستولی است. اگر برخی از جریان‌های تازه مارکسیست شده دچار چنین پدیده‌ای که می‌توان آن را نوعی "کارگر گرائی" نامید، بشوند امر بعیدی نیست. ولی تاثرانگیز است که حزب توده علیرغم کهولت خود هنوز دچار این بیماری کودکانه است." (صفحه ۸۶ — نبرد با دیکتاتوری شاه)

مطابق این متدولوژی است که بیژن موفق می‌شود از تعاریف انتزاعی و کلی که عمدتاً مبنی بر دیدگاهی اکونومیستی از طبقه در ادبیات سنتی می‌باشد، عبور کند. در ساختار مفاهیم ایدئولوژیکی بیژن، جهان‌بینی و ارزش‌های اجتماعی طبقه‌ی بورژوازی وابسته ایران که در رابطه با پراتیک زندگی روزمره‌اش شکل گرفته است به نحوی روشن به چشم می‌خورد و از این رو از باری استتیکی یعنی عاطفی-احساسی برخوردارند. ریشه نداشتن جهان‌بینی و ارزش‌های این طبقه در پراتیکی متکی بر رقابتی دموکراتیک و باز با سایر طبقات اجتماعی و اتکاء صرف آن به شیوه‌های سرکوب و دیکتاتوری از نظر بیژن عامل اساسی در تعریف آن به مثابه طبقه‌ای بی شخصیت، فاسد و بی‌کفایت می‌باشد که بر خلاف بورژوازی ملی ایران قادر به حفظ هماهنگی (هارمونی) منافع اقشار و طبقات متنوع اجتماعی و دفاع از ارزش‌های اومانیستی و دموکراتیک جامعه نمی‌باشد.

[۳]- کلیه نقل قول‌ها از تنها اثر مسعود احمدزاده می‌باشد،"مبارزه مسلحانه، هم استراتژی، هم تاکتیک" ناشر: چریک‌های فدائی خلق ایران، پائیز ۱۳۷۹۰

[٤]- نبرد با دیکتاتوری شاه. بمثابه عمده‌ترین دشمن خلق و ژاندارم امپریالیسم. بیژن جزنی، انتشارات سازمان اتحاد فدائیان خلق اردیبهشت ۱۳۸۴

[۵]- مفهوم مسیحایی انقلاب (Revolution messianique) در آثاربیژن دیده نمی‌شود اما انتقادات او ازمفهوم قطب درایدئولوژی پدرسالارانه (استالینیزم) دقیقا روایت ازچنین مفهومی دارد. رد اصل خطاناپذیری احزاب کمونیست شوروی و چین و رد صلاحیت آن‌ها برای تدوین مشی‌ای عمومی (Universel) برای جنبش جهانی چپ از یک طرف وتأکید او براصل منحصر بفرد بودن (Singularité) مشی در هر کشوری که اساسا ازتفاوت شرایط اجتماعی ـ تاریخی کشورها ناشی می‌شود، ازطرف دیگر، درحقیقت چیزی نیست جز بیان انتقادی اونسبت به برداشت مسیحایی از انقلاب (سوسیالیستی). ازنظر بیژن مشی کشور قطب همواره تابع منافع خاص آن کشور است و هرگز قادر به عبور از این تفاوت‌های تاریخی ـ اجتماعی و انحلال آن‌ها در یک مشی جهان‌شمول نمی‌باشد. در آثار بیژن نفی این مفهوم جهت دستیابی به ایده‌ای رئالیستی از مفهوم انقلاب با گشوده شدن افق دموکراسی و استقلال درتفکر او در رابطه‌ای دیالکتیکی قرار دارد. ما در مبحث دوران به این موضوع بیشتر خواهیم پرداخت.

[٦] - ORIANA FALLACI: ENTRETIENS AVEC HISTOIRE, FLAMMARION, 1975

[۷]- اسماعیل خویی درمصاحبه‌ای با بی‌بی‌سی بمناسبت چهلمین سالگرد حادثه سیاهکل میگوید؛ "من و پویان کتاب انقلاب در انقلاب رژی دبره را با شور و اشتیاق میخواندیم و در حول و حوش مطالب مطرح شده در برگ برگ آن بحث و گفتگو میکردیم".(نقل به معنا)

[۸]- کلیه نقل قول‌ها از "ضرورت مبارزه مسلحانه و رد تئوری بقاء" چاپ جدید، پائیز ۱۳۷۹، ناشر چریک‌های فدائی خلق ایران میباشد.

[۹]- طرح جامعه شناسی و مبانی استراتژی جنبش انقلابی خلق ایران، چاپ انتشارات مازیار، چاپ اول، اسفند ماه ۱۳۵۷

[۱۰]- نبرد با دیکتاتوری شاه بمثابه عمده‌ترین دشمن خلق و ژاندارم امپریالیسم، اردیبهشت ۱۳۸۴، انتشارات سازمان اتحاد فدائیان خلق.

[۱۱]- آنچه یک انقلابی باید بداند ،سازمان اتحاد فدائیان خلق ایران، مرداد ۱۳۸۱

[۱۲]- جمع‌بندی مبارزات سی ساله اخیر در ایران ،سازمان اتحاد فدائیان خلق ایران، تابستان ۱۳۸۳

[۱۳]- طرح جامعه شناسی ومبانی استراتژی جنبش انقلابی خلق ایران، چاپ انتشارات مازیار، چاپ اول، اسفند ماه ۱۳۵۷

[۱٤]- چگونه مبارزه مسلحانه توده‌ای میشود، چاپ هواداران سازمان چریکهای فدایی خلق ایران پیرو برنامه (هویت)، آلمان غربی

[۱۵]- جمع‌بندی مبارزات سی ساله اخیر در ایران، سازمان اتحاد فدائیان خلق ایران، تابستان ۱۳۸۳

[۱۶]- آنچه یک انقلابی باید بداند ،سازمان اتحاد فدائیان خلق ایران، مرداد ۱۳۸۱

[۱۷]- جمع‌بندی مبارزات سی ساله اخیر در ایران ،سازمان اتحاد فدائیان خلق ایران، تابستان ۱۳۸۳

[۱۸]- نبرد با دیکتاتوری شاه بمثابه عمده‌ترین دشمن خلق و ژاندارم امپریالیسم، اردیبهشت ۱۳۸۴، انتشارات سازمان اتحاد فدائیان خلق.

[۱۹]- چگونه مبارزه مسلحانه توده‌ای میشود، چاپ هواداران سازمان چریکهای فدایی خلق ایران پیرو برنامه (هویت)، آلمان غربی

[۲۰]- مفهوم هسته‌های سیاسی- صنفی در آثار بیژن مفهومی است "نو" در جهت فعال کردن توده‌ها و جنبش‌های اجتماعی. این مفهوم سنتری است از شرایط جدید مبارزاتی در دوران دیکتاتوری‌های متمرکز از یک سو، و تجارب گذشته و در دسترس توده‌ها، از سوی دیگر. شکل گیری این هسته ها در استراتژی بیژن در رابطه‌ای دیالکتیکی و در روند اعمال قدرت انقلابی نیروهای روشنفکری صورت می‌گیرد. اصولا این مفهوم نوین که در گسست و عبور از سنت‌های مبارزاتی گذشته خود را تعریف می‌نماید در آثار بیژن در مقایسه با آثار مسعود و پویان تفاوتی بنیادین دارد. لحظه‌ی شکل‌گیری مفهوم "نو" در آثار مسعود و پویان اساسا تحت تاثیر نوعی نگرش مانیکائیسم (Manichaeism) و مطلق‌گرائی قرار دارد. به همین علت ما در

ساختار این لحظه شاهد حضور و شرکت تجربیات گذشته توده ها نمی‌باشیم. از نظر مسعود و پویان، سنت‌های مبارزاتی گذشته توده‌ها از آنجائی که آلوده به دیدگاه‌های رفرمیستی می‌باشند، نمی توانند جائی در مفاهیم نوین مبارزاتی که آن دو به نام مفاهیم نوین انقلابی از آن‌ها یاد می‌کنند داشته باشند. بنابر این، شکل‌گیری قدرت تخیل و خلاقیت در لحظه‌ی گسست از اشکال سنتی مبارزه در طرد و نفی رادیکال از آن‌ها خود را تعریف می‌نماید. در حالی که در دیدگاه بیژن، فعال ساختن قوه‌ی ابتکار و خلاقیت توده‌ها منوط به ایجاد ارتباط توده‌ها با تجارب گذشته مبارزاتی‌شان می‌باشد. از نظر بیژن، این قوه‌ی ابتکار و خلاقیت توده‌ها بدون اتکاء و تغذیه از این تجارب آشنا و قابل دسترس برای آن‌ها، به مفهومی میان‌تهی و ساختگی تبدیل می‌گردد. حال اگر گفتمان‌های بیژن در رابطه با مفهوم نوین "هسته‌های سیاسی-صنفی" با گفته‌های پویان در زمینه‌ی تاثیر اعمال قدرت انقلابی نیروهای روشنفکری در جنبش‌های اجتماعی و بیدار کردن قوه ابتکار توده‌ها مقایسه شود، تفاوت بنیادین دیدگاه این دو استراتژ بزرگ فدائیان خلق به نحوی روشن و مشخص دیده می‌شود. پویان تاثیر اعمال قدرت انقلابی را بر قوه‌ی خلاقیت و تخیل توده‌ها برای عبور از اشکال سنتی مبارزه این‌گونه روایت می‌کند: "به محض این که قدرت انقلابی از طریق اعمال خود به یک واقعیت زنده و قابل لمس تبدیل شد، توده، به ویژه کارگران جوان، روشنفکران و دانش‌آموزان ابتکارات جالبی در مبارزه از خود بروز می‌دهند. ما نمی‌توانیم موارد مشخص این ابتکارات را از پیش تعیین کنیم، ولی می‌توانیم با تحلیل روحیه‌ای که در شرایط اعمال قدرت انقلابی در آن‌ها پدید خواهد آمد، زمینه‌های کلی آن‌ها را پیش‌بینی نمائیم. مردم از ساده‌ترین ابتکارها برای بروز نارضائی و کمک به "قدرت انقلابی" شروع می‌کنند. دیوارها پر از شعارهای تند علیه وضع موجود می‌شوند، خرابکاری‌های کوچک در مکان‌ها، موسسات یا هرآنچه متعلق به دشمن – بورژوائی بوروکراتیک و کمپرادور- و به طور کلی قدرتمندان است، دامنه ابتکارات را وسعت می‌دهد. این خرابکاری در ادامه خود بخصوص چیزی را به مخاطره می‌اندازد که دشمن از آن بسیار می‌ترسد. کارگران جوان زیرکانه، بی آن‌که رد پائی از خرابکاری خود به جای بگذارند، در امر تولید اخلال می‌کنند، ماشین‌ها را از کار می‌اندازند، در کار خود عمداً بی‌دقتی می‌کنند و یا حتی ابزار کار را می‌دزدند. این‌ها در مجموع خود گرایش توده‌ها را به شرکت در مبارزه و کمک به قدرت انقلابی نشان می‌دهد. هر ابتکار ضمناً تجربه‌ایست که آنان را برای عملی بزرگ‌تر آماده می‌کند. در واقع توده از این طریق به ظرفیت و تجربه انقلابی خود می‌افزاید و یک قدم در به عهده گرفتن نقش اساسی‌تر به پیش می‌آید".

[۲۱]- ایرج نیری آخرین بازمانده گروه سیاهکل برای این قلم از روزهایی که با حسن ظریفی وکاظم سلاحی در اوایل سال ۱۳۵۰ در انتظار اجرای حکم اعدام بودند خاطره زیر را تعریف می‌کرد .به روایت ایرج "نگهبان بند هر شب روزنامه‌های کیهان و اطلاعات را برای ما می‌اورد.

شبی از این شب‌ها در صفحه اول این دو روزنامه عکس اشرف پهلوی همراه مائو درحال گفتگو به چاپ رسیده بود، با دیدن آن عکس، کاظم (از گروه احمدزاده) با ناباوری به حسن گفت این هم چین !!؟ حسن به او گفت هیچ تعجبی ندارد، بهتر است این توهمات در چپ ایران شکسته شود.".این روایت به روشنی نشان‌دهنده برداشت متفاوت دو گروه تشکیل دهنده فدائیان خلق نسبت به ماهیت اختلاف و بحران در روابط احزاب کمونیست چین و شوروی می‌باشد.

[۲۲]– در رابطه با ارتباط دیالکتیکی گسست از مفهوم قطب‌های جهانی چپ و دموکراتیزه کردن مناسبات نیروهای چپ با سایر نیروهای سیاسی در ایران مراجعه شود به مقاله این جانب در سایت عصرنو، و سایت اتحاد کار، بیژن جزنی: "بیاد بیژن جزنی، تاملی کوتاه بر معنای گسست او از تفکر چپ سنتی (ایدئولوژی پدرسالارانه) وایده دموکراسی در آثار او". نوامبر ۲۰۰۵

[۲۳]– از آنجائی که تجربه جنبش ملی شدن صنعت نفت در شکل‌گیری ذهنیت بیژن نسبت به مفهوم قطب و گسست از مشی سنتی حزب توده نقشی اساسی بازی می‌کند، من در اینجا بخشی از مقاله خود تحت عنوان "به یاد بیژن جزنی را که در سایت "عصر نو" منتشر شده است می‌آورم.

- مشی حزب توده در رابطه با "اصل ایدئولوژیکی خطاناپذیری" پدر در جنبش ملی‌کردن نفت

بیژن در رابطه با موضع حزب توده نسبت به مصدق در جریان نهضت ملی کردن نفت و تشخیص تضاد عمده در این سالها میگوید: "حزب توده که تضاد عمده (در این مقطع) را در ایران درک نمی‌کرد، از تحلیل رابطه مصدق با آمریکا عاجز ماند و بنحو نادرستی این رابطه را سرسپردگی به امپریالیسم آمریکا معرفی کرد و خود را ملزم به مبارزه با دشمن اصلی (آمریکا) و عوامل او کرد" (تاریخ سی ساله صفحه ۴۲ انتشارات مازیار، چاپ اول اسفند ۱۳۵۷). بیژن علت عدم تشخیص تضاد عمده در این مقطع زمانی را که منجر به اشتباه فاجعه بار حزب توده در جنبش ملی کردن نفت گردید را اینگونه ترسیم میکند: "امپریالیسم آمریکا طی جنگ جهانی دوم به بزرگترین قدرت امپریالیستی تبدیل شد و در پایان جنگ رهبری اردوگاه امپریالیسم را بدست گرفت. قدرت اقتصادی و نظامی آمریکا به او اجازه می‌داد که بلافاصله پس از پایان جنگ، جهاد ضد کمونیستی را اعلام کند.... در این شرایط اتحاد شوروی و دیگر کشورهای سوسیالیستی آمریکا را دشمن درجه یک می‌شناختند... حزب توده بدون تردید آمریکا را دشمن درجه یک در ایران فرض کرده و موقعیت انگلستان در اینجا (ایران) و تضاد دیرینه خلق با این امپریالیسم غدار را تحت الشعاع تضاد با آمریکای تازه وارد تلقی کرد. حزب توده برنامه جهانی مبارزه در راه صلح جهانی را که علیه امپریالیست‌ها بخصوص آمریکا سازمان یافته بود تدارک می‌دید" (تاریخ سی ساله صفحه ۴۲). نکته مرکزی در رابطه با مشی حزب توده در این مرحله از جنبش ملی کردن نفت در این است که مشی نه بر اساس تجزیه و تحلیلی از مناسبات زنده

نیروهای سیاسی در این مقطع زمانی در ایران، بلکه در رابطه‌ای مستقیم با "استراتژی عمومی دولت و حزب شوروی" شکل گرفته است. او فاصله و بیگانگی باورنکردنی حزب توده را نسبت به مطالبات عمومی و ملی که در این سال‌ها روی "شعار ملی کردن نفت" متمرکز شده بود چنین بیان مینماید: "جنبش صلح خواهی، جنبش جهانی بود که اتحاد شوروی علیه اردوگاه امپریالیستی و بخصوص آمریکا براه انداخته بود. این جنبش بقدری در ایران بی معنی جلوه میکرد، که توده‌های زحمتکش شهری هیچگاه نتوانستند معنی آنرا دریابند. معذالک حزب توده بیش از یک ملیون امضاء ذیل ورقه‌ها جمع‌آوری کرد" (تاریخ سی ساله سیاسی – انتشارات مازیار – صفحه‌ی ۳۴ـ ۳۵). بیژن با پی‌گیری مواضع حزب توده در جنبش ملی کردن نفت می‌گوید، حزب توده پس از مدتی بی‌اعتنائی و ناباوری به امکان شکل‌گیری صف‌بندی نیروهای اجتماعی و سیاسی در حول شعار مطرح شده از طرف مصدق یعنی "ملی کردن نفت در سراسر کشور"، تلاش کرد عقب‌ماندگی خود را در این زمینه جبران نماید و به طرح شعار زیر روی آورد. بیژن می‌گوید : "حزب توده قبل از ملی شدن نفت نتیجه بخش بودن این مبارزات را قبول نداشت و فکر میکرد سرانجام این سر و صداها با توافق آمریکا و انگلیس تمام خواهد شد. با همه اینها حزب توده نمی‌توانست از جریانی که نضج می‌گرفت بر کنار بماند. بنابراین شعار الغای امتیاز نفت جنوب را داد (مقارن طرح ملی شدن نفت در اواخر ۱۳۲۹) و سپس ملی شدن نفت در جنوب و سرانجام پس از تصویب ملی شدن نفت شعار ملی شدن نفت در سراسر کشور را پذیرفت... ولی مسخره‌ترین جنبه این شعارها رعایت حقوق شوروی در امتیاز نفت شمال (که هرگز تصویب نشده) بود" (تاریخ سی ساله سیاسی – انتشارات مازیار – صفحه‌ی ۳۴ـ ۳۵). حال به سادگی می‌توان متوجه شد که حزب توده چگونه در تشخیص تضاد عمده و شعار عمومی در این مقطع زمانی بازی را به رقیب خود یعنی به "جبهه ملی" و شخص مصدق باخت. به علت باور به "اصل ایدئولوژیکی خطاناپذیری رهبری شوروی"، حزب توده از درک تفاوت‌ها و ویژگی‌های شرایط اجتماعی و سیاسی ایران در این مقطع زمانی که نقشی تعیین‌کننده در اتخاذ مشی داشت عاجز ماند و همچون نیروئی "فاقد عقیده" به پی‌گیری بی چون و چرای "استراتژی عمومی شوروی" پرداخت که مبتنی بود بر تضاد شوروی با آمریکا در عرصه جهانی. در اینجا به خوبی دیده می‌شود که چگونه بی‌اعتنائی به ویژگی‌های جامعه‌ی ایران، بازتاب خود را در سطح تعیین اهداف و شعارهای جنبش به صورت تجاوزی آشکار به حریم مطالبات و منافع عمومی (خواست ملی کردن نفت) نشان می‌دهد و چگونه این تفکر متکی بر "اصل خطاناپذیری پدر" شکل‌گیری هرگونه رابطه و وحدتی را با سایر نیروهای سیاسی اپوزیسیون غیرممکن ساخته و در نهایت نیروهای چپ را با طرح شعارهای ایدئولوژیکی در پراتیکی سکتاریستی فرو می‌برد.

درام نیروهای چپ و نقش بغایت منفی آن‌ها را در این جنبش باید در نهایت در این تفکر غیر دمکراتیک و پدرسالارانه حزب توده جستجو کرد که هر گونه استعدادی را برای رؤیت تفاوت‌های جامعه‌ی ایرانی از آنان سلب می‌کرد و بیان جوهره تکوین مشی در ایران را غیر ممکن می‌ساخت. بیژن با پی‌گیری مواضع حزب توده در مرحله دوم "جنبش ملی کردن نفت" ما را با ابعاد تراژیک این درام بیشتر آشنا می‌کند. بر طبق روایت‌های بیژن تمایل به تغییر موضع حزب توده نسبت به مصدق، که به صورت رهبر بلامنازع جنبش نفت درآمده بود، هنگامی انجام می‌گیرد که در موضع دولت شوروی "پس از رد پیشنهاد هریمن از جانب مصدق برای اولین بار نشانه‌های مثبتی در روزنامه ایزوستیا نسبت به مصدق آشکار می‌شود" (تاریخ سی ساله‌ی سیاسی – انتشارات مازیار – صفحه‌ی ۳۷). در حقیقت رد پیشنهاد هریمن از طرف مصدق که حدت گرفتن تضاد مصدق و آمریکا را باعث می‌شود، از زاویه دفاع از منابع جنبش ضد استعماری و ملی ایران صورت میگیرد. در حالی که تغییر موضع دولت شوروی بیشتر در رابطه با تضاد این دولت با آمریکا و منافع "استراتژی عمومی"اش قابل درک است. اما حزب توده چشم و گوش بسته به تغییر موضع خود نسبت به مصدق می‌پردازد و بدون درک و تحلیلی مشخص از موقعیت جدید سیاسی که حاصل رشد تضاد آمریکا و مصدق می‌بود و شکل‌گیری مناسبات و صف‌بندی‌های اجتماعی و سیاسی جدیدی را بدنبال داشت، به طور مکانیکی تن به این تغییر موضع میدهد. به همین علت است که حزب توده از ایفای نقش فعال و مداخله‌گرانه در بسیج مردم باز می‌ماند و نمی تواند بر بحران بی‌اعتمادی موجود میان دو جناح تعیین‌کننده جنبش دمکراتیک و ضد استعماری (جبهه ملی و حزب توده) غلبه کند. بیژن در رابطه با این تغییر موضع و نتایج آن ارزیابی زیر را ارائه می‌دهد: "حزب توده همراه با اشارات شوروی در تصحیح شناخت خود از مصدق و جبهه ملی مشی خود را نسبت به او تغییر داد. حزب توده که در مرحله قبل با تمام نیروی خود، از جمله طی تظاهرات خشن و خونین به مصدق تاخته بود، پس از اصلاح موضع خود از ایفای نقش فعال بازمانده... و خصلت جنگی خود را از دست داد و به انتقاد از مصدق اکتفا کرد" (تاریخ سی ساله صفحه ۴۵). و کمی دورتر چنین ادامه میدهد: "مصدق و جبهه ملی همچنان به حزب توده بی‌اعتماد بودند و از بسیج و تجهیز نیروهای خلق هراس داشتند" (همانجا)

بدین ترتیب "جنبش ملی کردن نفت"، بعلت بی‌اعتمادی در بین نیروهای اپوزیسیون و تردیدهای مصدق و عدم توانائی‌اش در بسیج توده‌ها در مقابل سازش آمریکا و انگلیس، دوام نیاورده و شکستی تراژیک را متحمل شد و جامعه ایران بار دیگر شانس تحقق ایده‌ها و ایده‌آلهای انقلاب مشروطیت را از دست داد.

با این روایت بیژن از "جنبش ملی کردن نفت" می‌توان به هسته مرکزی بیگانگی و عصیانگری او نسبت به ایسم‌ها و فاقد عقیده خواندن پیروان آن‌ها که در اواخر سال ۳۹ در گزارش ساواک

بچشم میخورد، بنحوی ملموس‌تر و مشخص‌تر نزدیک شویم: " مشارالیه (بیژن جزنی) ضمن اعترافات اظهار داشته که اصولا با "ایسم" مخالف بوده و پیروان "ایسم" را فاقد عقیده می‌داند و خودرا همیشه پیرو چیزی می‌داند که به نظرش صحیح برسد. با بررسی مطالعاتی عقیده‌مند است که پس از مشروطیت جبهه‌ی ملی بهترین دسته‌ای است که به نفع مردم و وطن فعالیت می‌کند... مشی دکتر مصدق را بهترین مشی سیاسی بعد از شهریور ۲۰ می‌داند و اضافه می‌نماید بطور خلاصه عقیده‌ی من این است که باید این مردم کار خود را به دست گیرند . . . " صفحه‌ی ۱۴۱ (چپ در ایران به روایت اسناد ساواک، کتاب هشتم، چریک‌های فدائی خلق، مرکز بررسی اسناد تاریخی وزارت اطلاعات – بهار ۱۳۸۰)

همانگونه که در روایت "جنبش ملی کردن نفت" می‌بینیم دغدغه بیژن متوجه بازپس‌گیری لحظه تشخیص تضاد عمده (در این مقطع زمانی) از قطب‌های جهانی چپ (در اینجا شوروی) است و سایر روایت‌های تاریخی او از این دوران تفکر پدرسالارانه در ادبیات چپ سنتی را نیز همین دغدغه تشکیل میدهد.

[۲٤]– به زیرنویس شماره‌ی پیشین رجوع کنید.

[۲٥]– گشوده شدن افق دموکراسی در ذهنیت بیژن پیوند دیالکتیکی با مفهوم استقلال دارد. از دیدگاه بیژن، این هر دو مفهوم با توجه به این‌که در چارچوب دولت- ملت معنا و محتوای مشخص و تاریخی خود را می‌گیرند از یکدیگر جدائی‌پذیر نیستند. هر گونه تلاش در جهت تقلیل معنای گسست او از ایدئولوژی‌های سنتی چپ به ایده استقلال و نادیده گرفتن حساسیت او به ایده دموکراسی بی تردید عدم درک از آثار او را نشان می‌دهد. من برای روشن شدن رابطه دیالکتیکی مفاهیم استقلال و دموکراسی در اندیشه‌ی سیاسی او در این‌جا بخشی از مقاله "به یاد بیژن ... " که در سایت عصر نو منتشر شده است را می‌آورم:

ـ باز سازی مناسبات نیروهای دمکراتیک و چپ در ایران بر اساس ایده دمکراسی و گسست از حزب توده

با بی اعتبار ساختن اصل ایدئولوژیکی خطا ناپذیری قطب‌های جهانی که ناظر بر شکل‌گیری و سمت و سو دادن به مناسبات نیروهای چپ و سایر نیروهای اجتماعی بالاخص نیروهای دمکراتیک (نمونه جنبش نفت) می‌بود بیژن به بازسازی این مناسبات بر پایه رقابت دمکراتیک و سالم در حول و حوش تشخیص "شعارهای عمومی صحیح" می‌پردازد. در دیدگاه بیژن، همانگونه که ما در صفحات قبل بالاخص در "جنبش ملی کردن نفت" دیدیم، این لحظه تشخیص مطالبات عمومی ریشه در تفاوت غیر قابل تقلیل جامعه ایرانی دارد و از آنجائیکه این مطالبات و شعارها از قبل در جایی نوشته نشده و قابل خواندن و پیش‌بینی نمی‌باشد و از آنجائیکه سیر تحول و تغییر این مطالبات از هیچ‌گونه علت غایی (از قبل تعیین شده) تبعیت نمی‌کند، بنابراین این لحظه‌ی تشخیص شعارها (اهداف) و مشی جنبش‌های اجتماعی در ایران

لحظه‌ایست باز که تنها شناخت و تجربه زنده، تخیل، هشیاری، شجاعت و جهان بینی و دیگر خصایل انسانی نیروهای سیاسی (رهبری) شرکت‌کننده در آنها قادر به شکل دادن و تعیین سرنوشت آنها می‌باشند. پیروی و تحمیل هرگونه مدل از قبل تعیین شده‌ای که اساس تفکر سنتی چپ را برای تشخیص این اهداف و مطالبات تشکیل می‌داد همانگونه که در تجربه "جنبش نفت" دیدیم از قبل محکوم به شکست بوده و مسأله شکل همکاری و وحدت نیروهای اپوریسیون را که باید در فضایی رقابتی و آزاد صورت گیرد به امری ناممکن تبدیل می کند.

او در رابطه با ساختار باز لحظه دستیابی به "مشی درست" در ایران و نقش پراتیک در این پروسه دستیابی به آن چنین می‌گوید: "چنین مشی‌ای الزاما ویژگی‌های عمده‌ای در هر کشوری خواهد داشت. فقط در یک پروسه مبارزاتی است که این ویژگیها شناخته شده و جنبش به راه حل خاص خود دست می‌یابد." (۱۹ بهمن تئوریک – آذر ۱۳۵۵ صفحه ۱۲) و در رابطه با محدودیت ذهن انسان در شناخت پروسه واقعیات اجتماعی زنده و در حال تغییر و قالب‌گیری آنها در مفاهیم و مدل‌های از قبل پیش‌بینی شده اشارات زیر را می‌خوانیم: "بندرت ممکن است پیش از عمل بتوانیم مشی و شیوه‌های مبارزه را بنحوی بشناسیم که دیگر نیازی به تغییر و تصحیح آن (در پروسه عمل) نداشته باشد" (۱۹ بهمن تئوریک – آذر ۱۳۵۵ صفحه ۲). و باز هم در رابطه با اهمیت مفهوم پراتیک و رد تفکر بسته چپ سنتی که در این سالها (دهه ۴۰ و ۵۰) تلاش داشت جنبش‌های اجتماعی را از خارج بر اساس مدل‌های از پیش تعیین شده‌ای هدایت کند چنین اظهار نظر می‌کند "از همه بدتر برخی از رفقا می‌خواهند (منظور بیشتر پروچینی‌های متکی بر مدل چین می‌باشد) از دور جنبش را سازماندهی می کنند و مشی خود را همراه جزئیات فنی مبارزه به جریانهای داخلی توصیه می‌کنند"(۱۹ بهمن تئوریک – آذر ۱۳۵۵ صفحه ۱۲)

این انتقادات و برداشت او از مفهوم پراتیک و رابطه دیالکتیکی آن با مفاهیم تئوریکی است که در نهایت به تابع گرداندن این مفاهیم (ذهن) به پراتیک و به تجربه زنده انسانها منجر می‌گردد، و به سیطره یکجانبه ایده‌ها (انتزاعی و کلی) در پروسه تشخیص شعارهای عمومی پایان می‌دهد. این انتقادات بیژن در حقیقت چرخشی است بزرگ در ادبیات چپ در ایران که در رابطه با دیدگاه هستی شناسانه او قابل فهم است .

این دیدگاه به محدود بودن ذهن انسان در مقابل دنیای بیرونی (عینی) باور دارد و بهمین علت با طرز تفکر مدل‌گرای متکی بر "اصل خطاناپذیری" مرکزیت‌های جهانی چپ در تقابل قرار می‌گیرد. گفتمان‌های انتقادی فوق که در رد برداشت نیروهای سنتی چپ از رابطه تئوری و پراتیک صورت گرفته است تلاشی است جهت رسیدن به تفکری باز برای رؤیت تفاوت‌ها وتاکید بر نقش عامل انسانی (سوژه) که نقشی تعیین‌کننده در پروسه شکل‌گیری مشی صحیح بازی مینماید

مضمون واقعی انتقادات بیژن به رابطه تئوری و پراتیک در طرز تفکر نیروهای سنتی چپ بیش از هر چیز متوجه آن برداشت پوزیتیویستی از مفاهیم استراتژیکی است که این مفاهیم را به مفاهیمی تکنیکی تقلیل داده و آنها را در رابطه‌ای مکانیکی و یکجانبه با واقعیات زنده و در حال تغییر اجتماعی قرار می‌دهد. بیژن انتقادات خود را بار دیگر در این رابطه این‌گونه بیان می‌دارد. "واقعیت اینست که این رفقا (چپ سنتی) تصور روشنی از کار تئوریک ندارند. آنها تصور می‌کنند که مارکسیسم لنینیسم را می‌توان همچون فنونی دیگر، طی چند سال مطالعه آموخت و بعد آغاز بکار کرد. برای این رفقا تفاوت چندانی ندارد که این آموخته‌های صرفا" ذهنی را در ایران پیاده کنند یا در زنگبار وگوآتمالا" ۱۱ ص ۲۶ . در اینجا ما بار دیگر می بینیم که چگونه این "بی‌تفاوتی" به تفاوت‌ها و ویژگی‌هایی که جان و روح مشی در هر کشوری را تشکیل می‌دهند، در رابطه‌ای مستقیم با برداشت مکانیکی از مناسبات تئوری و پراتیک در این تفکر سنتی قرار میگیرد و چگونه مفاهیم استراتژیکی آنها به مفاهیمی بسته و فاقد استعداد برای ارتباط با این تفاوتها تبدیل میگردند و در نهایت در تعرضی آشکار به منافع جنبش‌های عمومی ایران قرار می‌گیرند.

تفکر چپ سنتی با تابع کردن پراتیک خود به مدل‌های از پیش تعیین شده‌ای که متکی بر اصل خطاناپذیری قطب‌های جهانی بودند نه تنها از تشخیص شعارهای عمومی صحیح باز می‌ماند، بلکه شکل‌گیری مناسباتی دمکراتیک و باز با سایر نیروهای اجتماعی و سیاسی اپوزیسیون را جهت تامین وحدت نیروها غیرممکن می‌سازد. بیژن اما با واژگون ساختن رابطه‌ی تئوری و پراتیک در ادبیات چپ و بیرون راندن تفکر مبتنی بر مدل که منجر به ایدئولوژیزه کردن شعارها و مشی‌ای سکتاریستی می‌شد (نمونه جنبش نفت) به بازسازی مناسبات نیروهای چپ و سایر نیروهای اپوزیسیون بر پایه پراتیک زنده آنها می‌پردازد. او مناسبات نیروهای متنوع اجتماعی و سیاسی را مناسباتی می‌شناسد که در فضای عمومی و در جریان دستیابی به شعارهای عمومی صحیح بر پایه رقابتی آزاد و در جهت ایجاد وحدت مابین این نیروها شکل می‌گیرد. او ساختار باز و دمکراتیک این همکاری‌ها و امر هژمونی (نه تسلط) در آن را در خطوط زیر ترسیم می‌نماید: "این نیروها (متنوع اجتماعی) با هر ایدئولوژی‌ای خواستار رهبری جنبش‌اند و مبارزه آنها چنین حقی را برای‌شان فراهم میسازد. در چنین شرایطی بحث و گفتگو بین جریانهای مبارز که اختلاف ایدئولوژیک دارند، نمی‌تواند منجر به وحدتی عمیق و شناخته شده گردد. تنها گسترش جنبش انقلابی در رشد و تکامل جریانهای انقلابی موجود و تثبیت نهایی آنها در نزد توده هاست که می‌تواند فرم و محتوای "قطعی وحدت عام را تعیین کند"(۱۹ بهمن تئوریک — آذر ۱۳۵۵ صفحه ۹)

بدین ترتیب می‌بینیم که از دیدگاه بیژن حل مسئله وحدت و مساله هژمونی (رهبری) در آن باید به شیوه‌ای دمکراتیک، به دور از هرگونه پیش‌شرط ایدئولوژیکی و در بستر پراتیک زنده

این نیروها و متقاعد کردن افکار عمومی به درستی برنامه ها و مشی‌اشان صورت گیرد. این وحدت عام همانگونه که از نقل قول بالا می‌توان استنباط کرد، در فرم و محتوی از اشکال وحدت پیشامدرن (جامعه سنتی) که ما نوعی از آن را در شعار "وحدت کلمه" و "همه با هم" در دوران انقلاب ۵۷ تجربه کردیم کاملا" متمایز است. ساختار این وحدت همچنین از اشکال وحدت در تفکر پدرسالارانه که بر اساس تمامیت‌خواهی است نیز متمایز می‌باشد.

شکل‌گیری این وحدت از دیدگاه بیژن لحظه‌ای‌ست که تمام نیروهای متنوع اجتماعی اپوزیسیون، در یک موقعیت معین تاریخی، متقاعد به تعقیب هدف و شعارهای عامی می گردند و هریک بدون انحلال ویژگی‌ها و تفاوت‌های خود، بگونه‌ای منافع خود را در تحقّـق این هدف و شعار عمومی می‌یابند. از برجسته‌ترین مشخصه‌های پروسه دستیابی به این وحدت (همانگونه که در نقل قول فوق می بینیم) غیر قابل پیش‌بینی بودن شکل و محتوای آن می‌باشد. تعیین این شکل و محتوا تنها در بستر پراتیک زنده این نیروهای متنوع سیاسی و بر اساس رقابتی آزاد میسر است. بیرون راندن هرگونه پیش شرط ایدئولوژیکی از پروسه شکل‌گیری این وحدت در حقیقت تلاشی است در جهت نشان دادن باز بودن و دمکراتیک بودن ساختار آن. ما در نمونه "جنبش نفت" دیدیم که چگونه حزب توده با ایدئولوژیزه کردن "شعارهای عمومی" به مشی‌ای سکتاریستی روی آورد و در نهایت در تشخیص شعارهای عمومی از رقیب خود مصدق شکست خورد و شکل‌گیری لحظه وحدت را به امری نا ممکن تبدیل کرد. تلاش‌های عظیم بیژن برای شناخت ویژگی‌های نیروهای اجتماعی در ایران از طریق چگونگی پیدایش و سیر تحول آنها در بستر جنبش‌های اجتماعی از انقلاب مشروطیت به بعد، دقیقا" در راستای قابل رؤیت گردانیدن این تفاوت‌ها و نقش حیاتی آنان در پروسه شکل‌گیری همکاریها و وحدت در حول تشخیص اهداف و مطالبات عمومی صورت گرفته است. دعوت بیژن از چپ‌های جوان برای گسست از تفکر پدرسالارانه دقیقا" در رابطه با دمکراتیزه کردن ادبیات چپ و جهت فراهم آوردن زمینه‌ای ست برای شرکت و مداخله مؤثر این نیروها در فضای عمومی.

بیژن رهبری حزب توده را در ابتدای دوران فعالیتش "بی‌تجربه وبی‌ریشه" و "فاقد عقیده" ، یعنی "دنباله روی بی چون چرای شوروی" دانسته و زندگی داخلی و انگیزه جناح‌بندی‌های درون آن را تماما متاثر و در رابطه با مساله‌ی قدرت ارزیابی می کند. او می‌نویسد: "تحلیل دسته‌بندی‌های داخلی حزب توده (قبل از مهاجرت) نشان می‌دهد که جاه طلبی‌ها و باندبازی‌های خرده بورژوازی، زمینه اساسی این فراکسیون بازی بوده است." (تاریخ سی ساله‌ی سیاسی — انتشارات مازیار — صفحه‌ی ۴۸). بیژن با مشاهده بیگانگی کامل رهبران و کادرهای این حزب در مهاجرت نسبت به منافع جنبش‌های اجتماعی در ایران، یکسره امید خود را به آنها از دست داد. او این بیگانگی را در قالبی احساسی ـ عاطفی در سطور زیر تصویر میکند: "ما در اینجا نمی‌خواهیم به تاخت و تازهای رادیویی (پیک ایران و غیره) فسیل‌های مهاجر که حسرت

دوری از وطن (نوستالژِی) آخرین بقایای عشق به مردم را در روحشان نابود ساخته است پاسخ بگوئیم. این مدعیان رهبری خلق و طبقه کارگر سالهاست کوله باری از اشتباهات فاجعه آمیز همراه با عنوان مسخ شده "حزب برادر" را بدوش میکشند". (۱۹ بهمن تئوریک – آذر ۱۳۵۵ صفحه ۱۱). این خاموش شدن آخرین بقایای عشق به مردم او را متقاعد ساخت که هر گونه امیدی به بیداری احساس اومانیستی و مقاومت در برابر مرکزیت‌های پدرسالارانه (استالینیسم) در ذهنیت این نیروهای "فاقد عقیده" و بیگانه با جنبش‌های اجتماعی در ایران توهمی بیش نخواهد بود. لذا چپ‌های جوان را دعوت به عصیان و گسست از حزب توده نمود۱۴ و همانگونه که دیدیم اولین گام موثر او در این زمینه با تشکیل گروه "جزنی ـ ظریفی برداشته شد.

او در باز پس گرفتن لحظه تشخیص شعارهای عمومی و این دعوت خود ضرورت گسست از دیگر قطب جهانی چپ (حزب کمونیست چین) را فراموش نمی‌کند. حزبی که در رقابت خود با حزب کمونیست شوروی در این دوران بحرانی در جنبش چپ بین‌المللی (دردهه ۶۰ میلادی) برای تامین سلطه خود بر این جنبش‌ها به تلاشی بزرگ دست زده بود.

[۲۶]– در رابطه با ایجاد اولین هسته سیاسی ـ صنفی فدائیان خلق درمحیط‌های دانشجوئی مراجعه شود، به مصاحبه اینجانب با محمد اعظمی درسایت عصر نو. "جنبش دانشجوئی در دهه چهل و پنجاه"

[۲۷]– در زمینه دخالت نظامی برای صدور دموکراسی به ایران از طرف قدرت‌های غربی، جالب است بدانیم که بیژن با هرگونه دخالت نظامی کشورهای سوسیالیستی مخالفت جدی و اصولی دارد. او در صفحه ۱۸۴ از "جمع‌بندی سی ساله ..." در این رابطه می‌گوید: "... پیش‌دستی در جنگ از طرف کشورهای سوسیالیستی برای کشاندن انقلاب به کشورهای سرمایه‌داری از وظایف کشورهای سوسیالیستی جداست. مارکسیسم لنینیسم حل و فصل تضاد کشورهای سوسیالیستی با دنیای سرمایه‌داری را از راه توسل به تهاجم نظامی مردود می‌شناسد و با صدور انقلاب نیز مخالف است" او در چند سطر دورتر گفتمان خود را برای آن که به آن جنبه‌ای اصولی ببخشد این گونه پی می‌گیرد: "... نه تنها امروز که پیشرفت تکنولوژیک (سلاح‌های اتمی) برخورد نیروهای سوسیالیستی و امپریالیستی را در یک جنگ جهانی بسیار مخرب ساخته است، بلکه دیروز که جنگ در محدوده سلاح‌های کلاسیک انجام می‌گرفت کشورهای سوسیالیستی نمی‌بایست با توسل به جنگ تضاد خود را با دولت‌های امپریالیستی حل و فصل کنند" بدین ترتیب می‌بینیم که بیژن همواره تحول واقعی اجتماعی را اساساً تابع عوامل و نیروهای سیاسی داخلی آن جامعه می‌داند و به دخالت هر کشور خارجی، آن هم از نوع نظامی آن جهت صدور انقلاب و دموکراسی و غیره، به هر بهانه‌ای از جمله دخالت‌های بشر دوستانه، کوچک‌ترین اعتمادی ندارد.